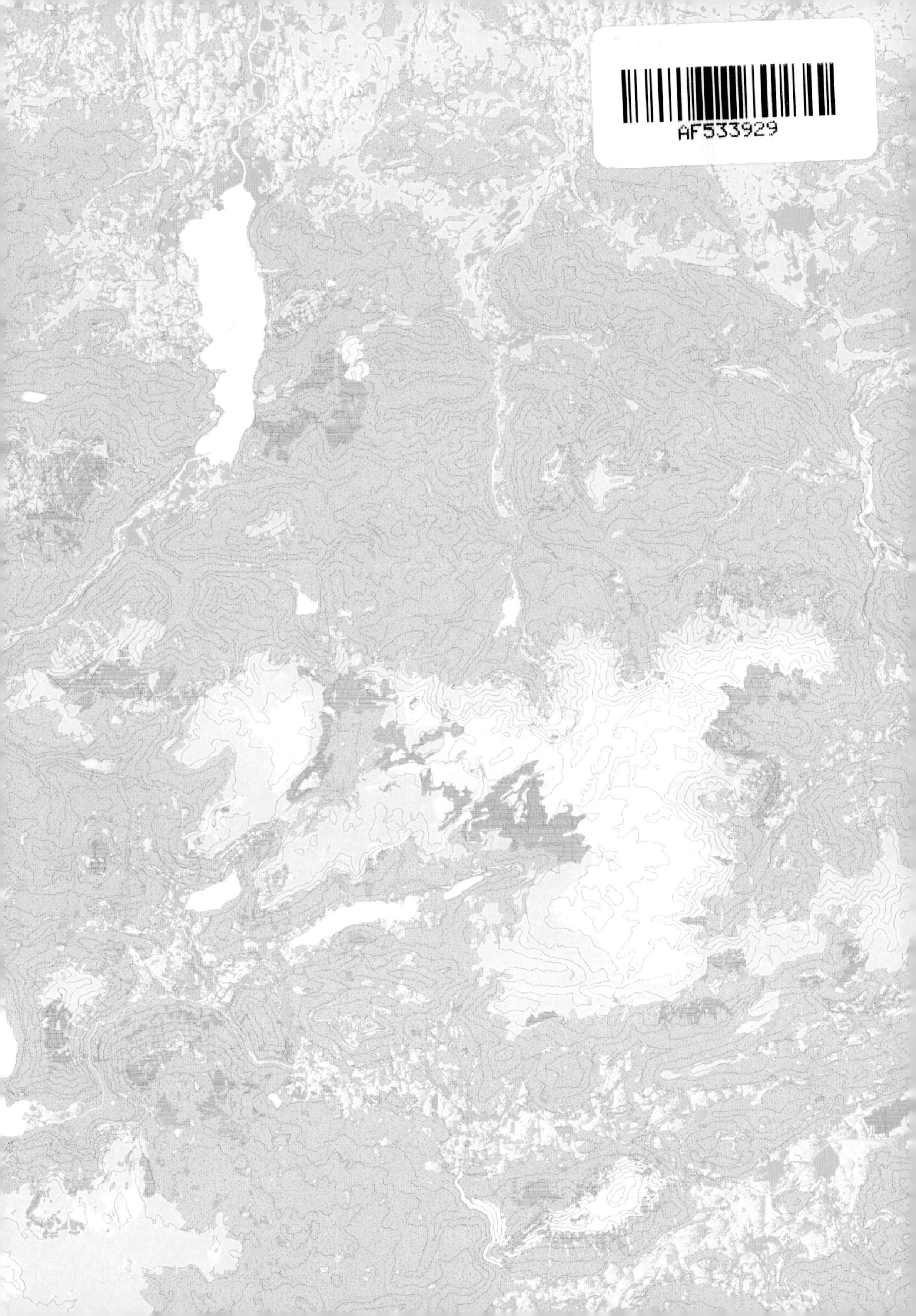
AF533929

Helmut Wittmann & Sabina Haslinger

Sagenhaft wandern

im Salzkammergut

Auf den Spuren
überlieferter Erzählungen
und mystischer Plätze

Mit Fotografien von Georg Kukuvec

Inhalt

Inhalt

Vorwort

Vom Traum der Nixe, dem Teufel ohne Rückgrat und einem Drachen, der den Weg zeigte

~

Zum Salzkammergut und seinen Sagen

Faszinierend, welche Geschichten im Salzkammergut seit Jahrhunderten in der Luft liegen. Besser als jede kulturgeschichtliche Abhandlung beschreiben sie die Stimmung der Landschaft und die Mentalität ihrer Bewohnerinnen und Bewohner. Wobei sich die Vielfalt an Bergen, Seen, Tälern, Waldungen, Flüssen und Schluchten natürlich auch in der Vielfalt der Motive widerspiegelt.

Und so sind diese Überlieferungen mehr als nur nostalgische »Gschichtln«, die eine vermeintlich gute alte Zeit verklären. Nein, sie führen auch zu den Abgründen des Menschseins und schärfen den Blick für das Wesentliche. Das alles geschieht, ohne zu belehren.

Eine Sage verlässt sich ganz auf die Wirkung anschaulicher Bilder: Auf der Zimnitz, oberhalb von Bad Ischl, sucht eine Tochter für die kranke Mutter das Lebenskraut, das den Tod überwindet. In Aussee macht sich ein Bauer auf, um eine arme Seele aus ihrer Pein und sich selbst von der Armut zu erlösen.

Am Laudachsee bei Gmunden ist von der Einsamkeit der Nixe die Rede. Erst durch sie entdeckt ein Riese seine eigene Einsamkeit. Zwei Wesen, die unterschiedlicher nicht sein könnten, versuchen daraufhin, sich gegenseitig die ersehnte Nähe zu geben. Dabei knüpfen sie an ihren Träumen an. Und siehe da: Das unmöglich Geglaubte gelingt – aber zu welchem Preis!

Sabina Haslinger beschreibt als Wanderführerin die Wege zu den und um die Schauplätze der Sagen. Bei allen, die sich darauf einlassen, geht die Wanderung weit über das reine Schauen hinaus.

Schritt für Schritt lässt sich der Kern der Geschichte nachvollziehen und erleben.

Unvergessen sind die gemeinsamen Touren mit Fotograf Georg Kukuvec. Es ist nicht einfach, den Zauber eines Platzes fotografisch sichtbar zu machen. Ihm gelang das wunderbar.

Ein herzliches Dankeschön auch an alle, durch deren ortskundiges Wissen diese Erzählungen umso mehr Gewicht bekommen haben:

Monika Gaiswinkler aus Altaussee eröffnete mir mit ihren Schilderungen und Unterlagen einen neuen Zugang zur historischen und gesellschaftlichen Dramatik der Åniweig-Sage. Allein damit könnte man ein Buch füllen.

Erich Weidinger gab als sagenkundiger Autor und Buchhändler am Attersee hilfreiche Anregungen zur Sage von der Nixe Adhara. Wolfgang Günter Pimminger erzählte mir die Sage von seinem Vater Gust Pimminger aufs Neue und gab das Einverständnis zur erstmaligen Veröffentlichung.

Wirklich beeindruckende Überlieferungen sind nicht das Produkt einer oder eines Einzelnen. Diese Sagen werden von vielen Menschen getragen und kristallisieren sich durch die Lust und die Faszination an einer packenden Erzählung heraus.

Helmut Wittmann

Auf Tour im sagenhaften Salzkammergut

Im Salzkammergut gibt es viele geheimnisumwitterte Plätze und verwunschene Winkel, die nur darauf warten, von euch erwandert und entdeckt zu werden. Zu allen in diesem Buch vorgestellten Sagen findet ihr Vorschläge für Wandertouren, die die überlieferten Erzählungen spürbar machen sollen. Um euch wohlbehalten und sicher ins Reich der Sagen zu führen, gibt es ein paar Dinge, die zu beachten sind.

Wanderbeschreibungen und Angaben zur Tour

Neben ausführlichen Beschreibungen zu Ausgangspunkt, Anfahrt und Wegverlauf stellen wir jeder Tour einen Infoblock mit den wichtigsten Fakten voran:

SCHWIERIGKEITSBEWERTUNG

Unter den Wandertipps finden sich Touren für jede Könnerstufe: von einfachen Spaziergängen über kinderfreundliche Ausflugsziele bis hin zu anspruchsvollen Tagestouren. Damit ihr die passende Unternehmung auswählen könnt, haben wir die Touren in drei Schwierigkeitsgrade eingeteilt:

- ●○○ Leicht: kurze familienfreundliche Wege (nicht immer Kinderwagen-geeignet), teilweise trotzdem schmal oder steil
- ●●○ Mittel: längere Wanderungen, auf durchaus schmalen Wegen, die auch steile oder absturzgefährliche Passagen aufweisen können
- ●●● Schwer: schmale, oft steil angelegte und absturzgefährliche, häufig versicherte Gehpassagen und/oder einfache Kletterstellen, die den Gebrauch der Hände erfordern – Trittsicherheit und Schwindelfreiheit sind unbedingt erforderlich!

Die Bewertungen dienen als grober Richtwert. Je nach Wetter und Jahreszeit können sich Wege stark verändern und Hütten oder Seilbahnen saisonbedingt geschlossen sein.

ANFORDERUNG IM AUFSTIEG

↗ Die Angaben zu den Höhenmetern beziehen sich auf jene, die bergauf zu bewältigen sind. Bergab hilft bekanntlich die Schwerkraft mit – dennoch darf auch die Anstrengung am Rückweg nicht unterschätzt werden und muss beim Einteilen der Kräfte unbedingt miteinberechnet werden!

WEGSTRECKE

Die gerundeten Kilometerangaben beziehen sich auf die gesamte Strecke.

DAUER

Die zu veranschlagende Dauer für eine Tour ist je nach Fitnesslevel und Bergerfahrung sehr individuell. Unsere Zeitangaben dienen als Orientierung – je nach Wetterbedingungen, Können, Kondition und Gruppengröße können diese Zeiten über- oder unterschritten werden. Angegeben ist außerdem stets nur die reine Gehzeit! Pausen müssen zusätzlich berücksichtigt werden.

Tipps zu Tourenplanung und Sicherheit

> [DAS WETTER IM BLICK] Um die Sagenwanderungen voll genießen zu können, empfiehlt es sich, vor jeder Wanderung die Wetterprognose im Gebiet einzuholen und auch auf Tour das Wetter immer im Auge zu behalten. Wetterumschwünge können im Salzkammergut schnell eintreten und Gewitter an ausgesetzten Stellen zu lebensbedrohlichen Situationen führen.

> [ERSTE HILFE] Um unterwegs schnell Hilfe leisten zu können, gehört in jeden Rucksack neben Getränk, Jause, Sonnen- und/oder Regenschutz ein Erste-Hilfe-Paket! Die Notrufnummern lauten 112 (Euro-Notruf) sowie 140 für die Österreichische Bergrettung.

> [DIE NATUR ACHTEN] Auf Tour bitte am Weg bleiben! Die Orientierung ist so einfacher, außerdem zerstören Abkürzungen leider die Vegetation. Dass Abfall wie Zigarettenstummel, Taschentücher, Bananenschalen & Co im Rucksack wieder nach Hause zur Entsorgung mitgenommen werden sollte, versteht sich ebenso wie der respektvolle Umgang mit Pflanzen und Tieren, egal ob Nutz- oder Wildtier, sowie privatem Eigentum der Bauern (Almen, Gatter).

Wandertouren per QR-Code abrufen

Alle Tourenbeschreibungen sind auch online unter folgendem QR-Code verfügbar und können – sofern eine Internetverbindung besteht – unterwegs abgerufen werden.

Sagen aus dem
Ausseerland

ALTAUSSEE

Wer erlöst die Åniweig?

Eine – fast – historische Sage aus dem Ausseerland

Wer erlöst die Åniweig?

Überlieferungen von unerlösten Seelen gibt es viele. Aber die Sage von der Åniweig ist einzigartig – mit ihren geografischen, familiären und historischen Bezügen. Vielen herzlichen Dank an Monika Gaiswinkler! Durch ihr Quellenmaterial kann die Geschichte in ihrer Ursprünglichkeit berichtet werden, wie sie noch nie erzählt wurde.

Viele kennen sie gar nicht – die Åniweig. Und viele, die sie kennen, wären froh, wenn sie sie nicht kennen würden. Denn die Åniweig kündigt allzu oft Unglücksfälle an. Allerdings erscheint sie nur ganz bestimmten Menschen – und das auch nur in Altaussee. »Na, Gott sei Dank!«, werden jetzt manche sagen – und aufatmen.

Ob ihr Name aus dem Alt- oder Mittelhochdeutschen kommt, ist nicht so genau festzustellen. Auf jeden Fall steht der Begriff »Åniweig« für einen Geist. Wahrscheinlich für jemand, der »åni weig«, also »ohne Weihe«, unerlöst gestorben ist.

Oft erscheint die Åniweig in weiblicher Gestalt. Hin und wieder ist sie aber auch ein Mann. Immer ist sie sonderbar altertümlich gekleidet. Das hat wohl auch damit zu tun, dass sie schon lange »umgeht« – als unerlöste Seele. Im Grunde tut sie ja auch nichts Böses. Nein, sie möchte nur erlöst werden. Aber das ist mitunter viel verlangt.

Dem ersten Besitzer vom Bartlhof aus der Familie Gaisberger kam die Åniweig vor allem am Weg in die Kirche von Altaussee unter – als Frau in einem abgeschabten, also abgenutzten Gewand. Nie sah sie der Bauer vom Bartlhof, der Bartler, von vorne, immer nur von hinten. Ging er schneller, dann ging die sonderbare Gestalt auch schneller. Aber was heißt »ging«! Es war, als ob sie schwebte.

Der Bartler war bigott. Da wurde kein Kirchgang ausgelassen. Wenn die Glocken läuteten, saß er immer schon andächtig drin in der Kirche. Einmal lockten die Glocken den Bartler in einer goldenen Samstagnacht zur Kirche. Erst als er vor dem verschlossenen

Tor stand, merkte er, dass da etwas nicht stimmen konnte. Er rieb sich verwundert die Augen. Der Mond leuchtete auf ihn herab – grad so, als ob er ihn auslachen würde.

Im nächsten Moment hörte der Bartler ein bitteres Jammern und Seufzen. Jetzt war er munter und »klingelliacht«, also hellwach. Die Åniweig stand neben ihm vor der Kirche. Diesmal aber drehte sie sich zu ihm um: Was er sah, verblüffte den Bartler umso mehr! Ein rundes Frauengesicht schaute ihn da an – nicht alt und nicht jung, aber bleich und fahl. Eine unendliche Traurigkeit ging davon aus – so als ob der Schmerz der ganzen Welt darin zum Ausdruck kommen möchte. Wen hätte da nicht geschaudert! Und doch fasste sich der Bartler ein Herz und sprach sie an: »Wo fehlt's denn? Såg's, wånn i da helfn kånn!«

Da begann die Åniweig mit klagender Stimme zu erzählen. Sie sprach vom Däumling. Das ist eine Felsnadel unterhalb vom Tressenstein, ein gutes Stück oberhalb vom Bartlhof. Den Felsen kannte er. Genau dort hatte sie vor Zeiten einen Schatz vergraben. Niemand sonst sollte den haben, nur sie. Deshalb wusste auch niemand von dem Schatz. Dann aber war sie gestorben. Zurück blieb der Schatz. Der stand eigentlich ihren Nachkommen, den Leuten vom Bartlhof zu. Das ließ ihr keine Ruhe. Die würde sie erst haben, wenn der Schatz in den Händen von den Leuten war, denen er gehörte. Deshalb konnte sie nur er, der Bartler, und wirklich nur er, erlösen. Dafür wäre er dann auch ein reicher Mann.

»Jå, åba wås muass i denn tuan, damit i di erlös?«, fragte der Bartler. Ja, wie sollte er die Erlösung anstellen?

»Geh heit vor dem Betläuten zum Däumling«, sagte die Åniweig. »Den richtigen Plåtz wirst leicht finden! Då wird a Hund gånz jämmerli kålln. Dem gehst nåch!« Ein Hund wird also da oben jämmerlich bellen. Dem solle der Bartler, nachgehen. Das alles verwunderte ihn schon sehr.

»Wånn du hinkommst, dånn wirst segn, dass da Hund auf ana Truchn sitzt. Er hålt an großmächtign Schlüssl im Mäul. Schreck di ned! Der Hund, der bin i!« Sie, die Åniweig, würde also als schwarzer Hund mit einem Schlüssel im Maul erscheinen! Das wurde immer sonderbarer.

»Påck den Schlüssel und reiß'n dem Hund aus dem Mäul!«, trug ihm die Åniweig weiter auf. »Wånn du den Schlüssel in der Hånd håltst, dånn wirst du schau wissen, wås zum tuan is! Åba såg dabei koa Wort! Koa Sterbenswort! Sunst is ois valorn!« Dem Hund musste er also den Schlüssel aus dem Maul reißen. Dabei durfte er kein Wort sagen. Na, das würde wohl nicht allzu schwerfallen, dachte sich der Bartler. Eines wollte er jetzt aber noch wissen: »Derf i ma wenigstens an Gspå mitnema?« Einen Freund wollte er mitnehmen. Mit ihm an der Seite würde das alles sehr viel leichter fallen. »Jå«, meinte die Åniweig, »an Gspå derfst da schau mitnema. Åba a der derf nix redn. Koa Wort. Verstehst!« – »Jå!«, meinte er drauf knapp. Denn das lag für den Bartler nahe: Der Freund dürfe also auch kein Wort reden. Zu zweit würden sie es wohl wagen, den Schlüssel zu holen.

Im nächsten Moment war die Åniweig wieder verschwunden. Jetzt machte sich der Bartler auf den Heimweg. Als er beim Hof ankam, ging gerade die Sonne auf.

Ein wenig unheimlich war dem Bartler die ganze Geschichte schon. Aber er hatte noch das bleiche Gesicht der Åniweig und diese unendliche Traurigkeit vor Augen. Das bestärkte ihn in seinem Entschluss: Ja, er wollte sie erlösen.

Gleich ging er zum Nachbarn hinüber. Mit dem Sohn war er befreundet. Deshalb erzählte er ihm die ganze Geschichte und bat ihn, doch mitzugehen und bei der Erlösung mitzuhelfen. Dafür würde er auch vom Schatz etwas abbekommen.

Der Sohn vom Nachbarn war ein unerschrockener Bursch. Was der Bartler da schilderte, versprach ein spannendes Abenteuer – und »a Gaudi«, eine lustige Abwechslung, war es wohl auch. Da war er gerne mit dabei. Immerhin warf es sogar noch etwas für ihn ab! Das gefiel ihm.

Es war schon finster, als sich die zwei jungen Männer am Abend vor dem Betläuten aufmachten, um durch den Wald hinauf zum Däumling zu gehen. Der Mond ging auf. Er tauchte den Tressenstein in sein helles Licht. Was die zwei aber ganz und gar verwunderte: Plötzlich kamen sie auf eine breite Straße.

»Då håt's doch sei' Lebtåg nu nia a Stråßn gebn!«, meinte der Nachbarsbursch: »Des kånn jå går ned sein!«

Den Bartler wunderte nach der Begegnung mit der Åniweig nichts mehr. Stumm schritten sie weiter. Jetzt hörten sie einen Hund winseln. Das wurde lauter. Schließlich war's ein Bellen. »Då kållt wirkli a Hund!«, meinte der Bartler nachdenklich. Ja, so hatte es die Åniweig beschrieben. Das Bellen wurde lauter und wilder. Es hörte sich zunehmend bedrohlich an! Den zweien war inzwischen alles andere als wohl in ihrer Haut. Trotzdem gingen sie weiter. Angst wollte keiner zeigen.

Inzwischen war das Bellen schon sehr nahe. Sie bogen um eine Wacholderstaude. Da stand die Truhe vor ihnen. Darauf saß der Hund. Und was für einer! Kohlrabenschwarz war er und rollte mit den Augen wie mit Feuerkugeln. Sein Bellen klang jetzt wie ein Brüllen. Dabei schoss Feuer aus seinem Maul. Und da war der goldene Schlüssel! Den sollte der Bartler also packen.

Der Anblick war so furchterregend, dass die zwei Männer wie versteinert stehen blieben. Irgendetwas tief drin im Bartler sagte: »Greif zu!« Er wollte auch zugreifen, aber die Angst und der Schrecken waren doch größer. »Mei Årt – i trau mi ned!«, rief er hilflos.

Sofort war alles wieder vorbei! Der Hund war nicht mehr zu sehen und auch nicht die Truhe. Nur eine Jammergestalt, die Åniweig. Sie begann fürchterlich zu klagen und zu weinen.

Und jetzt war es finster – so, als ob der Mond nie geschienen hätte. Ein Wind kam auf und ein Toben und Brausen ging los. Das war furchtbarer als alles, was die zwei Männer je gesehen und gehört hatten. Auch die Straße war weg. Sie waren mitten im Wald, in einem undurchdringlichen Dickicht. Die ganze Nacht mussten sie da zubringen. An den Heimweg war nicht zu denken.

Wen wundert es, dass sie diese Geschichte danach immer und immer wieder erzählten. Ja, selbst als die zwei schon gestorben waren, erzählten die Kinder und Kindeskinder die Geschichte weiter. Das ging so lange, bis schließlich die Åniweig selber am Bartlhof einzog.

Es begann in einer Nacht, in der die Kathi, die 17-jährige Magd, am Bartlhof nicht einschlafen konnte. Plötzlich griff von unten eine schwarze Hand herauf, packte ihre Hand und wollte sie mit aller Gewalt nach unten ziehen. Entsetzt schrie die Kathi auf. Ihr Schrei war so laut, dass alle am Hof zusammenliefen und fragten, was denn geschehen sei. »Frågt's mi ned, i måg eich's ned sågn!«, brachte die Kathi mühsam hervor.

Der Sohn vom Bauern dachte, dass vielleicht einer zur Kathi ins Bett wollte. Er suchte das ganze Haus ab. Aber die Haustür war fest verriegelt und die Fenster viel zu klein, als dass da einer hätte durchschlüpfen können.

Zu Lichtmess erzählte die Kathi ihrem Vater, dass sie nicht länger am Bartlhof bleiben wolle. Der Vater fragte zuerst, ob denn der Bauer zudringlich geworden wäre. Da winkte die Kathi gleich ab: Nein, nein, da hätte es nichts gegeben! Na, was dann? Vor ihm, ihrem Vater, würde die Tochter doch wohl kein Geheimnis haben, oder? Jetzt schilderte ihm die Kathi, immer noch aufgewühlt, was geschehen war. »Der Teufi is am Bartlhof – und håt mi mit seiner schwårzn Händ obiziagn wolln, in d' Höll! Då geh i nimma hi! I bleib dahoam und suach ma an åndan Plåtz.« Sie wollte fort von diesem Hof – nur fort.

»Åba Diandl, wås fållt da denn ein?«, meinte der Vater ruhig, »Des wår doch ned der Teufi. Der håd kå Mächt über a Diandl wie di! Des wår wohl a årme Seel. Die kånnst du leicht erlösn! Des wad do a Schånd, wånn du då fortrenna tadst. Tua nua fleißig beten und bleib des Jåhr no draust am Bartlhof, dånn wird's schau recht werdn.«

Unter vielem Zureden blieb die Kathi halt doch noch am Bartlhof. Dort machte ihr jetzt der Sohn des Bauern, der Hansl, schöne Augen. Als sie einmal zu zweit draußen am Feld arbeiteten, fragte er sie, ob sie ihn denn nicht heiraten möchte? Am Hof, auf dem die Åniweig umging, Bäuerin werden? Nein, das wollte die Kathi sicher nicht.

Aber dann fügte sich ein Rädchen ins andere. Der Vater verkaufte das Haus in Altaussee und zog nach Hinterberg. Dorthin wollte die Kathi ganz und gar nicht. Im späten Winter rutschte sie obendrein aus und stürzte in einen reißenden, schmelzwasserführenden Bach. Der Hans sprang ihr nach und rettete ihr das Leben. Als er sie drauf noch einmal fragte, ob sie denn nicht die Seine werden möchte, sagte sie halbherzig Ja. »Wer weiß, ob's wirklich was wird mit der Hochzeit«, dachte sie sich. Aber doch, es wurde etwas und damit begann das Unglück erst richtig.

Das Geld war davor schon knapp gewesen am Hof. Jetzt musste der Hans seine Geschwister auszahlen. Die Folge waren Schulden. Dazu kamen die Kinder, 17 setzte die Kathi nach und nach in die Welt. Elend und Not waren Stammgäste am Bartlhof. Der schlimmste Gast aber war die Åniweig. Immer wieder tauchte sie auf: Heulend, weinend, klagend – eine Gestalt, die mit ihrem Jammer, ihrem Schmerz und ihrer Trauer die Kinder wie die Erwachsenen gleichermaßen schreckte, abstieß und zum Fortlaufen brachte.

Oft kündigte die Åniweig auch Unglücksfälle an: eine Typhus-Epidemie, die etliche Kinder hinwegraffte, das Drama um den Nachbarn, der am Altjahrestag bei der Fahrt mit dem Schlitten über den zugefrorenen Altausseer See mitsamt seinen Zwillingstöchtern einbrach und ertrank, oder den Tod von einem der älteren Söhne der Kathi. Er kam im Sommer beim Baden im See um.

So verging das Leben der Kathi in einer Aneinanderreihung von Härten und Prüfungen. Und immer war die Åniweig mit dabei.

Zur Zeit der Sommersonnwende machte die Kathi an einem Peter-und-Paul-Tag ihren letzten Seufzer. Da nahmen die Leute am Totenbett vor dem Haus eine Gestalt war. Das wird doch nicht die Åniweig sein? »Na, des is sie ned«, meinte einer, »sie schaut ihr nur ähnlich. Sie håd a so a rundscheiblads Gsicht, wie die Åniweig. Åba sie is ned schwårz ånzogn, sondern schneeweiß!«

Eine Gestalt, die die Größe der Åniweig hatte und auch ein rundes Gesicht, die dabei aber nicht schwarz angezogen war, sondern weiß. Sonderbar! Während sich die Leute in der Kammer wunderten, schrie die Kathi noch einmal auf: »Aus ist's! Jetzt is mei Herz brocha! I bitt' eich: Bet's für mi!«

Drauf starb die Kathi. Eine der Töchter zündete eine geweihte Kerze an. Alle begannen zu beten. Kaum, dass sie damit angefangen hatten, huschte etwas durch die Stube. Langsam ging die Tür auf und blieb sperrangelweit offen. Ruhe kehrte ein am Bartlhof.

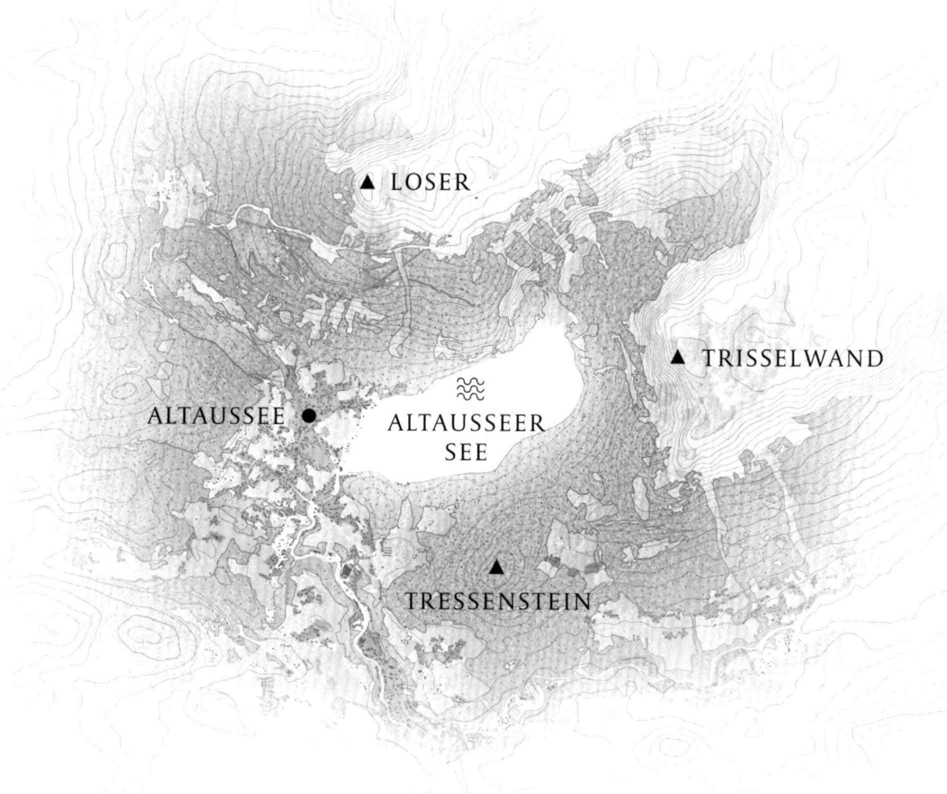

Ein mit vielen Schätzen gesegneter Ort

Mystisch liegt er da, der Altauseersee, wenn im Herbst die Nebelfetzen um den Tressenstein, die Trisselwand und den Loser-Gipfel ziehen. Zu dieser Zeit klingen die Sagen der Åniweig in einem besonderen Licht, und man vermutet, sie bei einer Wanderung schon an der nächsten Biegung anzutreffen oder sogar ihren Schatz am Däumling heben zu können. Anders im hellen Sonnenschein des Sommers, wo der Weg um den See von Gästen des Salzkammergutes gerne gegangen wird.

Einen anderen Schatz haben die Bewohner dieser Region bereits gehoben, und der bescheidene Wohlstand in Altaussee, der mit dem Salzabbau und später mit dem (Kur-)Tourismus gekommen ist, lässt sich an den reich verzierten Häusern ablesen. Gesegnet ist die Gegend auch mit ihrer einzigartigen und facettenreichen Natur! Das wurde zum Glück ebenfalls erkannt, und so sind der Altausseer See und das Tote Gebirge in der Steiermark bereits 1991 unter Naturschutz gestellt worden.

Die Loser-Panoramastraße und das Loserfenster

Neben den Salzwelten in Altaussee ist sicherlich die 9 Kilometer lange Loser-Panoramastraße hinauf zum Bergrestaurant Loser-Alm auf 1600 Meter Seehöhe einen Ausflug wert. Hier oben kann man mühelos den Blick auf Altaussee, das ganze grüne Ausseerland sowie auf König Dachstein, der mit seinem funkelnden, weißen Gletscher aus der Ferne grüßt, genießen. Möchte man einen Blick in die wilde, karge Karstlandschaft des Toten Gebirges werfen, lohnt sich die kurze, mittelschwere, etwa einstündige Wanderung zum Loserfenster. Bereits am Weg um den Augstsee und darüber hinweg hat man immer wieder die scharfkantigen, von Regen, Wind und Wetter abgeschliffenen Felsen unter den Füßen. Nur genügsame und widerstandsfähige Alpenpflanzen können sich hier oben etablieren. Beim Loserfenster selbst blickt man hindurch auf den 2090 Meter hohen Schönberg, der wahrscheinlich wegen seiner rauen Schönheit auch Wildenkogel genannt wird. Auch in diesem Berg befindet sich ein Schatz, der erst in den letzten Jahrzehnten von einer kleinen Gruppe von Menschen gesehen und erforscht wurde: das Schönberg-Höhlensystem, welches übrigens mit 155 Kilometer Länge das längste Österreichs ist.

Sagenhaft gutes Essen …

… findet man bei der Wanderung um den Altausseer See nicht nur im Gasthaus Seewiese mit seinen herzhaften Seewiesen-Ripperln, sondern auch unweit daneben im Jagdhaus Seewiese mit seinen himmlischen süßen oder sauren Strudelvariationen. Tipp: Interessant ist hier das kleine Natur-Museum im Obergeschoß des Jagdhauses.

Natürlich bietet der Ort Altaussee mit seinen vielen guten Gasthäusern auch darüber hinaus noch zahlreiche Einkehrmöglichkeiten, um den großen oder kleinen Hunger zu stillen. Für die weltbesten Schwarzbeernockerl muss man allerdings am Fuße des Losers zur Blaa-Alm aufbrechen. Inmitten von saftigen Almwiesen schmeckt diese violette Köstlichkeit so gut wie kaum anderswo im gesamten Alpenbogen!

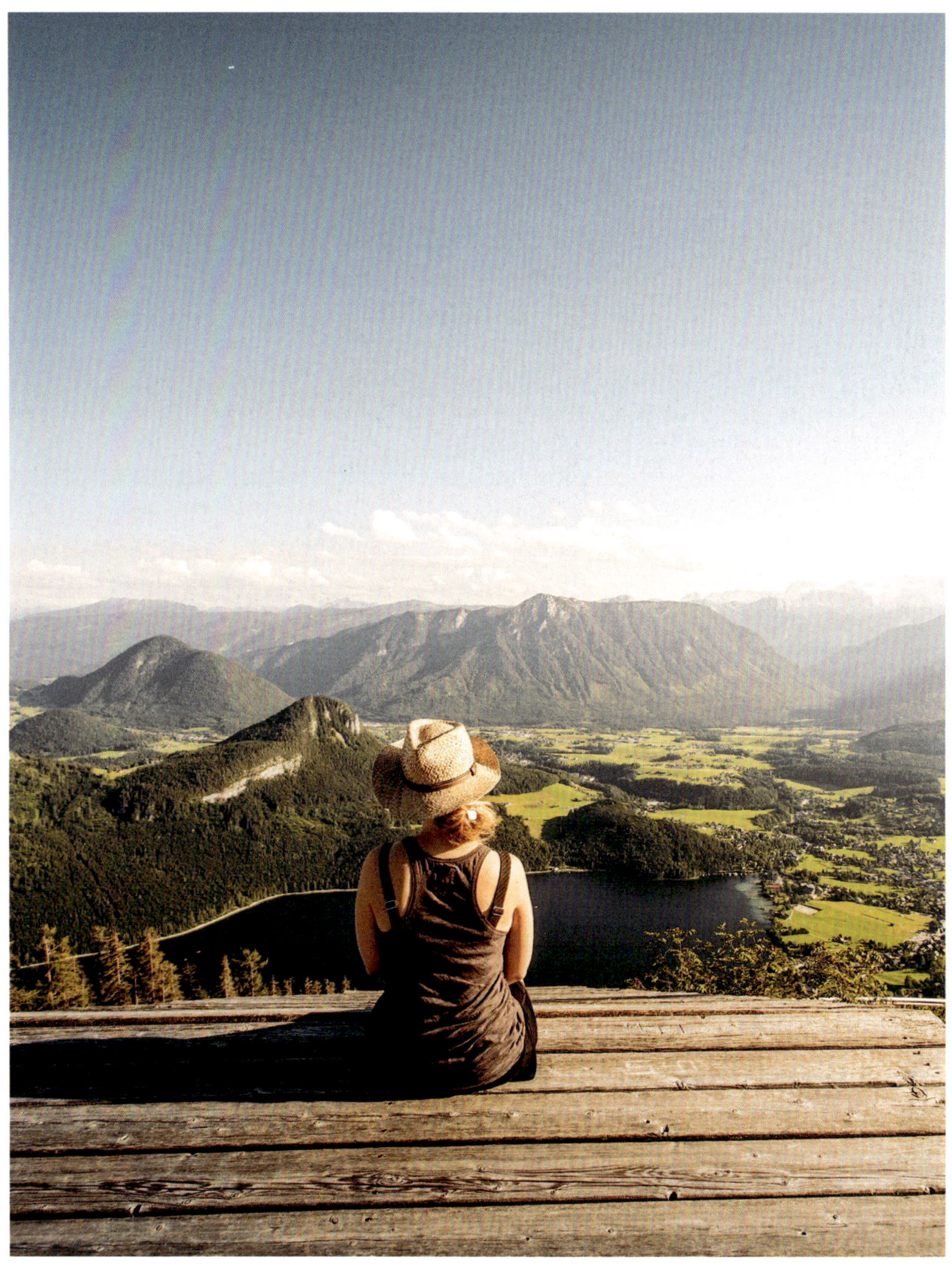

Vom Loser sieht man weit hinein ins Ausseerland und hinüber zum Dachstein.

Rechts: Der Tressenstein. Unterhalb des Gipfels ragt die Felsnadel vom Däumling aus dem Wald, wo der Schatz der Ániweig vergraben ist. Am unteren Ende der großen Wiese – am rechten Bildrand – liegt der Bartlhof.

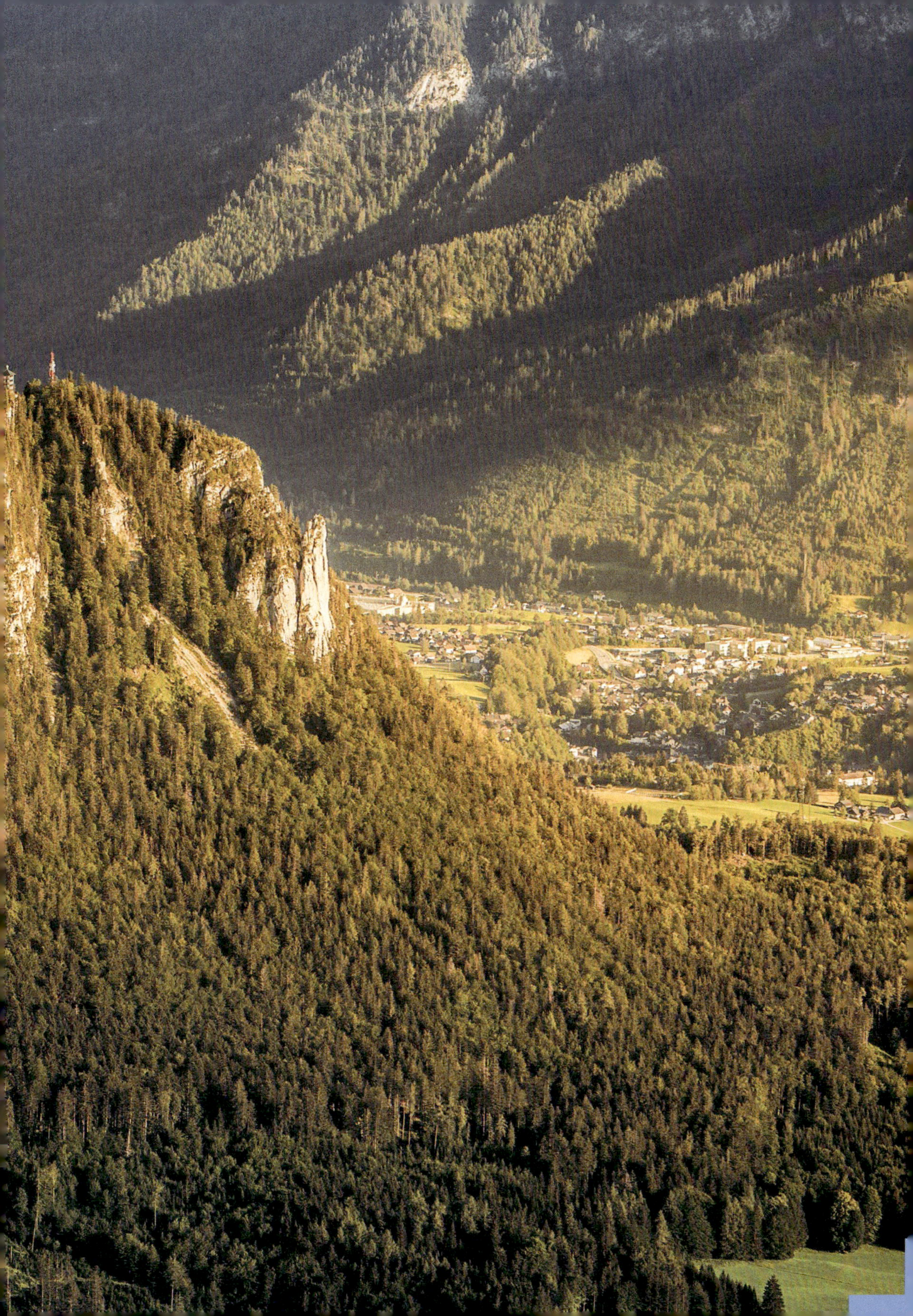

Wanderung auf den Tressenstein

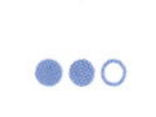
mittel

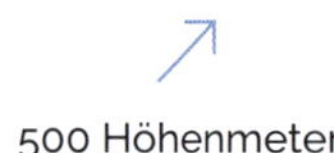
500 Höhenmeter

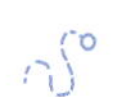
10 Kilometer

ca. 3 Stunden

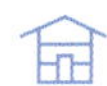
unterwegs keine

[AUSGANGSPUNKT] Altaussee, Kurhausparkplatz

[ANFAHRT] Von Bad Goisern oder von Bad Aussee kommend auf der B145 zur beschilderten Abzweigung Altaussee. Hier im Ort folgt man den Wegweisern zum Parkplatz im Zentrum.
Öffi-Anbindung: Bushaltestelle Altaussee-Kurhaus

[AUFSTIEG] Vom Parkplatz führt der Weg vorbei am Fußballplatz in Richtung Schiffsanlegestelle und Seevilla. Hier folgt man dem Weg Nr. 13 um den Plattenkogel und spaziert schon bald am Waldrand unterhalb dieser Erhebung aussichtsreich in Richtung Tressenstein. Ein Stück oberhalb des gut sichtbaren Campingplatzes, dort wo der Wanderweg Nr. 233 zur Aussichtswarte auf einem Forstweg in den Wald hineinführt, befindet sich der sagenumwobene Bartlhof (heute ein modernes Privathaus). Von hier steigt man schön schattig im Hochwald und auch immer wieder mit Blick zum Altausseer See höher. Über zahlreiche Holzstufen entlang von Felsen und einer kleine Halbhöhle erreicht man nach etwa eine Stunde Gehzeit den Tressensattel. Nun sind es nur noch gut 30 Minuten über die Forststraße links sowie den markierten Wanderweg Nr. 258 zum Tressenstein mit seiner etwa 15 Meter hohen Aussichtswarte.
Die oberste Plattform befindet sich auf ca. 10 Meter Höhe. Von dort genießt man die einzigartige Sicht auf den Altausseer- und Grundlsee sowie zum Dachstein. Nur wenige Meter weiter südlich der Warte lädt ein Aussichtsplatz mit schönem Blick nach Bad Aussee zum Verweilen ein. Südwestlich liegt der sagenhafte Däumling, in dessen Umfeld der Schatz der Åniweig vergraben sein soll. Bitte hier keine waghalsigen Kletterversuche durchführen – Absturzgefahr!

[ABSTIEG] Auf gleichem Weg zurück zum Ausgangspunkt.

[VARIANTE] Für den Rückweg bietet sich auch der etwas länger dauernde, aber sehr aussichtsreiche Abstieg über Obertressen an. Dafür folgt man vorerst den Wegweisern nach Bad Aussee und

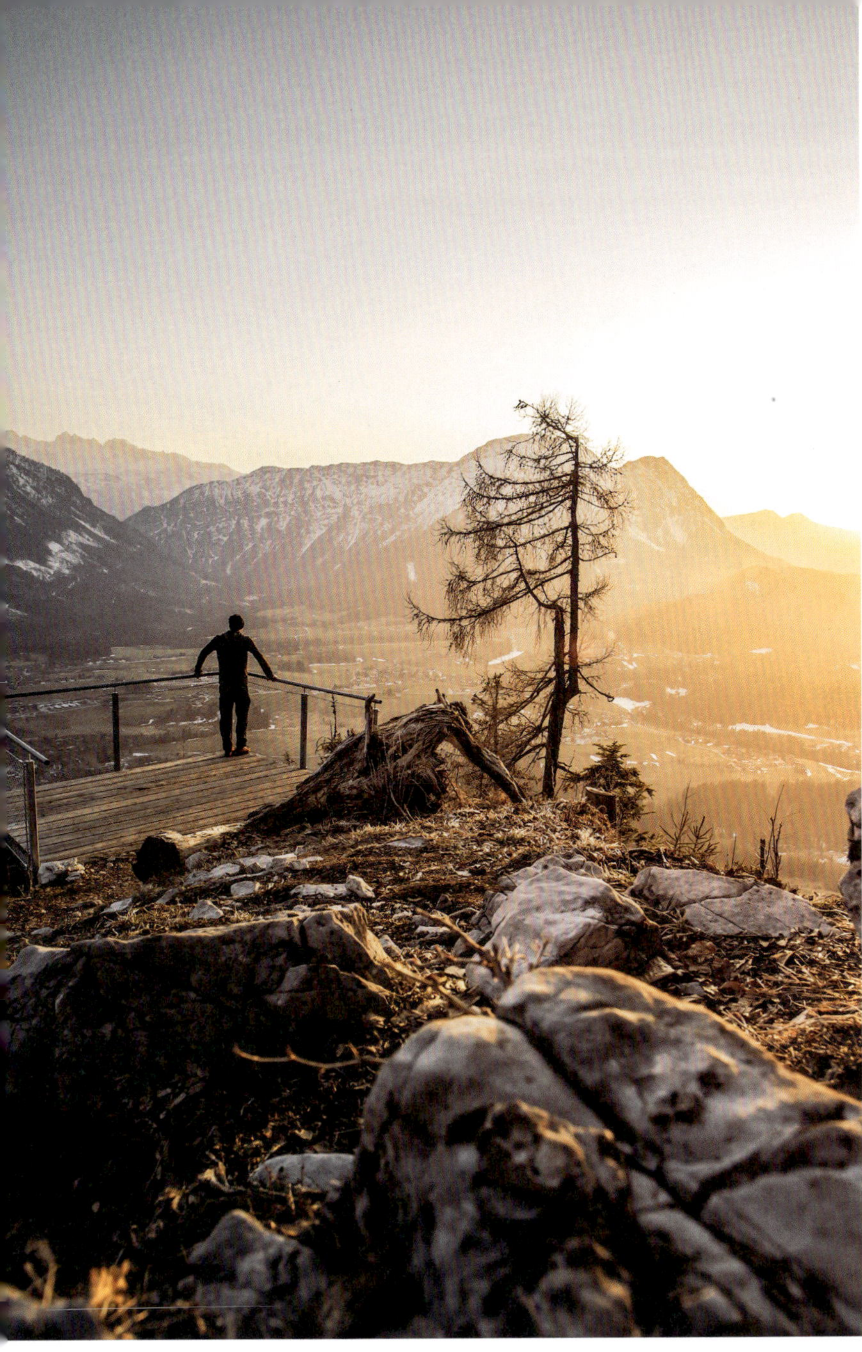

Vom Tressenstein geht der Blick hinunter nach Bad Aussee und Altaussee. Im Hintergrund schiebt der Sarstein seinen mächtigen Bergriegel vor.

gelangt schließlich in einem Rechtsbogen in die Ortschaft Obertressen. Weiter durch den Wald zu den Häusern im Nöckl erreicht man kurz darauf in der Nähe des Campingplatzes wieder den bereits bekannten Plattenkogelweg.

Wanderung um den Altausseer See mit Variante zum Kraftplatz am Gaißknechtstein

●○○
leicht

150 Höhenmeter

je nach Variante
8–12 Kilometer

ca. 2–3 Stunden

Strandcafe, Gasthaus und Jagdhaus Seewiese, Jausenstation Kahlseneck

[ANFAHRT] Von Bad Goisern oder von Bad Aussee kommend auf der B145 zur beschilderten Abzweigung Altaussee. Hier im Ort folgt man den Wegweisern zum Parkplatz im Zentrum.
Öffi-Anbindung: Bushaltestelle Altaussee-Kurhaus

[RUNDWEG] Der Weg um den See 1a führt vom Parkplatz zuerst nach Süden, Richtung Tressenstein und Trisselwand. Vorbei am Sportplatz erreicht man schnell die Schiffsanlegestelle mit nahem Spielplatz und öffentlichem Badesteg. Kurz danach überquert man beim Romantik Hotel Seevilla die Altausseer Traun, welche hier den Ausfluss des Altausseer Sees darstellt, und wandert, den deutlich angebrachten Wegweisern folgend, unterhalb von Plattenkogel, Tressenstein und Trisselwand auf zumeist breitem Schotterweg Richtung Seewiese am anderen Ende des Sees. Nach etwa einer Stunde Gehzeit ist diese im gemütlichen Auf und Ab erreicht. Direkt über die Wiesen entlang des Ufers oder vorbei am Ostersee, der etwas versteckt hinter bzw. nördlich dem Gasthaus Seewiese liegt, spaziert man nun unterhalb des Losers, mit gutem Blick zum sagenhaften Tressenstein und Däumling-Felsen, immer den See entlang in ca. einer weiteren Stunde nach Fischerndorf mit der kleinen Kirche und zurück zum Ausgangspunkt.

[VARIANTE] Möchte man die Runde um den See noch ein bisschen verlängern und dabei auch den Kraftplatz Gaißknechtstein besuchen, so wandert man beim Gasthaus Seewiese nicht am Wanderweg 1a links weiter, sondern steigt die Forststraße rechts einige Meter bergan. An den nächsten zwei Gabelungen hält man sich jeweils links und genießt den Blick hinunter zum See und auf die Seewiesen. Es folgen nun zwei Gabelungen, an denen man jeweils den rechten Weg wählt. Nun kommt man zum Wegweiser, der die Wanderung zur Augstwiese und zum Wildensee ins Tote Gebirge angibt: Hier bleibt man auf der Forststraße und folgt ihr für etwa 100 Meter, ehe der Weg zum Gaißknechtstein links (etwas

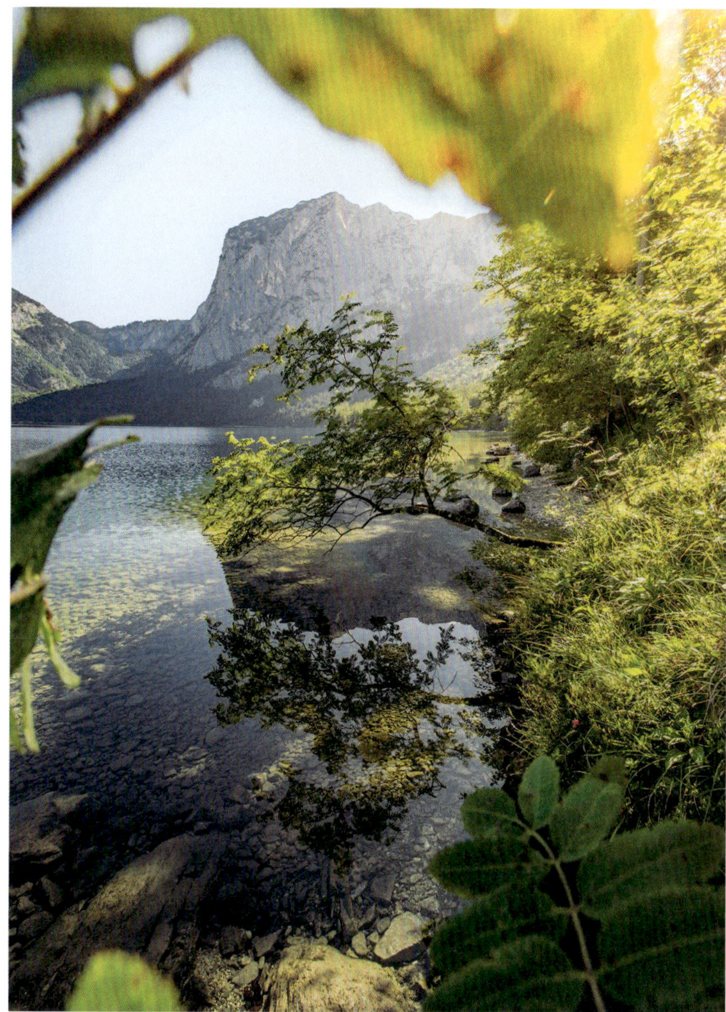

»Der See mit der Wand, sie bilden eines der herrlichsten Schaustücke des steirischen Salzkammergutes, und es ist kein Wunder, wenn Volksmund und Sage sich in lebhafter Weise mit den Ersteigungsmöglichkeiten der Trisselwand abgeben.«
Der legendäre Bergsteiger Paul Preuß (1886–1913)

versteckt, einige Meter vor einem Weidegatter) abzweigt. Knappe 10 Minuten schlängelt sich nun der Steig über Wurzeln und Steine durch eine Bergsturz-Wildnis, und schon ist der ruhige, sonnige Kraftplatz im Talschluss des Altauseer Sees erreicht. Hier haben früher auch Geißhirten gerastet, wenn sie ihre quirligen Ziegenherden in dem Gebiet weiden ließen.
Entgegen dem Wegweiser nach Altaussee wendet man sich am Gaißknechtstein nach links und wandert nun etwa einen Kilometer auf einem wunderschönen Wurzelwanderpfad unterhalb der Steller-Felswände in Richtung See zurück und folgt sodann dem Seerundweg zurück zum Ausgangspunkt.

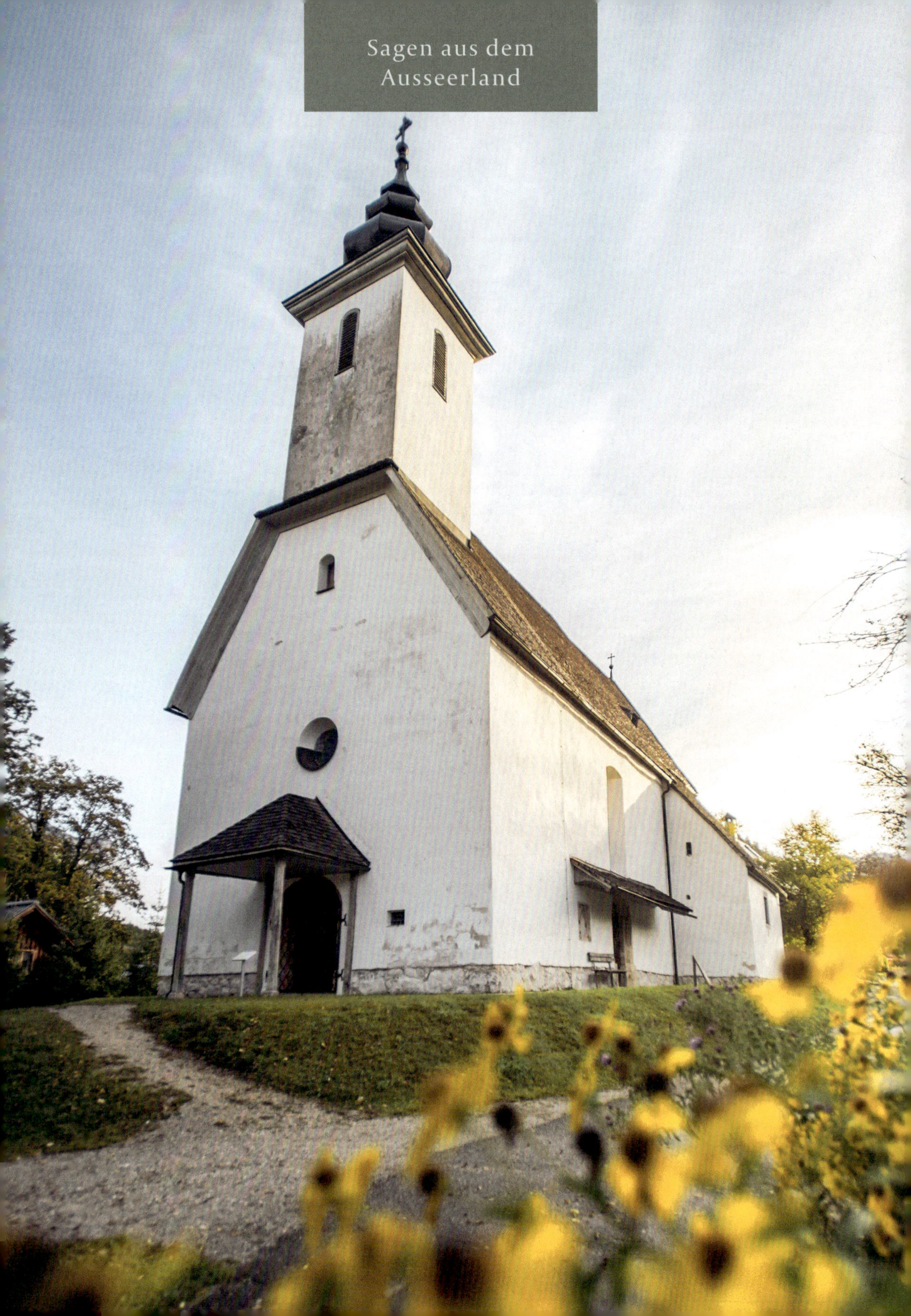

BAD AUSSEE

Von verflixten Irrwurzen

Weithin sichtbar steht die Kalvarienberg-Kirche oberhalb von Bad Aussee. Neben der Sakristei ist ein Schalenstein – auf ihm soll die Muttergottes am Weg durchs Ausseerland gerastet haben.

Von verflixten Irrwurzen

Nicht nur wegen der plötzlichen Wetterumschwünge heißt es im Gebirge: Augen offen halten! Gnade Gott, man tritt auf eine Irrwurzen.

Vor Zeiten wollte sich ein Holzknecht die karge Kost mit Schwarzbeeren und Reselbeeren aufbessern. »Schwarz- und Reselbeeren« sagt man im Inneren Salzkammergut zu den Heidel- und Preiselbeeren. Die Heidelbeeren gab man auch zu den Holzknechtnocken. Drum nennt man die seit jeher auch Schwarzbeernocken.

Bei der Arbeit im Gebirge hatte der Holzknecht schon ausgekundschaftet, an welchen Plätzen die meisten wuchsen. Jetzt stieg er hinauf, um sie droben auf einer Alm fleißig zu brocken. Dabei war er so sehr ins Sammeln vertieft, dass er sich kaum Zeit nahm zum Essen und Trinken. Immer wieder entdeckte er neue Flecken, wo noch schönere Beeren wuchsen.

Erst als es dämmrig wurde, machte er sich auf den Heimweg. Irgendwie kam er dabei aber vom Weg ab. So viel er auch herumsuchte und ausschaute: Der Steig ins Tal war einfach nicht mehr zu finden.

»Verflixt«, sagte er sich, »offenbar bin ich auf eine Irrwurzen getreten.« Er wusste: Wer auf eine solche Wurzel steigt, verirrt sich, ohne es zu merken.

Was blieb ihm anderes übrig, als sich am Berg ein Lager zu richten. Unter einer Fichte legte er sich nieder und versuchte, so gut es eben ging, zu schlafen. Kaum, dass die Sonne in der Früh aufgegangen war, suchte er weiter. Endlich sah er weit, weit weg die Bergkirche vom Kalvarienberg von Aussee. Jetzt war klar, welche Richtung er einschlagen musste, um wieder nach Hause zu kommen.

Ein weißer Mann mit einem schwarzen Kranz

Die Åniweig taucht auch in Bad Aussee auf. Freilich ist die Überlieferung vom Altausseer Bartlhof die ausführlichste und die heftigste, aber bei Weitem nicht die einzige. Am Tressensattel, zwischen dem Altausseer See und Bad Aussee, erschien einem Burschen die Åniweig immer wieder am helllichten Tag. Und das selbst dann, wenn er in Gesellschaft war! Davor kam kurz vorher ein Wind auf. Dann wusste der Bursche schon, was passieren würde: Die Åniweig tauchte auf – als weißer Mann mit einem schwarzen Kranz. Der Bursch war verzweifelt. Jedes Mal, wenn sich die Erscheinung ankündigte, packte ihn das schiere Grausen!

Wieder einmal spürte er den Lufthauch. In seiner Not wandte er sich an seine Kameraden: »Seht's es! Då kimmt's, de Åniweig! I bitt' eng! Helft's ma!« Die anderen wussten nicht, wovon er redete: Von einer Åniweig, die auf sie zukam? Wo sollte die sein? Sie sahen nichts.

Aber der arme Bursche zitterte am ganzen Leib. Da spürten auch die anderen: Etwas war im Gang, was sie sich nicht erklären konnten. Aber gleich, was geschah: Er sollte wissen, dass sie ihm beistanden. Also schlossen sie ihn kräftig in die Arme.

Einer meinte schließlich: »Na, dånn frag's hålt, wås' will, de Åniweig!« Ja, zu fragen, was sie wollte, das war wohl ein guter Rat. Und so fasste sich der Bursche ein Herz und fragte den Geist: »Wås is dei Begehrn?« Tatsächlich begann der Geist zu reden. Mit leiser, ruhiger Stimme bat er ihn: »Bet für mi in da Pfårrkircha z'Aussee während åna Mess beim Leopoldi-Åltår an Rosenkrånz! Dånn bin i erlöst!« Darauf verschwand die Åniweig. Dem Burschen fiel ein Stein vom Herzen. Ein Rosenkranz vor dem Leopoldi-Altar, während einer Messe – den zu beten, das sollte zu machen sein.

Tags darauf ging er gleich zur heiligen Messe und begann vor dem Leopoldi-Altar zu beten. Aber so entschlossen er auch anfing, so schwer war ihm noch nie ein Gebet gefallen. Der Rosenkranz zog sich und zog sich. Nur mit äußerster Willenskraft schaffte er es, ihn zu Ende zu beten. Jetzt klang auch die Messe aus – und es war ihm, als ob er das Flattern einer Taube hörte. Sie eilte hinauf – dem Himmel zu!

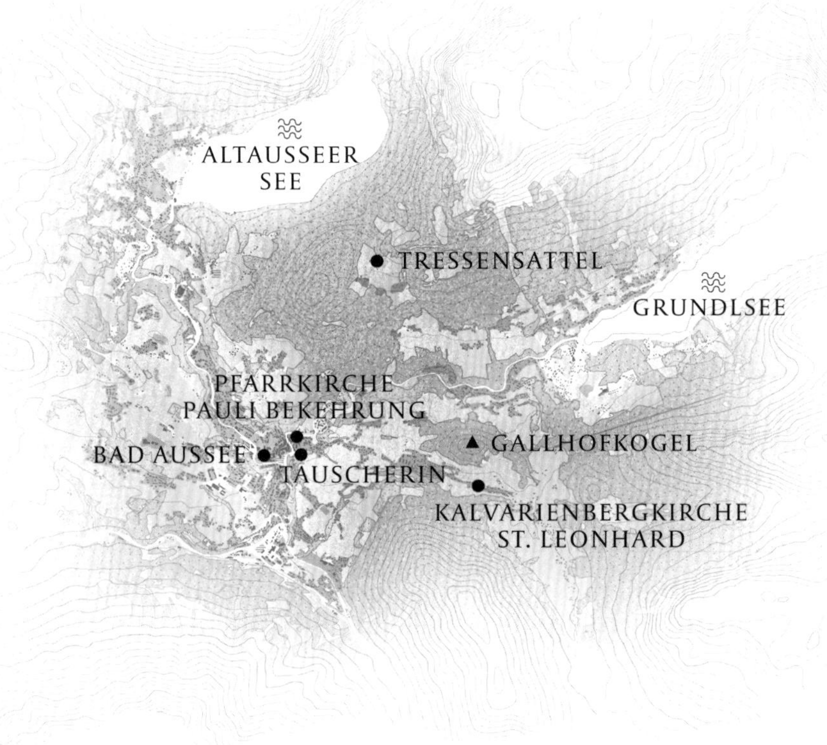

Österreichs Mittelpunkt

Seit 1949, nach einem Preisausschreiben und der Bestätigung durch die Universität Wien, gilt Bad Aussee als Mittelpunkt Österreichs. Schon ab dem 19. Jahrhundert ist es ein außerordentlich beliebter Kurort, den für die Sommerfrische seither viele Menschen schätzen. Ein Zentrum für den Salztransport war Bad Aussee in noch früherer Zeit ebenfalls: Mithilfe der Traun wurde Salz transportiert, und über den Radling-Pass führt die Alte Salzstraße von Bad Aussee in Richtung Bad Mitterndorf. Heute zeigt sich Bad Aussee als sonnige, offene, von Wiesen und einer herrlichen Bergkulisse umgebene Kur- und Kongressstadt mit belebten Gastgärten. Dorthin verirrt man sich auch heute noch gerne!

Die etwas andere Kirchengeschichte

Ein wichtiger Anhaltspunkt in der damals noch waldreicheren und daher unübersichtlichen Gegend war die ab 1398 errichtete Kalvarienbergkirche, die der Holzknecht nach seinem Irrwurzen-Erlebnis glücklicherweise entdecken konnte. Sie ist dem heiligen

Leonhard geweiht, einem der 14 Nothelfer, Schutzpatron der Fuhrleute, Bergmänner und Bauern, des Viehs und der Pferde. Außerhalb des kleinen Gotteshauses, neben der Sakristei, befindet sich ein Schalenstein, auf dem der Legende nach die Muttergottes bei ihrer Wanderung durch das Ausseerland schon gerastet haben soll. Auch in einer anderen Kirche Bad Aussees lebt die Sagenwelt weiter: Der heute als Anna-Altar bekannte Altar in der Pfarrkirche Pauli Bekehrung trug ursprünglich den Namen Leopoldi und soll unerlösten Seelen schon das Tor zum Himmel geöffnet haben.

Im Kammerhofmuseum Geschichte und Volkskultur erleben

Das idyllische Ausseerland mit seiner einmaligen Naturlandschaft hat auch eine einzigartige, bis heute erhaltene und vor allem lebendige Volkskultur hervorgebracht: Musik, Tracht, Fasching, aber auch Architektur, Geologie und die Salzgeschichte von Bad Aussee lassen sich im Kammerhofmuseum von interessierten Besuchern in den historischen Gemäuern des früheren Salzamtes entdecken.

Vom Landgasthof in den Staud'n zum typischen Wiener Café

In Bad Aussee muss man nicht wie einst im Wald beinahe verhungern. Nein schon in den Stauden und Sträuchern an der Traun – beim Landgasthof Staud'nwirt – lässt es sich wunderbar einkehren. Saiblinge aus Aussee und andere, vor allem heimische und saisonale Gerichte werden dort von den vielen Stammgästen und Wanderern gerne bestellt. Oder soll es nach einem Spaziergang für eine Wiener Melange ins »Lewan« gehen? Das typische Wiener Kaffeehaus Lewandowsky am Kurpark in Bad Aussee ist nicht das einzige Café in diesem hübschen Ort, in dem sich vorzügliche Torten oder Kuchen mit Kaffee genießen lassen. Es lohnt sich, auf Entdeckungsreise zu gehen!

Wanderung über die Tauscherin zur Kalvarienbergkirche St. Leonhard

leicht

210 Höhenmeter

8 Kilometer

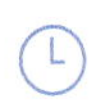

ca. 2 Stunden

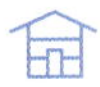

Staud'nwirt Gasthof & Camping an der Grundlseer Traun

[AUSGANGSPUNKT] Parkplatz bei der Pfarrkirche Pauli Bekehrung, gebührenpflichtig

[ANFAHRT] Bad Aussee liegt an der B145 zwischen Bad Goisern und Bad Mitterndorf. In Zentrumsnähe sind mehrere Parkmöglichkeiten ausgewiesen.
Öffi-Anbindung: Bahnhof Bad Aussee, Bushaltestelle Bad Aussee-Volksschule

[RUNDWEG] Ausgehend vom Parkplatz vor dem Pfarrheim in Bad Aussee spaziert man zuerst in Richtung Ortsmitte, rechts an der Pfarrkirche vorbei die Kirchengasse entlang, weiter zur Erzherzog-Johann-Brücke über die Grundlseer Traun hin zum Gasthaus Weißes Rößl. Links über die Parkgasse gelangt man nun zum östlichen Ende des Kurparks – wo der Mittelpunkt von Österreich liegt – und überquert über den Gamsensteig nochmals die Traun, um über Stufen den gegenüberliegenden Hang zur Mühlleite hinaufzusteigen. Rechts führt der Weg nach wenigen Metern in eine Sackgasse für Autos, für Wanderer allerdings geht es hier aufwärts zu einer Weggabelung am Waldrand, bei der wir links dem Weg folgen. Schon nach kurzer Zeit ist das Bankerl auf der Tauscherin und damit ein einmaliger Aussichtsplatz mit Blick auf Bad Aussee erreicht. Diesmal ist das eine Sackgasse für Wanderer, und so geht man etwa 50 Meter zurück und steigt den Pfad rechts mit Blick auf die Pfarrkirche hinunter zum Tauscherinweg, zweigt dort links ab und gelangt nach einem kurzen steilen Straßenstück zum markierten Fußweg rechts nach St. Leonhard. Der sogenannte »Kreuzangerweg« verläuft idyllisch über Wiesen und entlang von alten Obstbäumen. Er führt auch vorbei an mächtigen Linden, alten Kapellen und Bildstöcken, welche teilweise schon im 14. Jahrhundert erwähnt wurden, zur »Fuhrleut-Kira« St. Leonhard, die nach etwa 50 Minuten erreicht ist.
Gegenüber der Kirche leitet ein Wanderwegweiser in Richtung Grundlsee über Hintenkogl. Diesem Schild folgend gelangt man über den Karl-Feldhammer-Weg zum Hintenkoglweg – hier kann

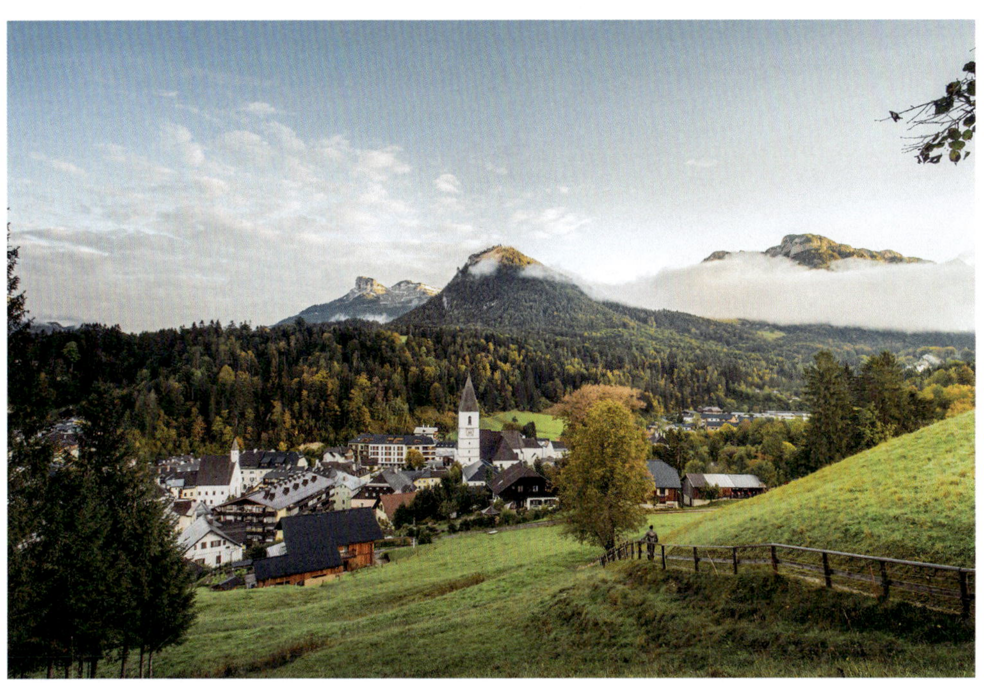

Der Blick kurz vor dem Tauscherin-Bankerl auf Bad Aussee und die Pfarrkirche St. Paul mit dem Tressenstein und dem Loser im Hintergrund.

man den letzten Blick zurück zur Leonhardskirche werfen, ehe uns der Gallhofkogel in weiterer Folge die Sicht auf sie verstellt. Vorbei an den Häusern von Hintenkogl führt nun die Straße bergab zur Gallhofstraße, welche man aber nicht weiterverfolgt, sondern nach links hinunter in den Ziegelweg zum Gasthof Staud'nwirt an der Grundlseerstraße wandert. Etwa 300 Meter geht man nun diese links entlang und verlässt sie dann über eine Brücke rechts. Von dort führt das Sträßchen links in eine Sackgasse, wo nun wieder ein schöner Wanderweg entlang der Traun Richtung Bad Aussee beginnt. Ihm folgt man bis zum Biomasse-Kraftwerk, hinter welchem links hinauf die Richard-Eybner-Promenade beginnt und ein Wanderwegschild 20 Minuten nach Bad Aussee ausweist. Im schattigen Wald spaziert man so dem Ort entgegen. Bald tritt die Pfarrkirche wieder ins Blickfeld und man erreicht kurz darauf den Ausgangspunkt.

[VARIANTE] Am Gallhofkogel befindet sich übrigens ein kaum bekanntes Traumplatzerl inmitten von Bäumen! 200 Meter nördlich der Kirche von St. Leonhard zweigt links der erst kürzlich markierte Weg ab. Eine gute Stunde Wegzeit, die sich wirklich lohnt!

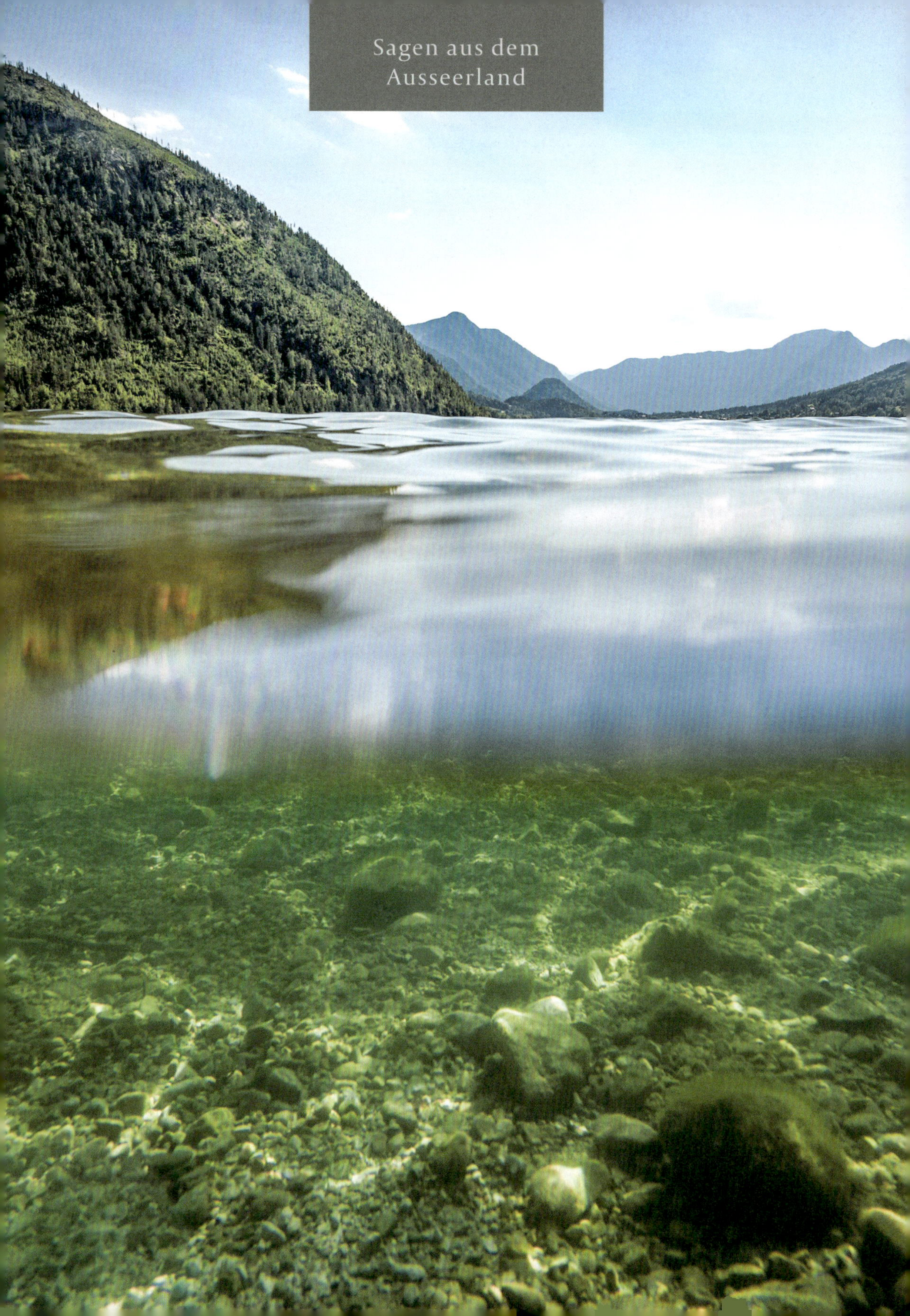

Sagen aus dem Ausseerland

GRUNDLSEE

Glück auf, Herr Wassermann!

Wie das Ausseerland
zum Salz kam

Glück auf, Herr Wassermann!

Es würde einen ja fast verwundern, wenn in einem idyllischen See wie dem Grundlsee nicht auch ein Wassermann hausen würde. Erstaunlich, was der alles bewirkt hat.

Vor Zeiten lebte am Grundlsee ein Fischer. Der hatte eine Tochter, die Marie. Sie war beeindruckend schön. So viel Liebreiz spricht sich herum. Und so abgelegen und so schwer erreichbar der Grundlsee in früheren Zeiten auch war: Immer wieder tauchten Männer auf, die der Marie schöne Augen machten. Aber vergebens. Sie hatte schon einen, den sie ins Herz geschlossen hatte. Er war ein einfacher Jäger, und er war auch in sie verliebt.

Nicht nur weil sie schön war, liebte er sie. Natürlich, das gefiel ihm. Was aber wirklich zählte: Er hatte sie einfach von Herzen gern – so wie sie war. Wer wünscht sich das nicht? Damals war es Brauch, dass man, wenn man heiraten wollte, beim Vater der Auserwählten um ihre Hand anhielt. Das tat er auch, der Jäger. Der Vater aber war wie vom Blitz getroffen: Seine Tochter, die sich durch ihre Schönheit weitum unter den vielen heiratswilligen Männern den Wohlhabendsten aussuchen konnte, und ein einfacher Jäger, der außer sich selbst nichts – aber auch gar nichts – hatte!

»Nein«, sagte der Vater entschlossen, »das wird nichts mit euch! Schlag dir das aus dem Kopf. Meine Marie soll einen Mann heiraten, der ihr etwas bieten kann. Einen, der Geld hat und Besitz, und nicht einen Habenichts wie dich.«

Das war freilich ein harter Schlag für den verliebten Jägersburschen. Niedergeschlagen erzählte er der Marie, was ihr Vater gesagt hatte. »Aber wir werden schon einen Weg finden!«, meinte er dann.

In solchen Momenten ging er am liebsten hinauf auf den Berg zur Jagd oder – weil er eben schon am Grundlsee war – er fuhr hinaus, um zu fischen. Da hatte er seine Ruhe und konnte ungestört überlegen, was jetzt am besten zu tun war. Mitten am See warf er das Netz aus. Als er es wieder einzog, hatte es ein unerwartet schweres Gewicht. Das musste ein guter Fang sein! Vielleicht stimmte der den Fischer versöhnlich! Mit aller Kraft raffte der Bursch das Netz ins Boot.

Ja, was kam denn da zum Vorschein: Im Netz zappelten nicht

Fische über Fische, sondern ein Wassermann! Vor lauter Grausen wollte der Jägersbursch den Kerl im ersten Moment gleich wieder ins Wasser werfen. Alles an dem Wassermann war grün. Nur die Schwimmhäute zwischen den langen Fingern und Zehen waren gelb. Am Rücken hatte er Schuppen wie ein Fisch. Seine Augen aber waren rot und leuchteten aus dem grünen Gesicht.

Angst hatte der Jäger keine, aber dafür Kraft. »Wer weiß, wofür so einer gut sein kann«, sagte er sich und packte die glitschige Gestalt. Groß war der Wassermann nicht, aber er wehrte sich nach Kräften, denn er wollte zurück ins Wasser.

Gegen den Jäger kam er aber nicht an. Der schnürte ihm schließlich Hände und Füße zusammen und legte ihn sich auf die Schultern. So trug er ihn zu seiner Hütte auf der anderen Seite des Berges. Dort sperrte er ihn in den Stall und gab dem sonderbaren Kerl aus dem Grundlsee Fische zu essen.

Mit der Zeit beruhigte sich der Wassermann, denn der Jäger behandelte ihn gut und freundlich. Auf die Fragen des Jägers gab der Wassermann aber keine Antwort. Drum dachte der Jäger, er würde ihn nicht verstehen oder er kenne keine Sprache. Nach ein paar Wochen begann der Wassermann aber dann doch zu reden. Ja, er wurde richtig zutraulich. Und weil der Jäger gut für ihn sorgte, half er auch nach und nach bei den Arbeiten mit, die alltäglich anfielen. Sah er allerdings ein Wasser, sauste der Wassermann hin und sprang hinein – selbst wenn es ein noch so kleiner Tümpel war. Er war dann kaum mehr herauszubringen.

Einmal machte sich der Jäger auf, um seine Liebste zu besuchen. Das tat er natürlich im Geheimen, um ihren Vater nicht noch mehr zu verärgern. Diesmal nahm er aber den Wassermann mit. Der war inzwischen schon zum Freund geworden. Sicherheitshalber führte er ihn aber an einer Kette wie an einer Leine. Man konnte ja nie wissen.

Als sie zum Grundlsee kamen, wurde der Wassermann aufgeregt und schließlich war er nah am Wasser ganz aus dem Häuschen. Es brauchte viel gutes Zureden durch den Jäger, um ihn wieder wegzubekommen vom Wasser, als der Weg ein Stück weit weg führte vom See.

Die Marie erschrak, als sie den eigenartigen Kerl sah. Ein Wassermann, grün, mit gelben Schwimmhäuten und roten Augen! Gruselig! Nein, der war ihr unheimlich. Als sie aber merkte, wie gut sich ihr Liebster und der Grüne verstanden und dass der Wassermann ein freundliches Wesen hatte, ließ das Grausen nach. Irgendwie gefiel er ihr ja, der grüne Kerl!

Eines Tages nahm der Jäger den Wassermann mit zur Jagd. Er war gespannt, wie sich der dabei anstellen würde. Droben am Berg wollte der Wassermann immer eine ganz bestimmte Richtung einschlagen. Der Jäger gab dem Drängen schließlich nach. Warum wollte der Wassermann denn unbedingt in diese Richtung? Neugierig stieg er ihm nach. Plötzlich blieb der Wassermann stehen. Aufgeregt zeigte er auf eine Lichtung. Da lagerten einige Hirsche bei einer Quelle. Schnell spannte der Jäger seine Armbrust, zielte und drückte ab. Schon brach ein kapitaler Hirsch tödlich getroffen zusammen. »Weidmanns dank!«, lachte der Jäger und klopfte seinem Freund auf die Schultern. Gleich weidete er den Hirsch aus. Danach wusch er sich in der Quelle die Hände und nahm einen herzhaften Schluck vom frischen Wasser.

»Pfui, Teufel!«, schrie er im nächsten Moment und spuckte das Wasser wieder aus, »Das schmeckt ja ganz und gar nach Salz!« Der Wassermann hatte ihn zu einer Salzquelle geführt.

Zuerst hieß es allerdings, den kapitalen Hirsch ins Tal schleppen. Gut, dass da noch einer war, der auch kräftige Hände hatte. Dann meldete der Jäger die Entdeckung der Salzquelle der Herrschaft. Die ließ gleich Bergleute kommen. Sie sollten das Gestein bei der Quelle auf seine Salzhaltigkeit prüfen. Bald stellte sich heraus, dass da noch sehr viel mehr war. Also wurde mit dem Abbau der Salzlager am Fuß vom Sandling begonnen. Nachdem der Jäger das Salzvorkommen entdeckt hatte und obendrein ortskundig war, wurde er mit der Aufsicht über die Erschließungsarbeiten betraut. Aus einem Jägersburschen war damit über Nacht der Verwalter eines Bergwerksbetriebs geworden.

Nicht weit vom Stollenausgang ließ er Sudhäuser errichten. Hier sollte die Sole, also die Salzlösung, durch Sieden eingedampft werden, um daraus das Kristallsalz zu gewinnen.

Der Wassermann aber warnte seinen Freund. Der Boden vor dem Stollen wäre zu sumpfig. Die Fundamente der Sudhäuser würden an dieser Stelle auf Dauer nicht standhalten. So baute man die Sudhäuser weiter unten im Tal, an der Stelle, wo die zwei Traunen zusammenfließen. Da war auch Platz, um Häuser für die Bergleute und die Salinenarbeiter zu erbauen. Das alles bedeutete viel Arbeit für den Verwalter. Immerhin musste er jetzt nicht nur die Erschließung der Salzlager, sondern auch die Errichtung der Gebäude leiten. So wurde aus dem einstigen Jäger einer, dessen Wort großes Gewicht hatte in der Gegend. Als vermögender, angesehener Mann hielt er jetzt beim Fischer noch einmal um die Hand der Tochter an. Und diesmal sagte der Fischer mit Freuden Ja.

Jetzt war er sich sicher: Dieser Mann war der richtige für seine Marie. Die Marie selbst wusste das ja schon lange.

Die Hochzeit war ein Fest für ganz Aussee. Beim Zug zur Kirche war natürlich auch der Wassermann dabei. Zur Feier des Tages hatte ihm sein Freund, der nun hoch angesehene Verwalter, ein buntes Festgewand schneidern lassen.

Als es am See entlang ging, wurde der Wassermann aber wieder unruhig, und schließlich gab es für ihn kein Halten mehr: Er umarmte seinen Freund mit aller Kraft und drückte der Braut ein Busserl auf die Wange. Darauf eilte er mit ein paar mächtigen Sätzen zum See. Dort machte er einen gewaltigen Sprung – und verschwand kopfüber im Wasser. Die zwei Brautleute schauten sich verdutzt an. Dann aber verstanden sie nur zu gut, dass den Wassermann einfach die Sehnsucht nach seiner Heimat im See überkommen hatte. Vergnügt ging's weiter zur Trauung und zum Fest. Wer weiß, wie oft bei der Hochzeit noch auf das Wohl des Wassermanns getrunken wurde.

Die Marie und ihr Liebster hatten danach noch ein glückliches Leben miteinander. Wann immer sie aber am Grundlsee entlang spazieren gingen oder mit dem Boot hinausfuhren, dachten sie an ihren Freund, den Wassermann. Ihm hatten sie ihr ganzes Glück zu verdanken.

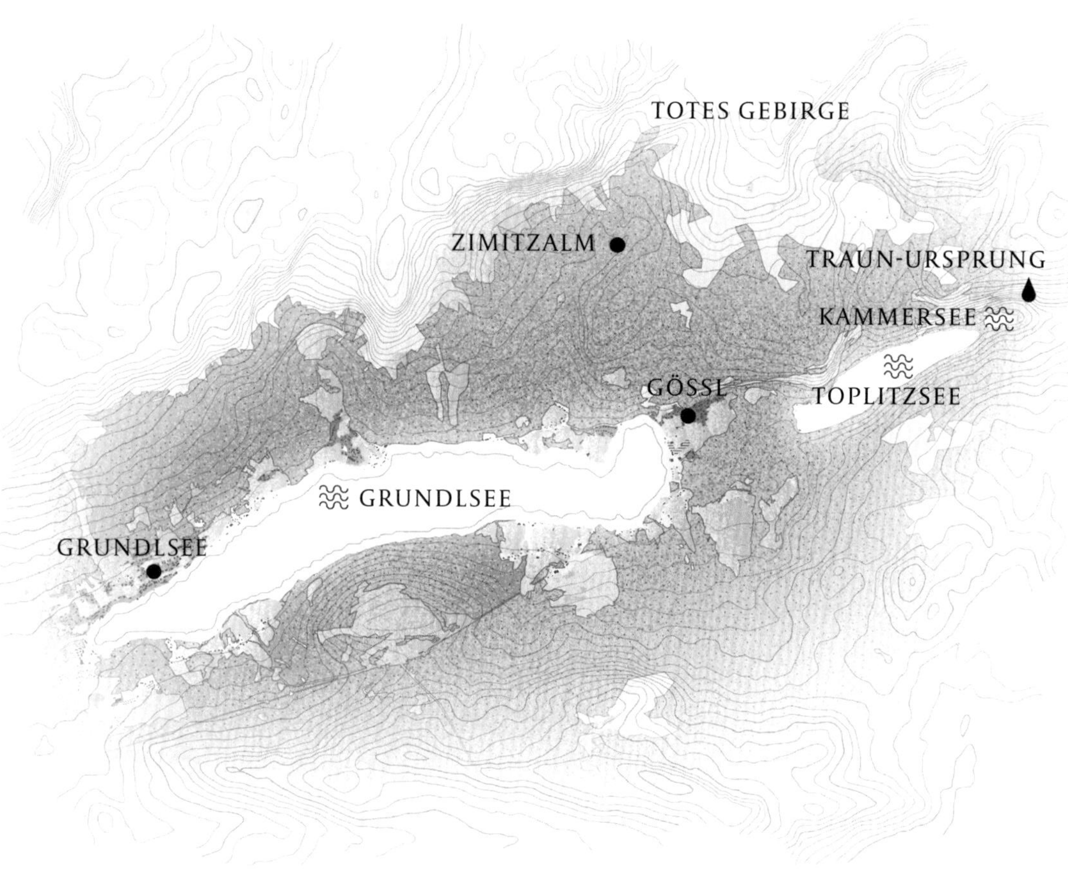

Dunkler Gebirgssee auf der Südwestseite des Toten Gebirges

Tief und geheimnisvoll zeigt sich das Wasser des Grundlsees am gleichnamigen Ort vom Ufer aus, aber an manchen seichten Uferstellen auch azurblau. Das und die Tatsache, dass dieser wunderschöne Gebirgssee am Fuße des Toten Gebirges der größte See der Steiermark ist, hat ihm auch den Beinamen »Steirisches Meer« beschert. Hier also tummeln sich nicht nur der sagenhafte Wassermann, sondern immer wieder auch Taucher, die von Gößl aus die faszinierende Unterwasserwelt des glasklaren Sees entdecken.

Ausflug zum Toplitzsee mit Plättenfahrt zum Kammersee

Von Gößl am Grundlsee ist es nur noch ein Katzensprung zum ebenfalls sagenumwobenen Toplitzsee. 1,5 Kilometer spaziert man dafür, vorbei an dem von den Einheimischen liebevoll genannten »Gößler Dom« (die kleine Kirche befindet sich, anders als üblich, im Privatbesitz von 14 Gößler Familien), zur Fischerhütte am Toplitzsee. Hier sollen im Zweiten Weltkrieg Schätze im über 100 Meter tiefen See versenkt worden sein. Tauchen ist hier, anders als am Grundlsee, nicht erlaubt, dafür aber das Plättenfahren. Eine gemütliche Partie über den von fast senkrechten Felswänden umgebenen See lohnt sich! Ist das Ostufer erreicht, gelangt man in nur 5 Minuten auch zum kleinen Kammersee, wo ein Stück oberhalb die Traun mit wunderschönen Wasserfällen ihren Ursprung hat.

Für den Toplitzsee-Spaziergang hin und zurück sollte etwa eine Stunde veranschlagt werden. Die Plättenfahrt mit Ausflug zum Kammersee und Traun-Ursprung benötigt ebenfalls ca. eine Stunde Zeit.

Nicht nur Fisch kommt auf den Tisch

Natürlich sind fangfrische Fische, wie der Seesaibling aus dem Grundlsee, auf den Tellern der umliegenden Restaurants eine besondere, weil nicht unbegrenzt verfügbare Gaumenfreude. Aber nicht alle Menschen mögen Fisch, und so gibt es auf den Speisekarten natürlich auch fleischige und fleischlose Alternativen: Wildspezialitäten, Köstlichkeiten von Rind und Lamm oder auch Gerichte mit Gemüse, Früchten und Getreide runden das kulinarische Angebot der Region ab. Soweit möglich, beziehen viele Gasthäuser ihre Rohstoffe von der umliegenden heimischen Bauernschaft. Direkt beim Erzeuger, beispielsweise im Sommer auf der Zimitzalm, lässt sich übrigens auch einkehren. Bei einer herzhaften Speckjause mit hauseigenem Most oder Apfelsaft gewinnt man genügend Kraft für weitere sagenhafte Wanderungen.

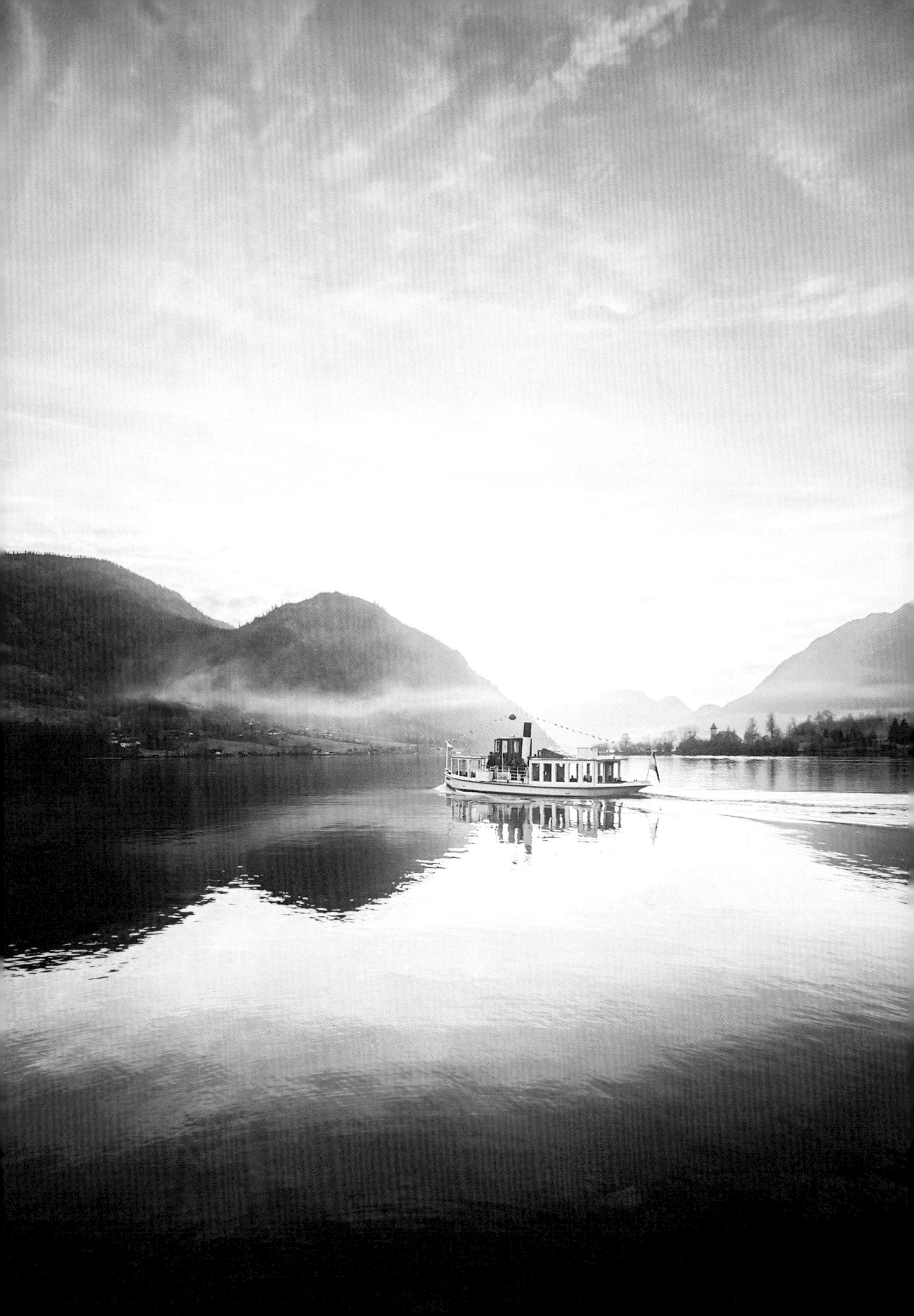

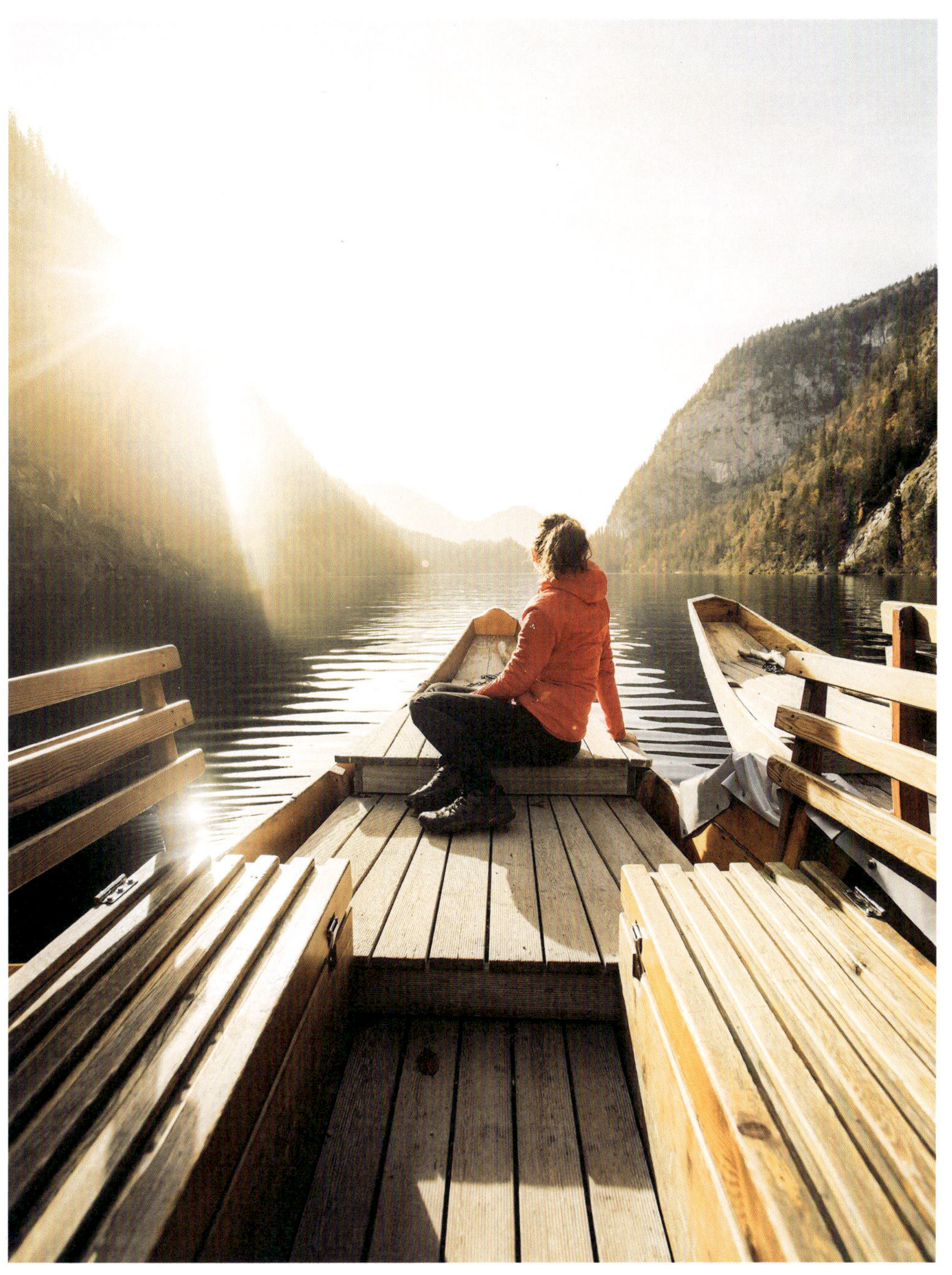

Am Toplitz- und Kammersee war vor Zeiten der Gesang der Wildfrauen zu hören.
Links: Der Grundlsee ist das Reich des Wassermanns.

Wanderung rund um den Grundlsee

mittel

200 Höhenmeter

17 Kilometer

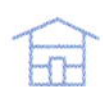
ca. 4,5 Stunden

Rostiger Anker, Murbodenhüttl

[AUSGANGSPUNKT] Parkplatz Fischersteg in Grundlsee

[ANFAHRT] Von Bad Aussee über die L703 Grundlseerstraße nach Grundlsee. Kurz vor dem Erreichen des Sees befindet sich der Parkplatz Fischersteg links an der Straße entlang der Traun. Öffi-Anbindung: Bushaltestellen Grundlsee-Archkogl oder Grundlsee-Seeklause

[RUNDWEG] Vom Parkplatz am Fischersteg aus erreicht man nach etwa 300 Metern entlang der Traun und der Grundlseerstraße den Grundlsee. Hier folgt man rechts den Markierungen zum Geo-Trail, welcher entlang der Südseite des Sees führt und auf über 30 Tafeln über die geologischen Besonderheiten dieser Region informiert. Gemütlich, ohne nennenswerte Steigungen kann man hier, mal zwischen Häusern und Wiesen, dann wieder im Wald oder am Waldrand bzw. am Ufer entlang, den Grundlsee und seine Umgebung genießen. Kurz vor dem öffentlichen Badeplatz in Gößl beim Gasthaus Rostiger Anker zweigt der Geo-Trail hinauf zum Stimitzbach-Ursprung ab. Je nach Lust und Interesse kann diese Extra-Schleife vorbei an der historischen Ranftlmühle (Wassermühle) mit etwa 30 Minuten Gehzeit angehängt werden. Hier in Gößl ist nun wieder die gesamte Länge des Grundlsees zu überblicken. Ein ruhiger Moment, und man spürt den Zauber dieser sagenumwobenen Landschaft.
Weiter spaziert man nun einen guten Kilometer am Weg entlang der Grundlseerstraße bis zu einer kleinen Siedlung links an der Straße. Dort biegt der Weg an der rechten Straßenseite in eine Forststraße ein. Unter Waldbäumen verläuft er nun, ein Steg überquert den Zimitzbach und führt bergab. Nach einer Schottergrube mit anschließendem Fischteich zweigt der mit grünen Wanderschildern markierte Weg nach Grundlsee ab. Er verläuft oberhalb der Grundlseerstraße und bietet hier immer wieder grandiose Ausblicke über den See und zu den Felswänden des Toten Gebirges. Über die Ortschaften Gaiswinkel und Rößlern mit ihren schönen Häusern im Ausseer Stil erreicht man den lang gezogenen Ort Grundlsee. Diesen durchquert man bis zur

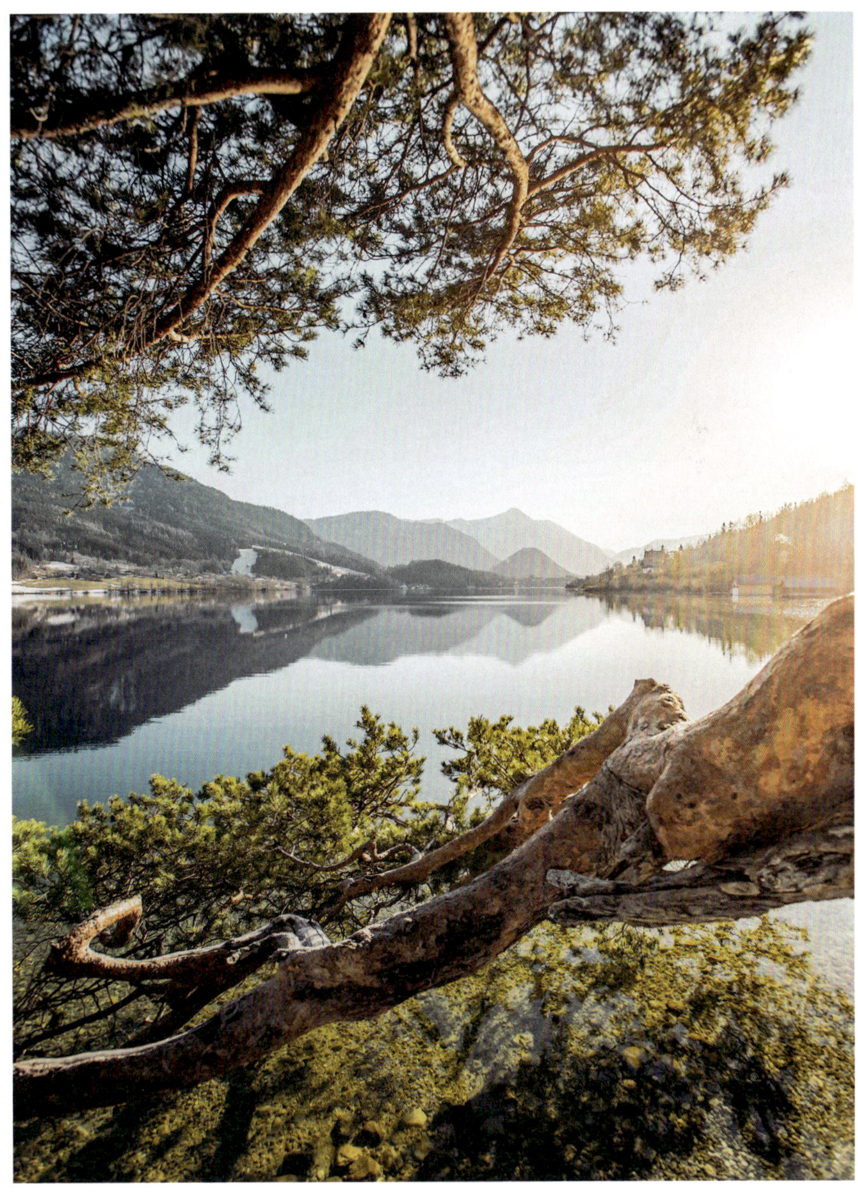

»Es liegt der See hier im ewigen Raum. Als hätte die Natur einen holden Traum.« Aus dem Gästebuch von Ludwig Gabillon. Der Burgschauspieler verbrachte in der zweiten Hälfte des 19. Jahrhunderts viel Zeit am Grundlsee.

Bräuhof-Siedlung und steigt dort zum Seehotel an den See ab. Die letzten Meter führen am Ufer und entlang der Traun zurück zum Ausgangspunkt.

Wanderung zum Zimitzwasserfall und zur Zimitzalm

leicht bis mittel

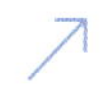

440 Höhenmeter

8 Kilometer

ca. 2 Stunden 40 Minuten

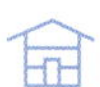

Seidlhütte auf der Zimitzalm, Murbodenhüttl

[AUSGANGSPUNKT] Gößl am Grundlsee, Parkplatz Zimitzbach

[ANFAHRT] Über die Grundlseerstraße L703 von Bad Aussee Richtung Gößl. Die Parkmöglichkeit befindet sich direkt an der Landstraße vor der Überquerung des Zimitzbaches bzw. vor dem Murbodenhüttl. Öffi-Anbindung: Bushaltestelle Gößl-Ladner

[AUFSTIEG] Entlang des Zimitzbaches verläuft der Weg zuerst kurz die Forststraße entlang, ehe er nach wenigen Minuten spitz links hinauf abzweigt. Hier gelangt man auf den alten, früher für den Viehtrieb und das Holzziehen angelegten Pfad, der mit seinen gelegten Steinmauern noch gut erkennbar ist. Angenehm ist hier die Wanderung im Buchenwald mit dem Rauschen des Baches unter dem Blätterdach. Für Kinder befindet sich unter einem Wurzelstock eine kleine »Bärenhöhle«, und bereits nach 30 Minuten taucht der herrliche Wasserfall des Zimitzbaches auf, wo das Wasser durch glatt geschliffene Felsen tost. Direkt entlang des Baches mit seinen moosüberwachsenen Steinen geht man nun weiter und kommt kurz nach Überquerung der Zimitz auf der gleichnamigen Alm an. Eine Rast tut hier gut und ist von Juli bis August auch in der Almhütte der Familie Seidl möglich. Unter den Abstürzen des Reichensteins, unweit der Alm, befindet sich der Zimitz-Ursprung – ein mystischer Platz, den die Wirtsleute gerne den Wanderern verraten.
Nachdem der Wassermann vom Grundlsee ja bis heute nicht mehr gesichtet wurde, hat er sich, wie Sagen andernorts berichten, vielleicht an einen ruhigen Bach zurückgezogen. Ob er jetzt im abgeschiedenen Quellgebiet nahe der Zimitzalm lebt?

[ABSTIEG] Hinter den Almhütten verläuft der Rundweg nun noch etwa 150 Höhenmeter aufwärts entlang einer Forststraße, siehe Punktmarkierung an einer Fichte hinter den Almgebäuden. Die Route kann durch Steige abgekürzt werden und ist mit Schildern Richtung Gößl ausgewiesen. Danach steigt man am Weg 213, vorbei an der Jagdhütte Gößler Schwaiber, Richtung Tal ab.

Die Zimitzalm am Fuße des Reichensteins. In den Felswänden des Toten Gebirges sollen sich Birigstutzen – geheimnisvolle Wesen, halb Echse, halb Schlange – herumtreiben.

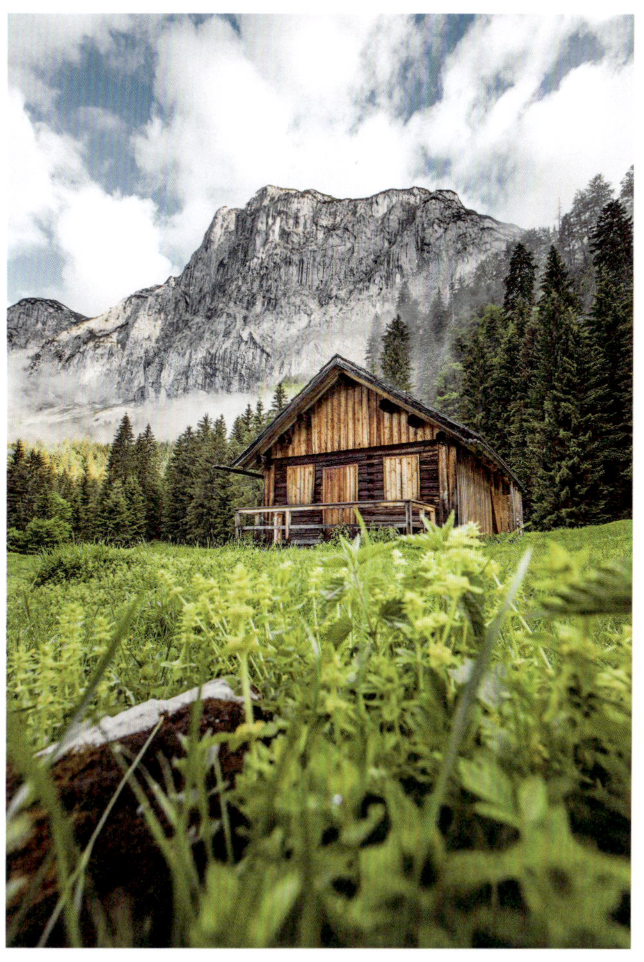

Vorsicht: In einem Quellgebiet auf einer Seehöhe von ca. 1020 Metern nicht den Abstieg nach Gößl wählen, sondern den Weg geradeaus nehmen! Zumeist führt der Steig weiterhin schattig durch den Wald, welcher aber an einer Stelle einen schönen Blick auf den dunklen und geheimnisvollen Grundlsee freigibt. Beinahe wieder im Tal angelangt, folgt man der Beschilderung in Richtung Zimitzwasserfall, kommt so erneut zum Bach, überquert ihn über einen breiten Holzsteg und wandert vorbei an einem alten, kleinen Mühlengebäude zurück zum Ausgangspunkt.

[HINWEIS] Der Bereich um diese Wanderung ist besonders tierreich – bitte um Beachtung des Wildschutzgebiets (Hinweistafeln)!

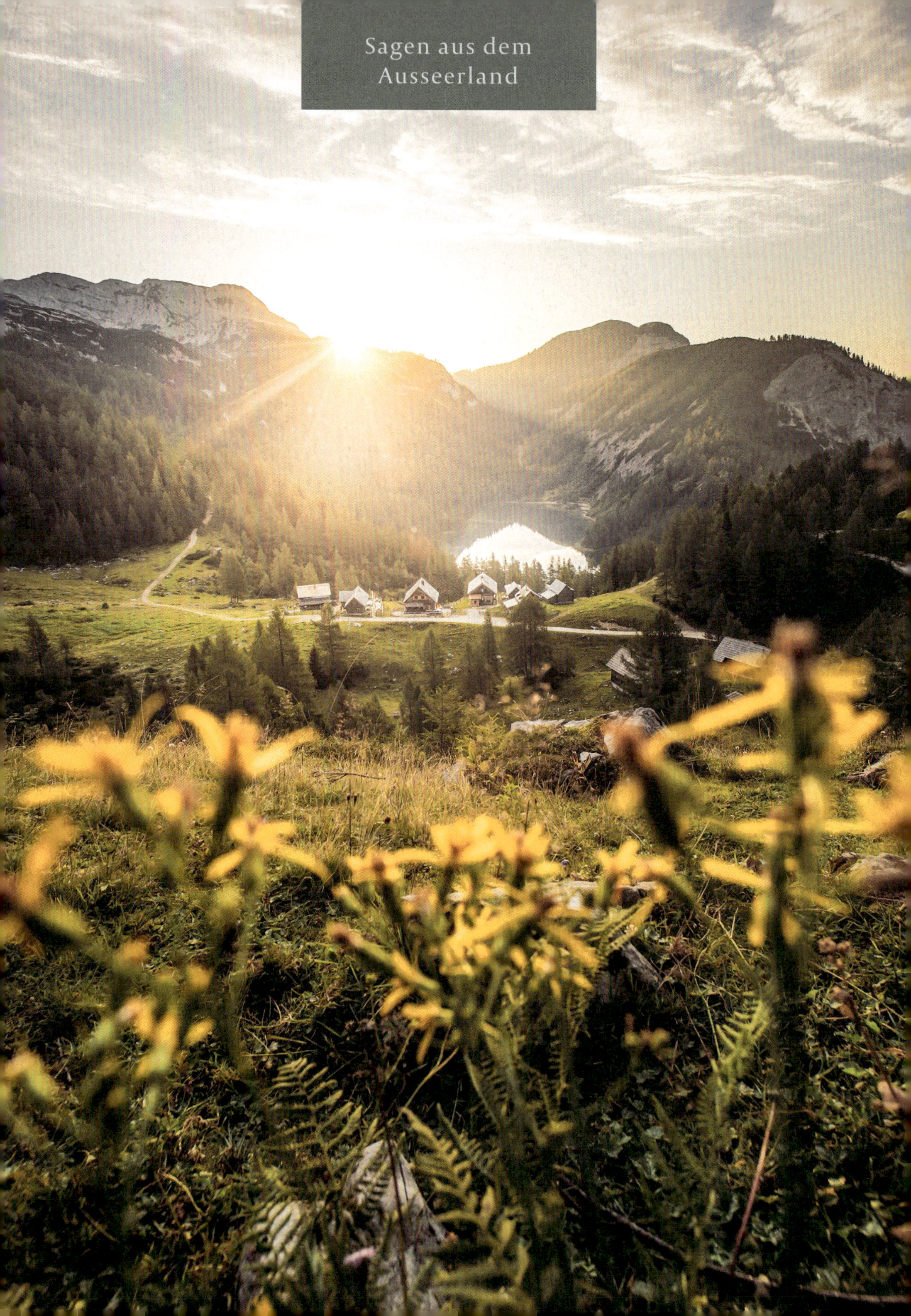

Sagen aus dem Ausseerland

TAUPLITZ

Kein Rückgrat, der Teufel!

Eine Alm voller Zauber,
eine schöne Sennerin – und wer
kommt da noch ins Spiel?
Natürlich: der Teufel!

Kein Rückgrat, der Teufel!

Malerische Almen gibt es im Salzkammergut viele: Aber eine, bei der der Blick hinunter auf einen idyllischen Bergsee wie den Steirersee und hinauf zu einer markanten Felswand wie dem Sturzhahn geht – das ist schon etwas Besonderes.

Mitten in diesem landschaftlichen Kleinod lebte vor Zeiten eine bildschöne Brentlerin. So sagt man in der Obersteiermark zu einer Sennerin.

Von weitum kamen Burschen und Männer auf die Alm, um ihr schöne Augen zu machen. Sie aber ließ alle abblitzen. Denn sie war nicht nur schön, sondern hatte auch Verstand genug, um zu wissen, welches Schicksal einer Sennerin droht, die sich mit den Männern einlässt. Mit der Schwangerschaft kommt die schiere Not.

Eines Tages aber kam ein junger, fescher Bursche auf die Alm. Der gefiel ihr. Ja, sagte sie sich, der könnte der Richtige sein.

Wenn da nur nicht so ein eigenartiges Gefühl gewesen wäre. Vieles sprach für ihn, aber ihr war, als ob es rund um ihn herum nicht ganz geheuer zugehen würde. Erklären konnte sie das nicht, aber spüren schon.

Eine Nachbarin auf der Alm war für sie wie eine mütterliche Freundin. Ihr erzählte sie von dem Burschen und von dem Gefühl: »Irgendwie ziagt's mi hi zu eam«, meinte sie, »und irgendwie steßt's mi a wida weg! Wia wånn er goa koa Mensch wad.« – »Des klingt net guad«, meinte die Frau, »åber des kånn ma leicht klärn: Streich eam beim nächsten Treffn über den Buckel. Spürst du a Rückgrat, dann passt alles. Spürst du nix, dann – Gott bewåhr' – dånn is er der Teufl!«

Immerhin. Jetzt wusste die Sennerin, was sie zu tun hatte. Ein paar Tage später tauchte der Bursch wieder auf. Vergnügt nahm er sie in die Arme – und sie strich ihm sanft über den Rücken. Aber was war das!? Entsetzt stellte sie fest: Da war nur eine Mulde! Der hatte kein Rückgrat! Jetzt musste sie sich zusammenreißen, um nicht die Fassung zu verlieren. Als der Bursche endlich weg war, fiel ihr ein Stein vom Herzen.

Gleich lief sie zu ihrer Freundin, der Nachbarin. Der Bursch war der Teufel. Aber was tun? »Då hilft nur oans«, meine die alte Frau bedächtig. »Flecht in deine Zöpf' drei Kräuter eini – Kudlraut, das ist der wilde Thymian, Edeltraut und Wiederhop. Dånn kånn dir da Teufl net ån!«

Das tat sie, die Sennerin. Auf der Alm pflückte sie die Kräuter – und flocht sie in ihre Zöpfe. Der wilde Thymian duftete, dass es eine Freude war. Aber nicht für den jungen Burschen! Als der kam, verzog er die Nase. Die Sennerin hatte noch eins draufgelegt und die Almhütte mit Weihwasser besprengt. Das war für den Burschen zu viel! Er krümmte sich vor Widerwillen und Abscheu. »Pfui! Pfui! Pfui!«, rief er – und schrie laut: »Kudlkraut, Wiederhop und Edeltraut – haum mi bråcht um mei Braut!«

Damit hatte er wohl recht: Der wilde Thymian, Wiederhop und Edeltraut hatten ihn tatsächlich um seine Braut gebracht.

Im nächsten Moment sprang er mit einem Satz von der Steirerseehütte hinunter ins Tiefental. Da, wo er aufkam, begann eine Quelle zu sprudeln. Die spendet heute noch Wasser. Diese Quelle nannte man »Toiflbåch-Bründl«, also Teufelbach-Brunnen. Aus dem Toiflbach wurde später Toifenbach und schließlich heute der Tiefenbach.

Der nächste Satz des Teufels ging aber noch viel weiter. Mit dem sprang er hinaus ins Ennstal. Dabei sprengte er einen Felsen auseinander. So wurden der Grimming und das Gindl-Hörndl getrennt.

Die schöne Brentlerin auf der Steirerseealm aber hatte von da an ihre Ruhe vor dem Teufel und ein gutes Leben an einem der schönsten Orte im steirischen Salzkammergut.

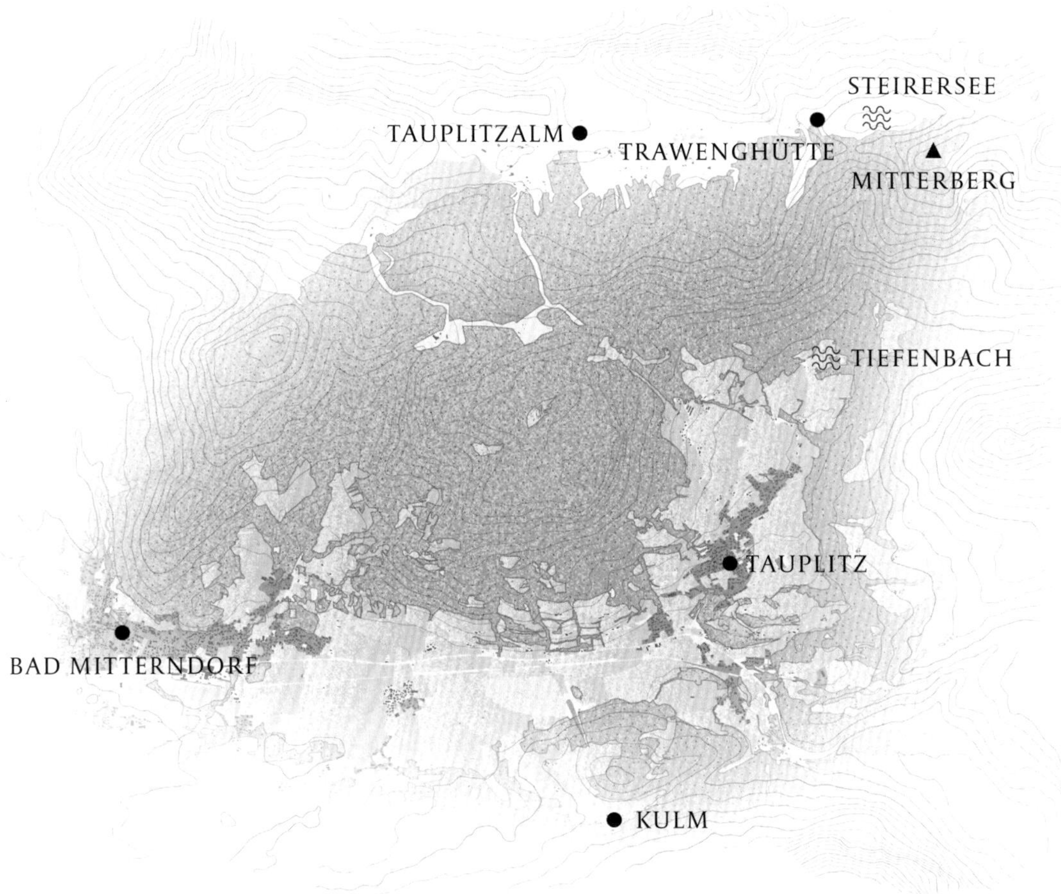

Die Alm und der Ort – nur einen Sprung entfernt

Auf der Südseite des Toten Gebirges liegt eine große, hügelige Almfläche auf etwa 1600 Meter Seehöhe, die Tauplitzalm, gleich oberhalb von Tauplitz, einem Ortsteil von Bad Mitterndorf. Hier oben wandert man über die saftigen Almwiesen und kann auf unzähligen Plätzen die einzigartigen Blicke auf die umgebende Bergwelt sowie die Seen auf diesem Hochplateau genießen.

Bei der Flucht von der Steirerseealm hat der Teufel mit einem Sprung unterhalb der Lahnergrube das Tiefenbachtal an der Westseite des Mitterberges verursacht, das sogar von Tauplitz-Ort aus gut zu erkennen ist.

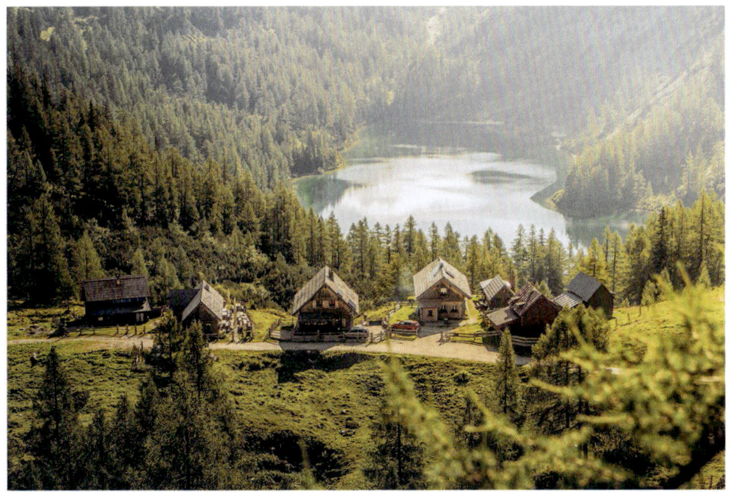

Von der Trawenghütte – die zweite von links – machte der Teufel seinen gewaltigen Satz in die Tiefe.

Heute springt es sich gegenüber besser

Auf der anderen Talseite, am Fuße des Grimmings, am Kulmkogel, wird auch heute noch regelmäßig gesprungen … nämlich von der Skiflugschanze am Kulm. Hier messen sich im Winter die internationalen Skispringer und springen dabei Weiten von über 200 Meter. Das ganze Jahr über ist diese Sprungschanze ein interessantes Ausflugsziel, das auf Schautafeln die über 50-jährige Skisprung-Geschichte lebendig werden lässt.

Da ist immer noch der Teufel daheim

Gemütlich ist sie, die Stube der Trawenghütte! Sie ist eine der bewirtschafteten Steirerseealmhütten, und in ihr ist immer noch der Teufel zu Hause, wenn auch nur in Form einer Perchtenmaske an der Wand der kleinen, gemütlichen Gaststube. Obwohl, teuflisch gut sind dort die Nachspeisen, verführerisch die Aussicht auf die umliegenden Berge und den Steirersee, und zum Teufel noch einmal, wo ist denn die Zeit geblieben? Nur allzu leicht bleibt man dort, verwöhnt vom Hüttenteam, einfach hängen!

Wanderung zu den Seen der Tauplitzalm

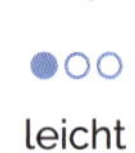
leicht

ca. 270 oder 480 Höhenmeter

Länge bis zu 15 Kilometer – kürzere Varianten durch Weglassen von einzelnen Seen jederzeit möglich!

5-Seen-Wanderung zum Steirersee ca. 4 Stunden – inklusive Schwarzensee und Leistalm ca. 6 Stunden

Steirerseehütten, Linzerhaus, Hollhaus, Leistalm

[AUSGANGSPUNKT] Parkplatz am Ende der Alpenstraße in Bad Mitterndorf (mautpflichtig) oder bei der Bergstation der Tauplitz-Vierer-Sesselbahn

[ANFAHRT] Bad Mitterndorf und Tauplitz liegen an der B145 zwischen Bad Aussee und Trautenfels. In Tauplitz befindet sich die Talstation der Sesselbahn in der Ortsmitte. Der Parkplatz auf 1586 Meter Seehöhe ist über die mautpflichtige Tauplitzalm-Alpenstraße ab Bad Mitterndorf zu erreichen.
Öffi-Anbindung: Bushaltestelle Tauplitz Berglift Talstation, Bahnhof Bad Mitterndorf und Tauplitz

[RUNDWEG] Ausgehend vom jeweiligen Ausgangspunkt folgt man der guten Wanderwegbeschilderung in Richtung des dunklen, aber glasklaren Krallersees, welcher vorbei am Hollhaus auf 1620 Meter Seehöhe liegt. Nach der Umrundung dieses Moorsees folgt man der Beschilderung zum Großsee und wandert vorbei am Gasthaus-Hotel Hierzegger zu einem schönen Aussichtsplatz mit Blick über den Großsee. Von hier führt der Steig nun entlang der steilen Flanke des Schneiderkogels hinunter zum Großsee, ebenso zum nur wenige Minuten entfernten Märchensee, der wirklich malerisch inmitten von Latschen, Fichten und Lärchen liegt und je nach Jahreszeit tiefblau bis smaragdgrün erscheint. Entlang der Nordseite des bis zu 10 Meter tiefen Großsees gelangt man nun vorbei an sumpfigen Moorwiesen zum Tauplitzsee. Nun ist auch der sagenumwobene Steirersee mit seinen Almhütten nicht mehr weit, nach etwa 20 Minuten kann man schon den Blick auf den See von der Steirerseealm aus genießen und hier der Sage bei einer Hütteneinkehr nachspüren.
Bei genügend Energie lohnt sich der etwa einstündige Weiterweg entlang der Steirerseeleiten unterhalb der Mauern des Sturzhahns zum Schwarzensee und zur bewirtschaften, einfachen und ruhigen Leistalmhütte. Zurück zur Steirerseealm wählt man dann entweder den gleichen Weg, der auf ca. 1580 Meter Seehöhe den See im Norden entlangführt, oder man steigt zum

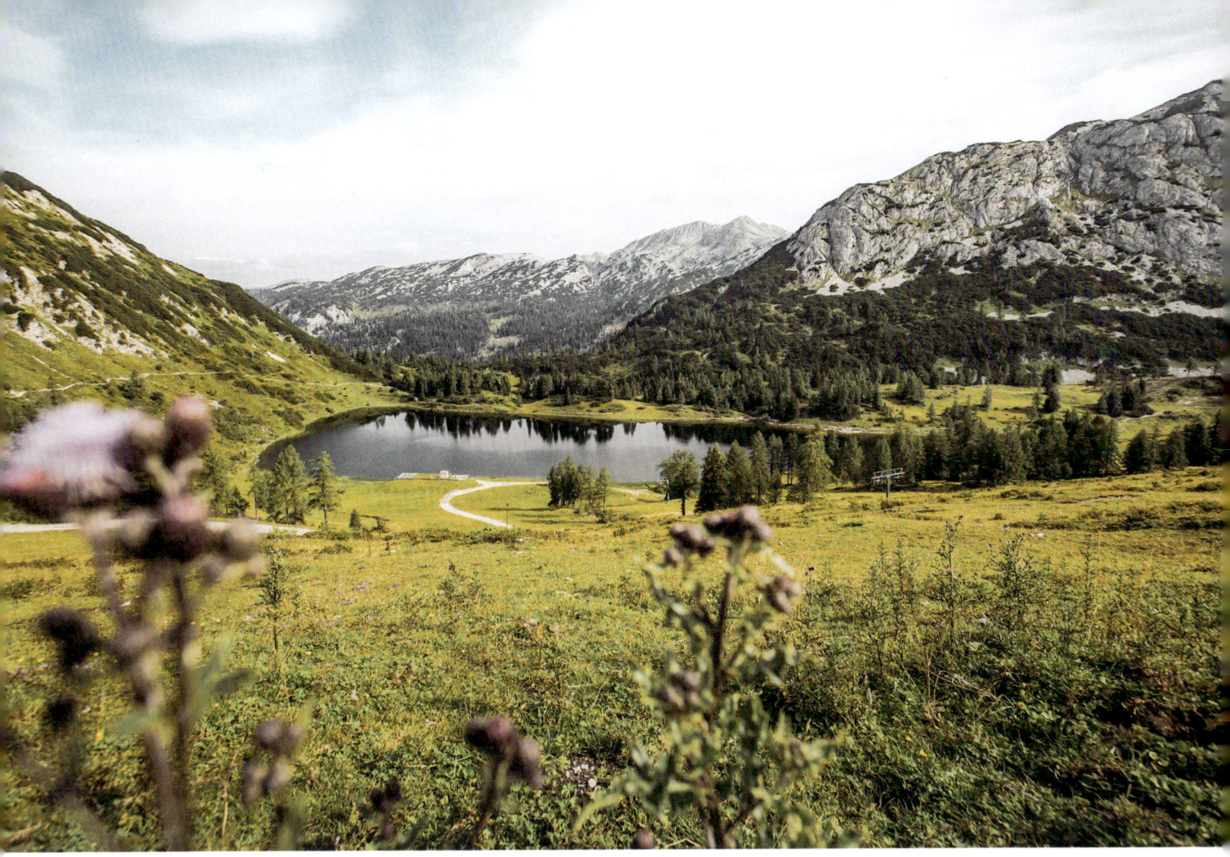

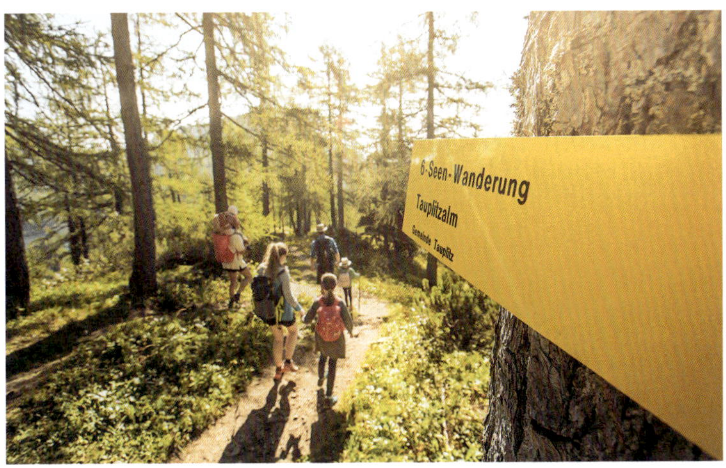

Oben: Blick auf den Großsee zwischen dem Schneiderkogel links und den Ausläufern der Traweng rechter Hand.

Steirersee ab, der auf nur 1447 Metern liegt, und wandert diesen entlang und wieder hinauf zu den Almhütten. Von dort geht's nun auf bequemen Almwegen zurück zum jeweiligen Ausgangspunkt.

Wanderung zum Steirersee und über den Sagtümpel zurück

mittel

ca. 840 Höhenmeter

ca. 17 Kilometer

ca. 5 Stunden

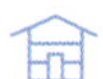

Steirerseehütten, Leistalm

[AUSGANGSPUNKT] im Ort Tauplitz ab Talstation Sesselbahn

[ANFAHRT] Tauplitz liegt an der B145 zwischen Bad Aussee und Trautenfels. In Tauplitz befindet sich die Talstation und die dazugehörigen Parkplätze der Sesselbahn in der Ortsmitte. Öffi-Anbindung: Bushaltestelle Tauplitz Berglift Talstation, Bahnhof Tauplitz

[AUFSTIEG] Im Ort führt der Weg anfangs parallel zum Sessellift nach Norden und man folgt der Beschilderung zur Tauplitzalm. Nach 300 Metern allerdings zweigt man bereits rechts Richtung Wasserfall ab und ist schon nach kurzer Zeit auf einer schönen geschotterten Almstraße zwischen Kühen über den Freiberg unterwegs. Nach etwa einer halben Stunde erreicht man wieder eine asphaltierte Straße, folgt dieser wenige Minuten, bis hier die Wanderwegmarkierung Nr. 275 links den Berg hinauf zum Steirersee weist. Auf alten Almwegen geht's nun durch einen Schluchtwald entlang des zumeist trockenen Tiefenbachs bergwärts. Nach einer weiteren halben Stunde durchquert man eine aufgelassene kleine Almwiese – die Niederblas – mit herrlichen Blumen. Hier befindet sich laut Karte auch eine Quelle, die aber schlecht aufzufinden ist. Durch Wald, Wiesen und Latschen führt der Steig nun aufwärts, durch die Lahnergrube, bis nach knapp 2 Stunden der Steirersee und die dortigen Almen mit ihren zur Einkehr einladenden Hütten erreicht sind.

[ABSTIEG] Von der Steireralm aus ist es möglich, in etwa 40 Minuten in westlicher Richtung zur Bergstation der Sesselbahn zu wandern und mit dieser bequem talwärts zu fahren. Für den längeren Abstieg vorbei am Schwarzensee, über die Riesen und den Sagtümpel wendet man sich nach Nordosten in Richtung Sturzhahn. Entlang der Steirerseeleiten kann hier der Steirersee nun ohne große Höhenunterschiede im Norden umwandert werden. Wer aber den glasklaren, grün schimmernden See aus der Nähe erleben möchte, steigt etwa 100 Höhenmeter zu diesem ab

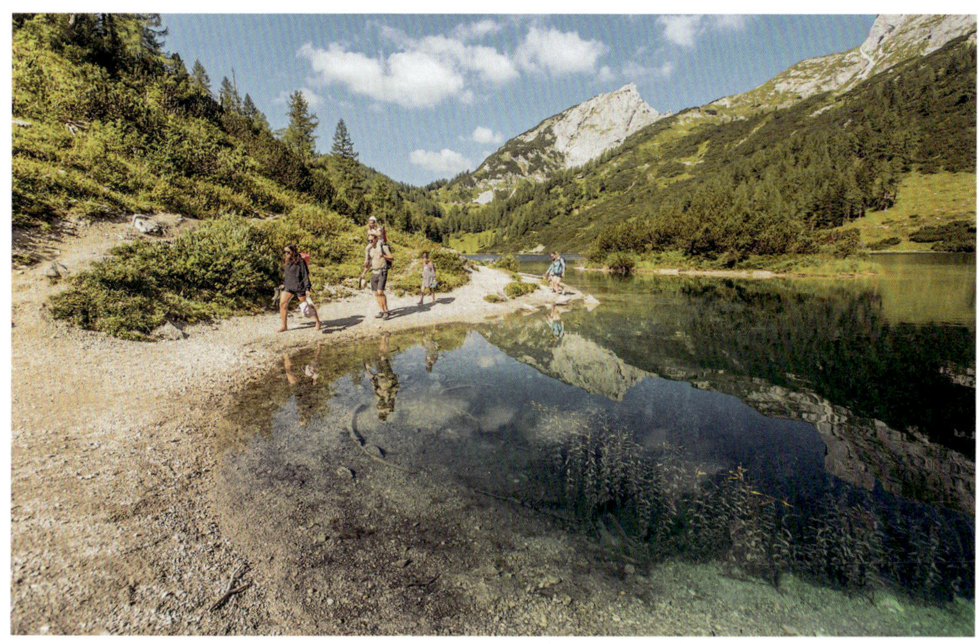

Herrlicher Ausblick und nahe Abkühlung geben sich am Steirersee die Hand. Immer gut, wenn ein Handtuch mit im Gepäck ist!

und wandert an der Südseite des Steirersees entlang. Vorsicht, bei Nässe ist der Steig von den Steirerseealmhütten zum See hinunter oft feucht oder sogar selbst ein Bächlein! Nach gut 45 Minuten ist über diesen Weg der ruhige Schwarzensee erreicht. Nach weiteren 25 Minuten lockt die schlichte Leistalmhütte mit ihren Schmankerln. Von dort führt nun der Abstieg etwa 10 Minuten den Weg zurück und über die Rieshöhe (1600 Meter), dann den Steig Nr. 216 durch die »Riesen«, eine breite felsige Schneise, hinunter ins Tal. Nach etwa 500 Höhenmetern im Abstieg von der Rieshöhe mündet der Wanderpfad in einen breiten Forstweg, über den man nach etwa 20 Minuten zum Sagtümpel, einer Riesenkarstquelle, kommt. Hier rechts haltend, gelangt man über die Asphaltstraße und den bereits zu Beginn der Wanderung begangenen Wanderweg in etwa 45 Minuten zurück zum Ausgangspunkt.

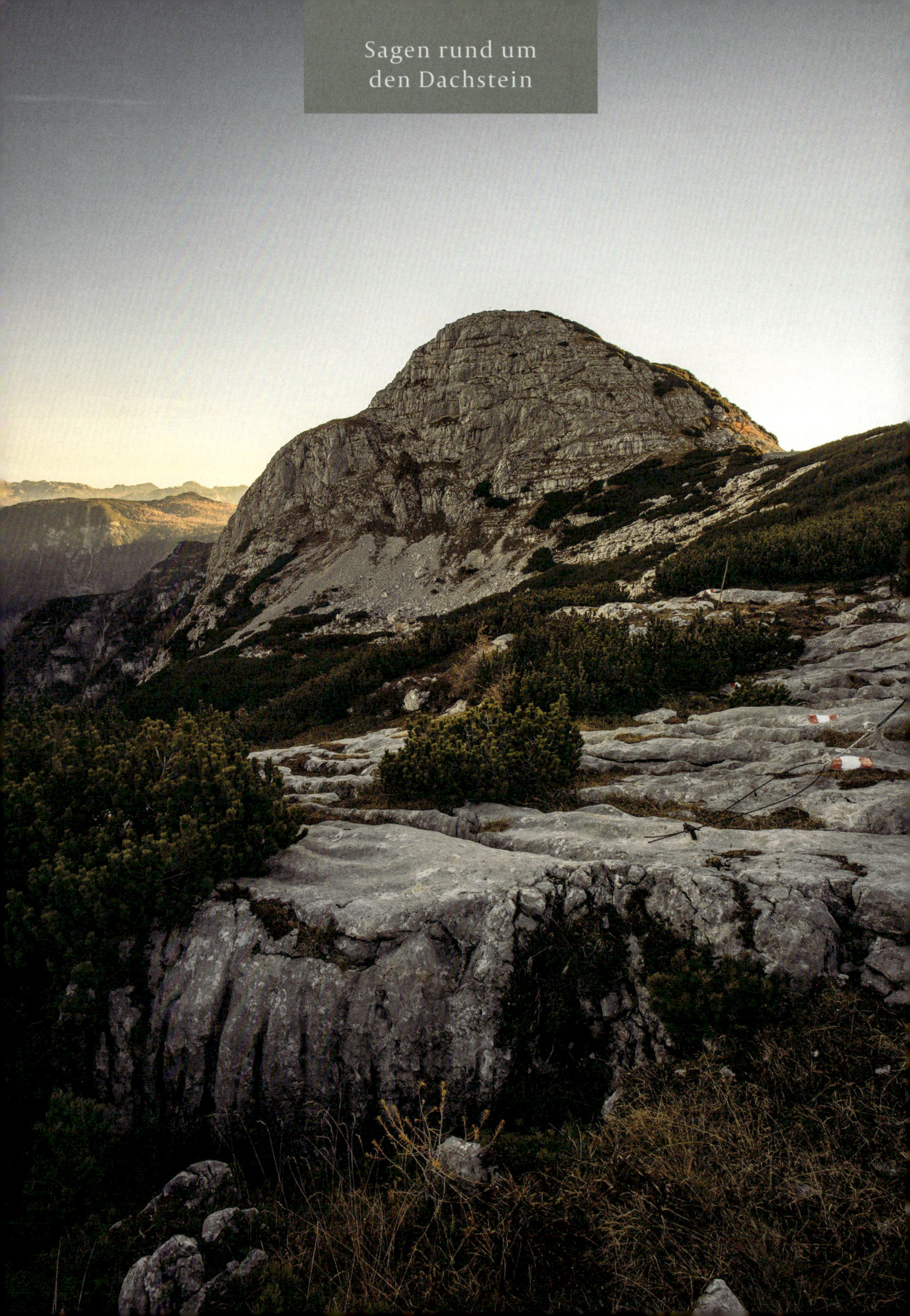

Sagen rund um den Dachstein

OBERTRAUN

Vom reichen Riesen Krippen und dem verflixten Dachsteinweibl

Wo sich jetzt Latschen in die Felsen krallen, lagen vor Zeiten fruchtbare Almen.

Vom reichen Riesen Krippen und dem verflixten Dachsteinweibl

Dass Reichtum nicht nur Segen ist, sondern mitunter auch Fluch, wird uns alltäglich medial vor Augen geführt. Wer lieber statt auf den Bildschirm auf den Dachstein schaut, sieht es dort in Stein gemeißelt – oder gegossen.

Der Krippenstein ist ein mächtiger Bergstock im Dachstein-Massiv. Wer möchte meinen, dass da, wo jetzt Fels und Geröll zu sehen sind, früher blühende Almen waren?

Der Herr über diese paradiesische Gegend war der Riese Krippen. Er war unermesslich reich. So hätte ihm eigentlich nichts gefehlt zu seinem Glück, wäre da nicht seine Tochter gewesen. Sie war wunderschön, aber von Geburt an blind.

Natürlich bekümmerte das den Riesen. Vor allem fragte er sich: Was ist, wenn ich nicht mehr bin? Blind wäre die Tochter dann vielem ausgeliefert, wovor er sie jetzt noch bewahren konnte. Entweder galt es jetzt, so lange er lebte, einen zu finden, der es wirklich gut mit ihr meinte. Einen Mann, der mehr in ihr sah als die schöne, reiche Riesentochter, die eben blind war. Oder ... ja, was oder?

Der Riese überlegte hin und her. In seiner Not flehte er schließlich zum Berggeist um Hilfe. Der erschien tatsächlich – als alter Mann mit schlohweißen Haaren und einem Bart bis hinunter zu den Zehen. Gewandet war er in einen weiten Mantel.

»Ich kenne deinen Kummer«, meinte der Berggeist, »lange schon suche ich nach Mitteln und Wegen, um dir und deiner Tochter zu helfen. Jetzt, wo du mich gerufen hast, ist mir ein Zauber in den Sinn gekommen. Der könnte tatsächlich wirken.« Gebannt hing der Riese an den Lippen des Berggeistes: »Sag mir, was muss ich tun? Gleich was es ist: Lieber geschieht es heute als morgen!« – »Hier habe ich für dich eine weiße Rolle aus Wolle«, sagte der Berggeist und holte diese aus seinem Umhang hervor. »Geh mit deiner Tochter beim dritten Vollmond auf den Berg. Leg die Rolle um deine Schultern. Sie wird drauf zum Mantel werden. Dann hebst du deine Tochter auf diesen Mantel und streckst sie dem Mond entgegen, wenn er aufgeht. Er soll sie dabei die ganze Zeit anleuchten. Wenn der Mond dann groß am Himmel steht, wird deine Tochter sehen.«

Ungläubig nahm der Riese die Rolle. Er konnte sein Glück kaum fassen. »Eines noch«, meinte der Berggeist, »während deine Tochter zum Mond schaut, darfst du kein böses Wort sagen. Nicht einmal ein böser Gedanke sollte dir dabei in den Sinn kommen.« – »Wer denkt denn an so etwas!«, rief der Riese. »Wenn meiner Tochter auf diese Art wirklich geholfen werden kann, dann ist das für mich die größte Freude. Wie könnte mir da irgendein böser Gedanke in den Sinn kommen?« Der Berggeist war im nächsten Moment verschwunden. Der Riese Krippen aber juchzte und jauchzte vor Freude. Das war weitum zu hören.

Jetzt zogen sich die Tage bis zum dritten Vollmond für den Riesen wie ein zäher Strudelteig. Endlich war die Wartezeit um. Am Abend nahm er seine Tochter bei der Hand. Miteinander gingen die zwei glückselig hinauf auf den Berg, dorthin, wo der Mond recht bald hinterm Horizont hervorkommen würde.

Als es so weit war, legte sich der Riese die Rolle um. Sie wurde wirklich zum Mantel. Dann hob er die Tochter sachte auf seine Schultern und streckte sie dem Mond entgegen. So harrten sie in freudiger Erwartung aus.

Plötzlich nahm der Riese im Augenwinkel ein Huschen wahr. Es war der Ritter Däumling. Der wollte um die Hand der schönen Riesentochter anhalten. Dazu hatte er sich auf den weiten Weg den Berg herauf gemacht. Was ihn lockte, war aber nicht ihre Schönheit, sondern ihr Reichtum. Er wusste: Wer sie heiratete, machte eine gute Partie. Durch sie würde er vermögender und reicher werden, als er es sich je hätte erträumen können.

Jetzt sah er, dass am Mantel des Riesen im Mondschein Edelsteine funkelten. Na, das fing ja gut an. Die musste er haben. Gleich griff er danach. Der Riese Krippen nahm die Bewegung war. Er sah den Ritter und die Gier in seinen Augen. Der hatte hier nichts verloren! Wütend wollte er ihn verjagen. Er gab ihm einen Tritt und schleuderte ihm einen Fluch entgegen. In diesem Moment hörte man rundum ein gewaltiges Krachen. Der ganze Berg zitterte und bebte, als ob er in sich zusammenfallen würde. Unten im Tal liefen die Leute erschrocken aus den Häusern. Sie hörten den Lärm und konnten sich nicht erklären, was da geschah. Erst gegen Morgen nahmen das Tosen und das Donnern langsam ab.

Bei Sonnenaufgang rieben sich die Menschen verwundert die Augen. Nichts war mehr zu sehen von den Almen droben am Berg.

Vom reichen Riesen Krippen und dem verflixten Dachsteinweibl

Nur der blanke Fels leuchtete in den ersten Sonnenstrahlen herunter. Der Riese Krippen war zu Stein geworden. An ihn gelehnt – deutlich erkennbar – die blinde Tochter. Ein Stück weit weg der Ritter Däumling. Und so schauen sie auch heute noch von hoch droben ins Land – der Krippenstein und der Däumelkogel.

Und dann gibt's da noch das Dachsteinweibl!

So steinern der Riese Krippen, seine Tochter und der Ritter Däumling verharren, so lebendig ist das Dachsteinweibl. Vor langer Zeit war sie eine Sennerin, die am Dachstein das Vieh zu hüten hatte. Schön war sie auch, die Sennerin. So war es kein Wunder, dass sich bei ihr am Berg immer wieder Bauernburschen, Wildschützen und Jäger einfanden. Die machten ihr – der einfachen Sennerin – den Hof. Mag sein, dass ihr das irgendwann zu Kopf stieg. Immer wieder spielte sie den verliebten Gockeln Streiche – zuerst lustige, dann immer üblere. Schließlich wusste sie vor lauter Übermut bald nicht mehr, wie sie die Leute, die zu ihr kamen, noch ärgern konnte.

Wen wundert's, dass sie nach ihrem Tod keine Ruhe fand.

Als verbitterte, hässliche alte Frau muss sie jetzt umgehen. Manche reden von ihr als boshafte Hexe. Eigentlich ist sie aber eine Warnerin. Wer sie sieht, sollte sogleich umkehren oder einen schützenden Unterschlupf aufsuchen. Denn ihr Anblick bedeutet, dass ein Unwetter oder sonst ein Unheil droht.

Der legendäre Dachsteinbesteiger Peter Gappmayr begegnete ihr auf dem Gosauer Eisenfels. Das war sein Glück. So konnte er sich vor dem Wettersturz, der bald darauf vollkommen unerwartet über ihn hereinbrach, gerade noch rechtzeitig in Sicherheit bringen.

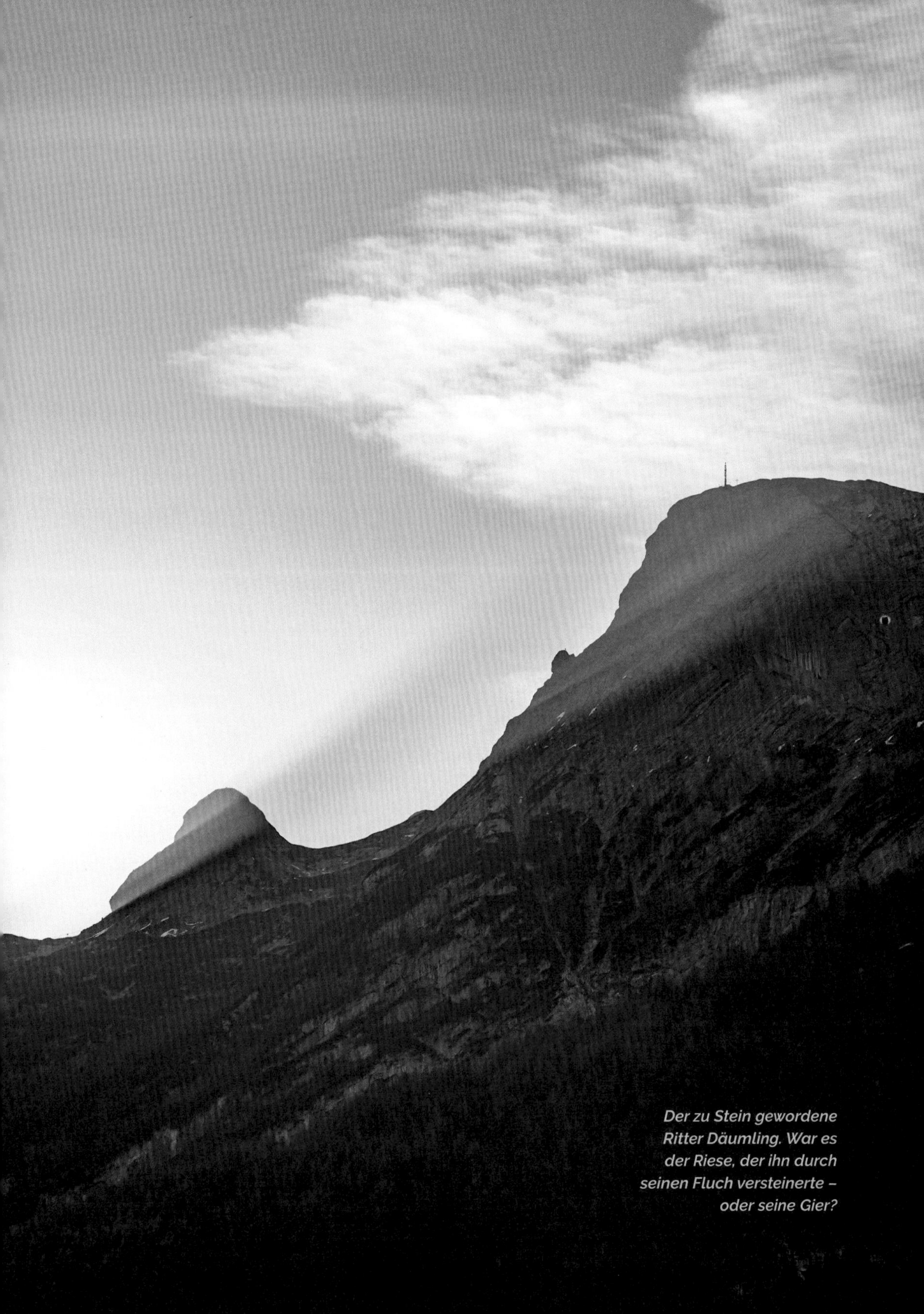

Der zu Stein gewordene Ritter Däumling. War es der Riese, der ihn durch seinen Fluch versteinerte – oder seine Gier?

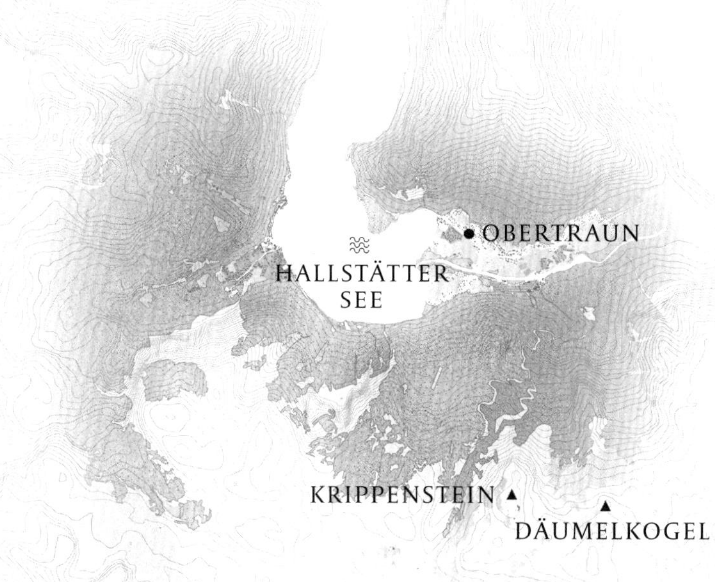

Ausflug ins Reich des Riesen

Das Massiv zwischen Steiermark und Oberösterreich ist nach seinem höchsten Berg benannt: dem Dachstein. Der kleine Bruder namens Krippenstein wird da oft übersehen. Doch zu Unrecht: Wunderbare Wanderwege und viele Naturspektakel gibt es dort zu entdecken, wo der schroffe Felsen am südlichen Ende des Hallstätter Sees in den Himmel ragt. Wer sich jeden der 1400 Höhenmeter bis zum Gipfel erarbeiten will, wird ganz schön ins Schwitzen kommen und sollte früh starten. Der abwechslungsreiche Aufstieg über die Schönbergalm ist zumeist steil und erfordert Konzentration. Weitaus gemütlicher geht der Gipfelsturm mittels Seilbahn, die die ganze Familie in weniger als 15 Minuten zur Bergstation befördert.

Schon während der Anfahrt kann Ausschau nach dem versteinerten Riesen Krippen und seiner Tochter gehalten werden. Spätestens ab Hallstatt lassen sich die Versteinerten mit ein wenig Fantasie im Felsmassiv erahnen. Entdeckt ihr das verzerrte Gesicht des Riesen Krippen und das Töchterlein auf seiner linken Schulter? Östlich vom Felsmassiv gut zu erkennen ist der Däumelkogel. Auch heute noch zeugt er von der dritten Figur in der Erzählung: dem Ritter Däumling, der mit seiner Habgier das ganze Malheur zu verantworten hatte.

Die begehbaren Höhlen in Obertraun

Gleich mehrere Höhlen laden in Obertraun zu einem Ausflug ins Innere des Berges ein. Im Tal befindet sich kurz vor dem Koppenpass die wasserführende Koppenbrüllerhöhle. Der tosende unterirdische Gebirgsbach sowie die imposanten Tropfstein-Formationen sind hier die Highlights. In der bei der Krippenstein-Mittelstation auf der Schönbergalm gelegenen Mammuthöhle sind vor allem die unglaublichen Ausmaße der Höhle beeindruckend. Über 70 Kilometer umfasst das gesamte Höhlensystem, von dem knapp ein Kilometer begangen wird. Tiefe Schächte und mächtige Hallen erwarten hier die neugierigen Besucher. Den größten »Eisschrank« des Salzkammergutes kann man bei der Führung durch die Dachstein-Rieseneishöhle – ebenfalls bei der Schönbergalm – erleben. Ein faszinierendes Erlebnis ist diese Reise durch Fels und Eis im Dachsteingebirge. Und nicht zuletzt liegt entlang der Wanderung zum Däumelkogel die kleine, frei zugängliche Krippenstein-Eishöhle, die ebenfalls einen Einblick in das Innere des Berges gewährt. Übrigens ist sie mit einem Alter von ca. 35 Millionen Jahren die weitaus älteste der genannten Höhlen. Die Mammuthöhle und auch die Rieseneishöhle sind etwa 5 Millionen Jahre alt, während die Koppenbrüllerhöhle im Tal nur etwa eine Million Jahre zählt. Da die Führungen in den jeweiligen Höhlen knapp 50 Minuten dauern und die Temperatur im Inneren des Berges zwischen -3° und +6° Celsius liegt, ist wärmende Bekleidung in jedem Fall anzuraten!

Einkehr für den Riesenhunger

Sowohl am Berg als auch im Tal erwarten einen in Obertraun höchste Genüsse! Bei der Koppenbrüllerhöhle bietet die nahe gelegene Koppenrast eine Speisekarte, die mehr verspricht, als gewöhnliche Gasthäuser. Oben am Krippenstein, nahe der Bergstation (Teilstrecke 2), locken die Lodge sowie das Bergrestaurant und nach der Teilstrecke 3 die nur 10 Minuten entfernte urige Gjadalm mit bodenständiger Küche. Und nicht zuletzt eignen sich auf der Schönbergalm (Teilstrecke 1) die selbst gemachten Nudelgerichte zum Stillen des Riesenhungers nach einer ausgiebigen Krippenstein-Erkundung.

Spaziergang am Krippenstein zu den »5fingers«, zur »Welterbespirale« und zur Heilbronner Kapelle

leicht

130 Höhenmeter

2 Kilometer

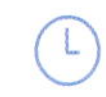

ca. 1 Stunde

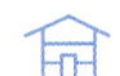

Lodge am Krippenstein

[AUSGANGSPUNKT] Bergstation der Dachstein-Krippenstein-Seilbahn

[ANFAHRT] Obertraun liegt an der Hallstätterseestraße L547 zwischen Hallstatt und Bad Aussee. Im Ort weisen Schilder den Weg zum Parkplatz an der Dachstein-Krippenstein-Talstation. Öffi-Anbildung: Bahnhaltestelle Obertraun-Dachsteinhöhlen, Bushaltestelle Obertraun-Dachsteinseilbahn

[AUFSTIEG] Während die Wanderung von der Talstation in Obertraun bis zum Gipfel des Krippensteins über die verschiedenen Anstiegswege zumindest 3,5 Stunden benötigt, erreicht man mit der Seilbahn eine Höhe von 2001 Metern familienfreundlich in nur wenigen Minuten! Ausgehend von der Bergstation ist es nur noch ein »Zwergenschritt« hin zum höchsten Punkt auf 2108 Meter des Riesen Krippen, auf dem die »Welterbespirale« und »5fingers« zu den besonderen Anziehungspunkten zählen. Die Markierungen dazu sind gut sichtbar angebracht. Nach etwa 15 Minuten ist man, vorbei an der Heilbronner Kapelle, bereits an der »Welterbespirale« am höchsten Punkt angelangt – in ihrem Umfeld befindet sich auch der Paragleiter-Startplatz. Es ist immer wieder interessant, hier das Treiben zu beobachten. Wieder ein Stück zurück am Weg und weiter den Markierungen zu den »5fingers« folgend, erreicht man bald diese gerne besuchte Aussichtsplattform mit ihrem spektakulären Blick auf den Hallstätter See.

[ABSTIEG] Rückweg wie Hinweg.

Die Heilbronner- oder Krippensteinkapelle erinnert an die Tragödie von 1954. So wie dort die Sterne am Nachthimmel funkeln, hat wohl auch der Mantel des Berggeistes geglitzert!

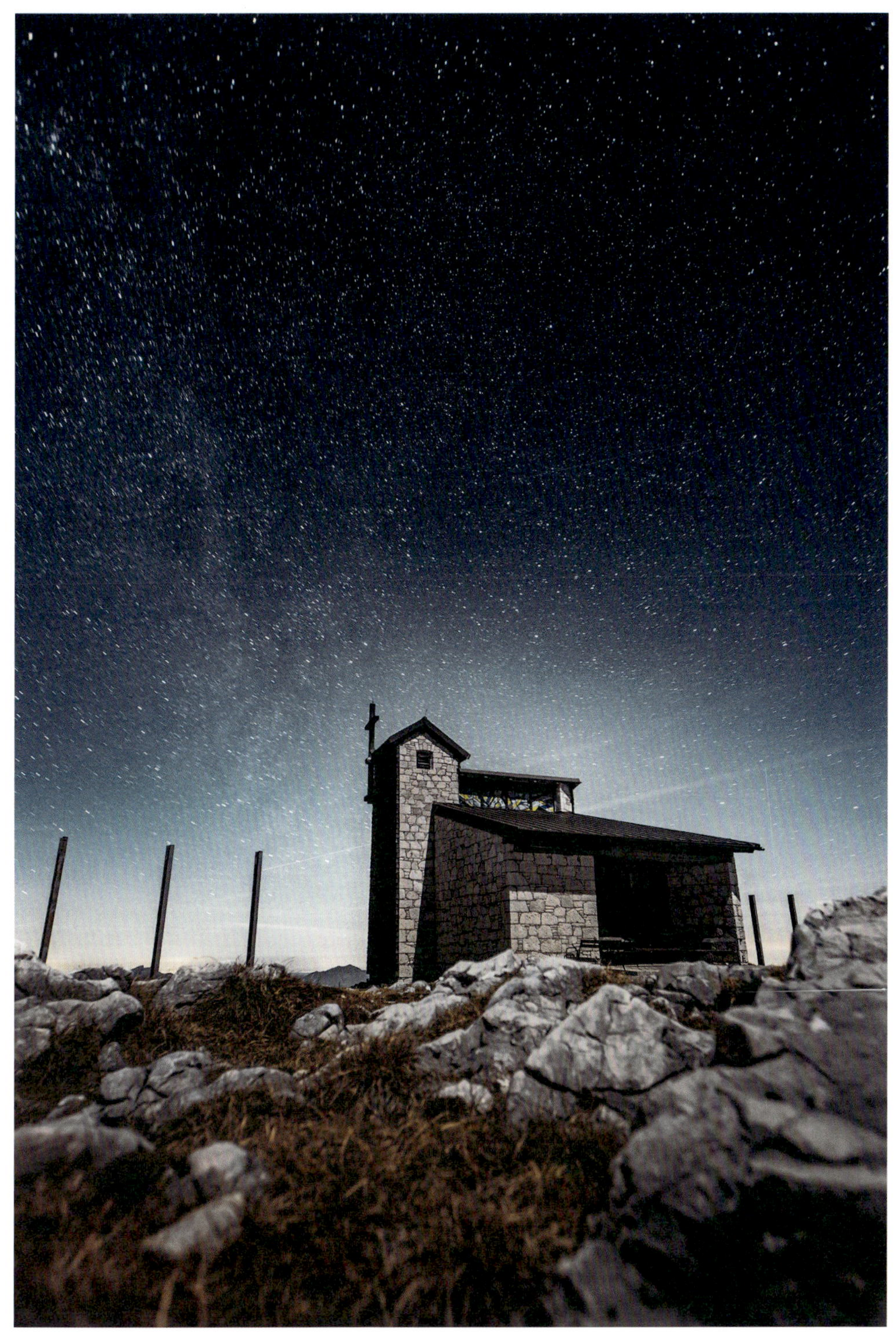

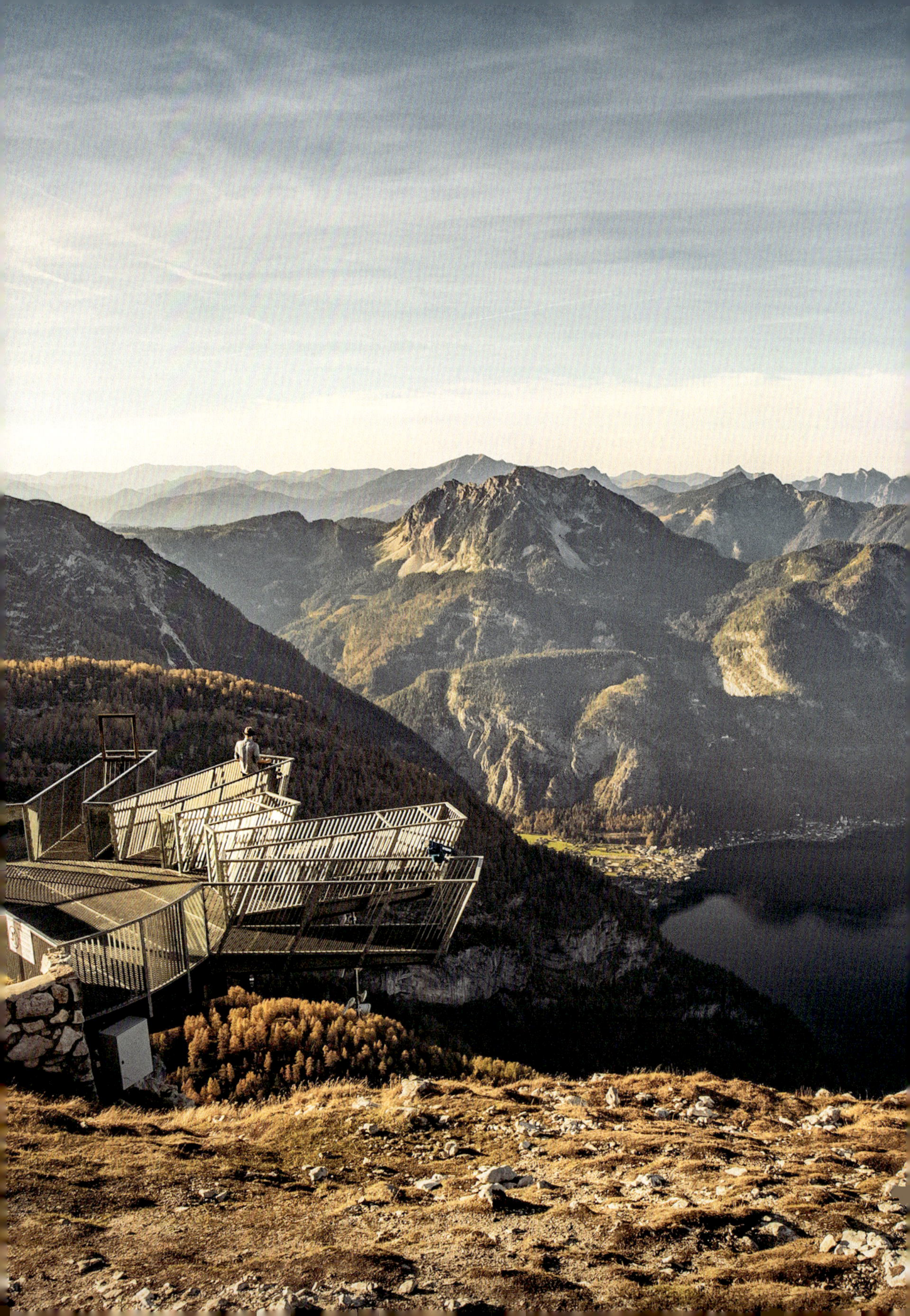

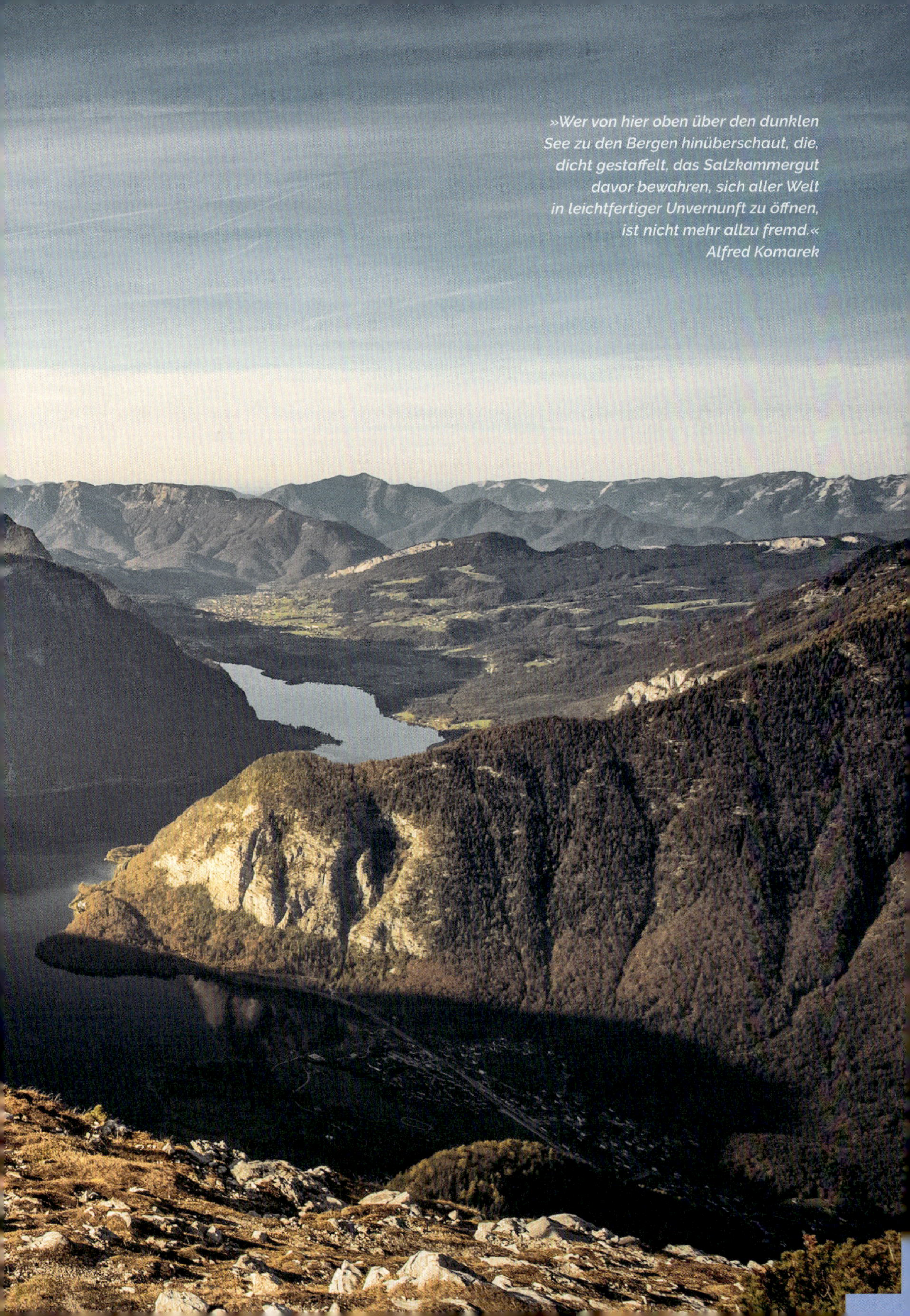

»Wer von hier oben über den dunklen See zu den Bergen hinüberschaut, die, dicht gestaffelt, das Salzkammergut davor bewahren, sich aller Welt in leichtfertiger Unvernunft zu öffnen, ist nicht mehr allzu fremd.«
Alfred Komarek

Bergtour zum Däumelkogel und zum Heilbronner Kreuz

mittel

320 Höhenmeter

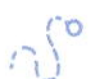

9 Kilometer

ca. 3 Stunden 15 Minuten

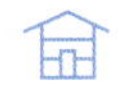

Lodge am Dachstein

[AUSGANGSPUNKT] Bergstation Krippenstein-Seilbahn

[ANFAHRT] Obertraun liegt an der Hallstätterseestraße L547 zwischen Hallstatt und Bad Aussee. Im Ort weisen Schilder den Weg zum Parkplatz an der Dachstein-Krippenstein-Talstation.
Öffi-Anbildung: Bahnhaltestelle Obertraun-Dachsteinhöhlen, Bushaltestelle Obertraun-Dachsteinseilbahn

[AUFSTIEG] Unweit des Riesen Krippen findet sich der sagenhafte Ritter Däumling, versteinert als Däumelkogel, in der weiten Karstlandschaft des Dachsteinplateaus wieder. Um den Gipfel zu erklimmen, steigt man vorerst von der Bergstation am Krippenstein etwa 100 Höhenmeter bis zur kleinen und frei zugänglichen Krippenstein-Eishöhle ab. Diese liegt abseits des Hauptwanderweges Nr. 661, sollte aber unbedingt »mitgenommen« werden.
Bei der nächsten Gabelung sind bereits der Däumelsee und der Däumelkogel mit der Wanderweg-Nr. 662/664 markiert, man folgt diesem hinab in die Senke des Däumelsees. An ihm vorbei und die Abzweigung zur Schönbergalm links liegen lassend, steigt man nun höher und erreicht nach einem felsigen Aufschwung und zuletzt über einen Grasrücken den Gipfel des Däumelkogels auf 2001 Meter Seehöhe.
Bei der Gipfelrast schweift nun der Blick rüber zum Krippenstein und über das weite, unübersichtliche Plateau sowie hinunter ins Tal. Knapp 2 Kilometer Luftlinie weiter südöstlich befindet sich das Heilbronner Kreuz: die Erinnerungsstätte für ein Unglück, bei dem 1954 zehn Schüler und drei Lehrer in einem Schneesturm ums Leben kamen.

[ABSTIEG] 60 Höhenmeter steigt man nun vom Gipfel ab, bevor man im ständigen Auf und Ab über die Karstfläche weiter auf dem Weg Nr. 664 zum Heilbronner Kreuz wandert. Einsam und manchmal durchaus fordernd ist dieser Steig zwischen Latschen, Felsen und Dolinen. Gut möglich, dass hier in dieser Bergeinsamkeit das

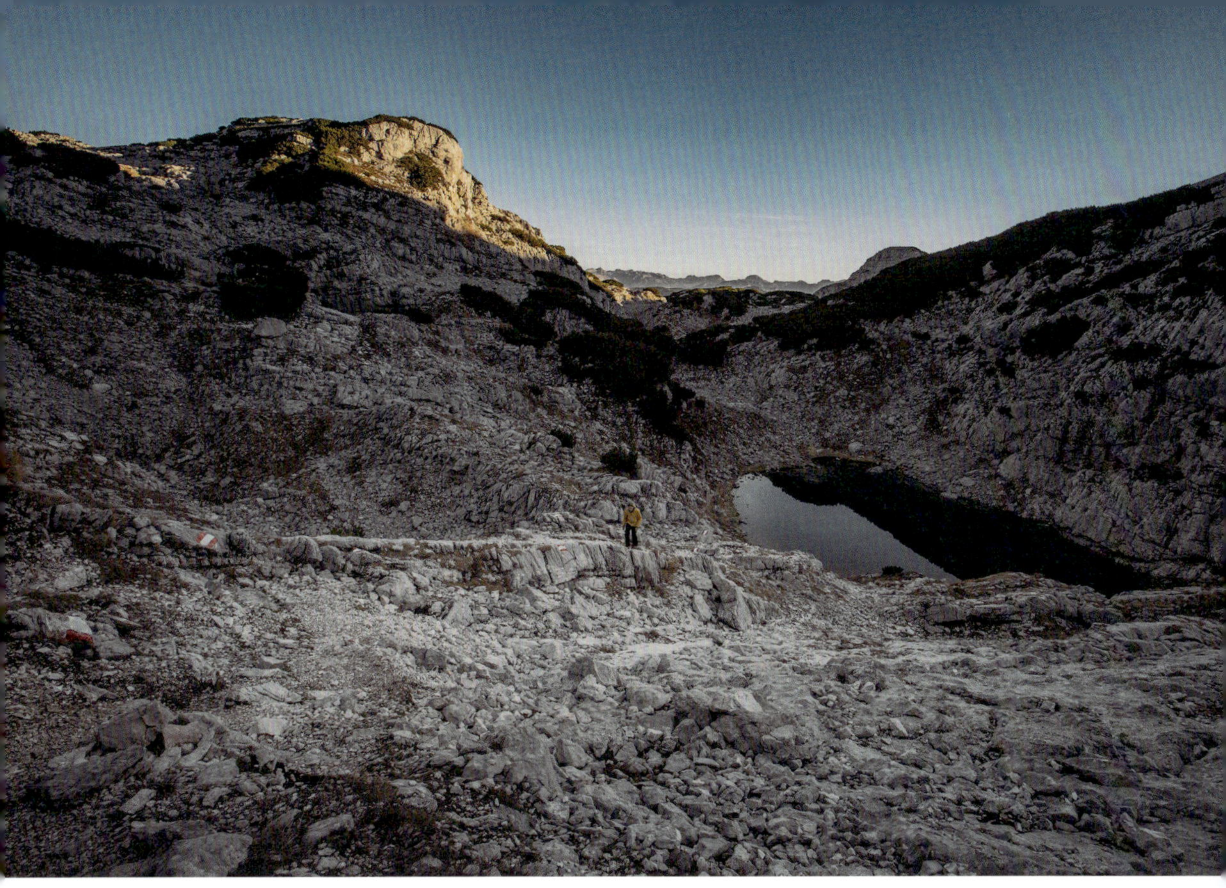

Am Däumelsee vorbei gelangt man zum Däumelkogel. Sollte einem hier das Dachsteinweibl begegnen, heißt es, auf der Stelle umzukehren!

Dachsteinweibl bereits gesichtet wurde. Ist das Erinnerungskreuz erreicht, geht es wieder über einen breiten und geschotterten Wanderweg, vorbei am »Dachstein-Hai«, zurück zur Bergstation am Krippenstein.

[ACHTUNG] Bei unsicherem Wetter, schlechten Sichtverhältnissen, Nebel oder frischem Neuschnee ist die einsame Wanderung auf Weg Nr. 664 zwischen Däumelkogel und Heilbronner Kreuz aufgrund des unübersichtlichen Geländes nicht zu empfehlen!

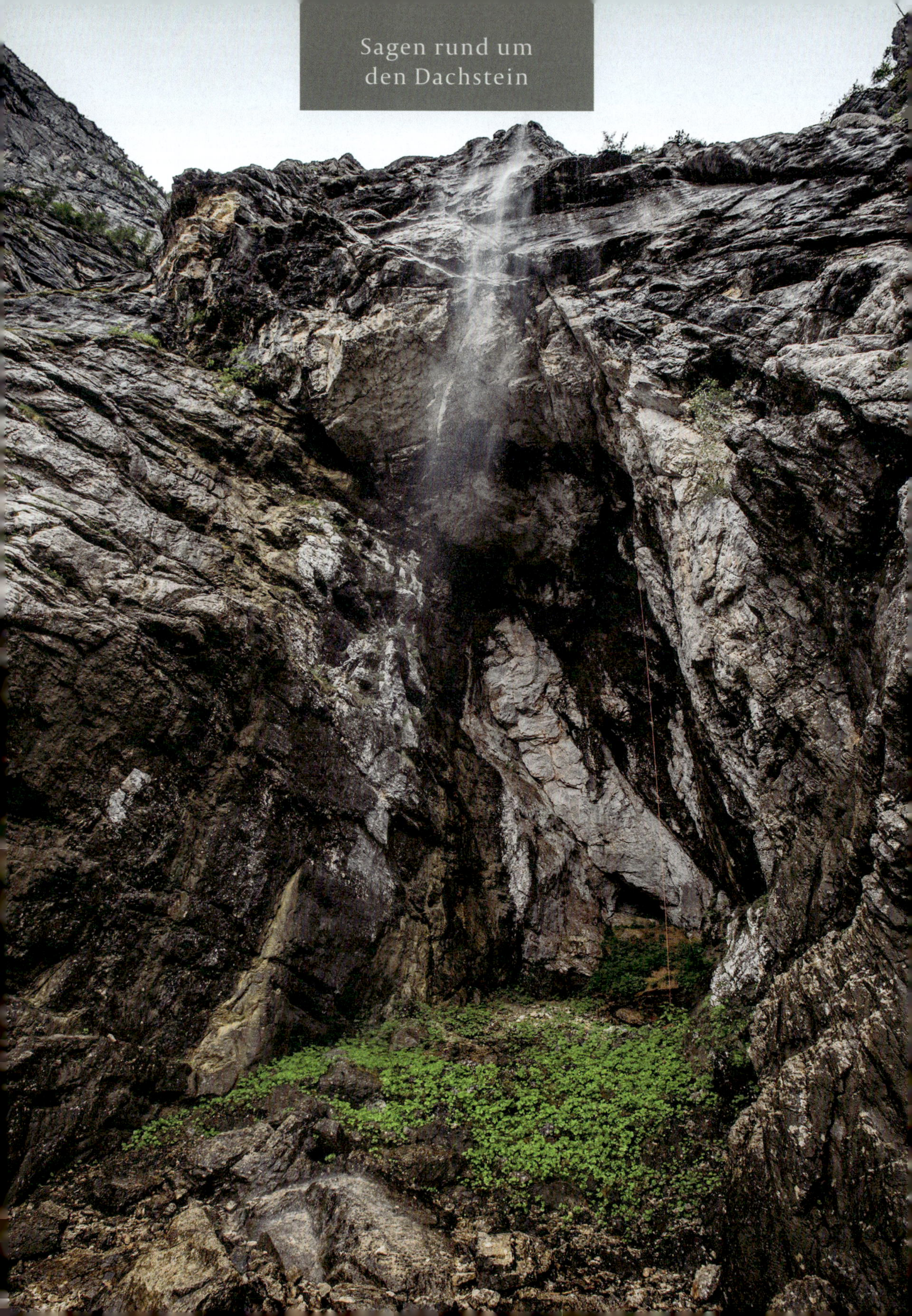

Sagen rund um
den Dachstein

HALLSTATT

»Hirlatz!«

… rief das Mandl und meinte: »Hier liegt's!« Beim Echernmüller lag's allerdings an den Wilden Frauen. Und die Stadt im See? Die liegt verborgen.

»Hirlatz!«

Ein Berg, eine Alm und eine Höhle, die nach dem Ruf eines Zwerges benannt wurden: Gibt's denn so was? Ja, das gibt es. Dazu eine versunkene Stadt und eine schaurige Geschichte vom Echernmüller und den Wildfrauen obendrein.

Heute schmiegt sich der Hallstättersee zwischen die steil abfallenden Wände vom Dachsteinmassiv und dem Sarstein, so als könnte es gar nicht anders sein. Der Sage nach sah es hier aber vor Zeiten vollkommen anders aus.

Üppige grüne Wiesen und wogende Felder breitenden sich im Talbecken aus. Sogar der damalige Name der Gegend ist überliefert und klingt fremd in unseren Ohren: »Indisapta« hieß der idyllische Talschluss. Mittendrin lag die Stadt Cervusau, und oberhalb auf einem Felsen die Burg Stutato. Die Leute lebten gut von der Landwirtschaft. Dazu gab es ja auch noch den Bergbau. Gleich neben der Burg ging es hinein in die Grube. Heraus kam das kostbare Salz. Es brachte einen gewaltigen Reichtum in die Gegend. Hier könnte die Geschichte eigentlich aufhören. Schöner und besser geht's wohl nicht. So viel Überfluss muss man aber erst einmal aushalten. Den Leuten von Indisapta stieg der Reichtum mit der Zeit zu Kopf. Bald wussten sie nicht mehr, wie sie ihr Geld noch besser und üppiger verprassen konnten. Alle Wünsche schienen erfüllbar. Nichts war unmöglich. Der Übermut kannte keine Grenzen.

Da ging eines Tages ein furchtbares Unwetter nieder. Das hielt tagelang an. Von den Bergen war drauf Rauschen zu hören. Das schwoll mehr und mehr an. Rinnsale wurden zu tobenden Wildbächen. Zusammen mit Geröllmuren stürzten sie durch Gräben und über Felsen ins Tal. Hier sammelte sich das Wasser. Es stieg höher und höher. Bald war von der fruchtbaren Gegend, der Stadt und selbst der Burg nichts mehr zu sehen. Ruhig und friedlich lag jetzt ein See da, so wie wir den Hallstättersee heute kennen. Nur bei der Hirschau im Süden des Sees schimmern in mondklaren Nächten Ruinen der versunkenen Stadt aus der Tiefe der Wasser herauf. So erzählt es zumindest die Sage.

Hier laht's! = Hier liegt's!

In der Hirschau spielte sich aber auch noch eine ganz andere Geschichte ab. Ein armer Jägersbursche war hier vor Zeiten auf der Jagd. Immer wieder hatte er zum Himmel gefleht um einen Geldsegen. Der würde ihm zu einem besseren Leben verhelfen – so hoffte er.

In Hallstatt gab es den Salzbergbau. In den Bergen rundum suchten »Wallische«, also Leute aus dem Süden, nach kostbaren Erzen. Offenbar fanden sie auch einiges an Schätzen im Boden. Er, der Jäger, bekam davon nichts ab. Immerhin blieb ihm die Jagd. Die lenkte ihn ein wenig davon ab, dass er sonst nichts hatte als die schiere Armut.

An einem heißen Sommertag pirschte er wieder durch die Waldungen am Südufer des Hallstättersees. Immer wieder kamen ihm die Schätze, die in den Bergen schlummerten, in den Sinn. Wenn er doch nur ein Mittel wüsste, sie zu entdecken und zu heben! Da stand unvermittelt ein feuerrotes Mandl vor ihm. Das hielt in seinen Händen Goldkörner über Goldkörner. Dabei fiel ihm nicht eines der Körner aus der Hand. Gierig wollte sich der Jäger gleich auf das Mandl stürzen. Das Mandl aber lachte und meinte: »Lass es gut sein, Jäger! Du kannst mir nix nehmen. Wenn du aber schweigen kannst und mir nachgehst, dann zeige ich dir, wo du selber viele Goldkörner findest.« Na also! Das war genau das, was der Jäger wollte.

Schon machte sich das Mandl auf den Weg. Flink ging es dahin – und der Jäger setzte ihm entschlossen nach. In einem weiten Bogen führte ihn der Zwerg auf die nahe Alm. »Hier schau!«, rief da das Mandl. »Hier schau!« Dabei hielt es aber nicht inne. Im Gegenteil: Es beschleunigte seine Schritte und lief über den lang gezogenen Bergrücken hinauf. Der Jäger stolperte und keuchte hinten nach. Von Zeit zu Zeit drehte sich das Mandl um und rief: »Hier laht's! Hier laht's!«, also: »Hier liegt's! Hier liegt's!« Weit oben drehte der Zwerg unvermittelt um und lief einen Steig steil hinunter. Der Jägersbursche überlegte kurz: Was soll denn das? Hatte er irgendetwas übersehen? Aber was soll's? Am besten einfach weiter dem Mandl nach. Jetzt ging es auf eine Höhle zu. Das Mandl lief hinein – und weg war's!

Keuchend mühte sich der Jäger in die Höhle. Da war glitzernder Sand! Wer weiß, welches kostbare Erz da so funkelte. Er füllte seinen Hut mit dem Sand und verschnaufte vor der Höhle. Jetzt war Zeit, den Sand genauer zu betrachten. Das war wohl Gold, das da glitzerte. Es bedeutete gutes Geld. Reichtum war das allerdings noch keiner.

So stieg er schließlich hinauf zur Alm und erzählte den Sennern von seinem Fund. Gemeinsam wollten sie die Höhle genauer erkunden. Da kam ihnen aber Wasser über Wasser entgegen. An einen Einstieg war nicht zu denken.

Die Höhle heißt seither das »Goldloch«. Das Wasser, das heraussprudelt und zum Bach wird, ist der »Goldbach«. Die Alm, bei der dem Jäger das Mandl begegnete, ist die »Hirschaualm«. Und der lange Bergrücken ist der »Hirlatz«.

Vom Gürtel der Saligen!

Unterhalb der Hirlatzwand liegt das Echerntal. Auf der gegenüberliegenden Seite vom Tal aber ragt die Echernwand in die Höhe.

Hier lebten vor Zeiten drei Wildfrauen. Man nannte sie auch »Salige Frauen«. Dabei schwang immer ein wenig Ehrfurcht mit, denn die Frauen waren wunderschön und anmutig. Vor allem aber war es ihr Gesang, der die Menschen verzauberte. Das machte sie für manche auch ein wenig unheimlich.

Nicht so für den Echernmüller. Der lebte, so heißt es, in bester Ehe mit seiner Frau. Dem Gesang der Wildfrauen konnte aber auch er nicht widerstehen. Immer wieder zog es ihn zu den Frauen hin. Mitunter blieb er sogar über Nacht. Was da genau geschah, ist nicht überliefert.

Einmal gaben ihm die Wildfrauen einen Gürtel mit – als Geschenk für seine Frau. Der Gürtel war kostbar gearbeitet. Das wird meine Frau ein wenig versöhnen, dachte sich der Müller und zog vergnügt nach Hause. Den Gürtel schwang er im Gehen hin und her. Wie schön er in der Sonne glitzerte. Bei einem Apfelbaum warf er ihn um den Stamm. Da zog sich der Gürtel mit aller Gewalt zusammen.

Das geschah so schnell, dass der Baum in tausend Stücke zersprang.

Den Echernmüller riss es aus allen Träumen. So ein Ende hatten die Saligen also seiner Frau zugedacht. Offenbar schreckte es den Müller aber nicht heftig genug. Denn bald darauf zog es ihn wieder zu den Wildfrauen in der Echernwand. Die zeigten sich einmal mehr liebreizend und freundlich. Mag sein, dass es Absicht war, mag sein, auch nicht: Sie lockten den Müller dabei immer weiter und weiter die Wand hinauf. Schließlich stand er auf einem Felsvorsprung – und konnte weder weiter nach vor noch wieder zurück. Der Fels war derart ausgesetzt, dass ihn auch von unten niemand erreichen konnte. Selbst die Macht der Wildfrauen hatte hier ihre Grenzen. So sehr sie sich auch bemühten: Sie konnten ihm nicht helfen. Ihre Lieder klangen immer verzweifelter und trauriger.

Als die Not am größten war, löste sich der Felsen, auf dem der Müller stand, aus der Wand und stürzte hinunter. Der Echernmüller wurde dabei unter dem Stein begraben.

Von dem Tag an war von den Wildfrauen in der Echernwand nichts mehr zu hören und zu sehen. Zum Gedächtnis an das traurige Ereignis wurde an dem mächtigen Felsen ein Kreuz angebracht. »Kreuzstein« wird er seither genannt. Im späten 19. Jahrhundert baute darauf sogar ein Einsiedler seine Klause.

Zu ihrer Blütezeit hatte man von der Hirschaualm eine herrliche Aussicht. Heute liegt sie von Wäldern umgeben.

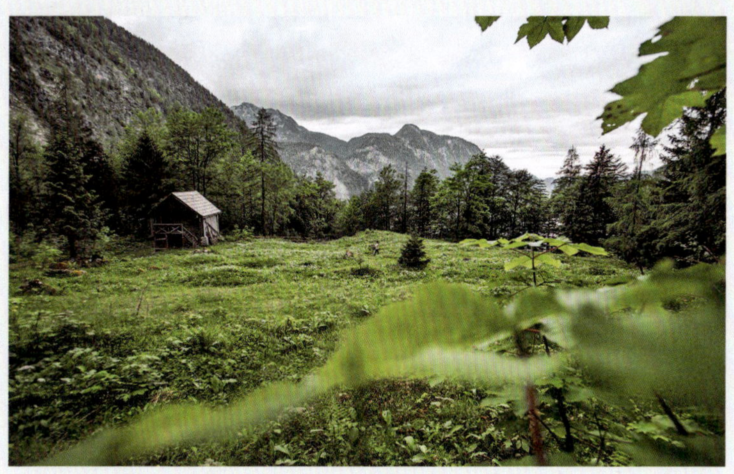

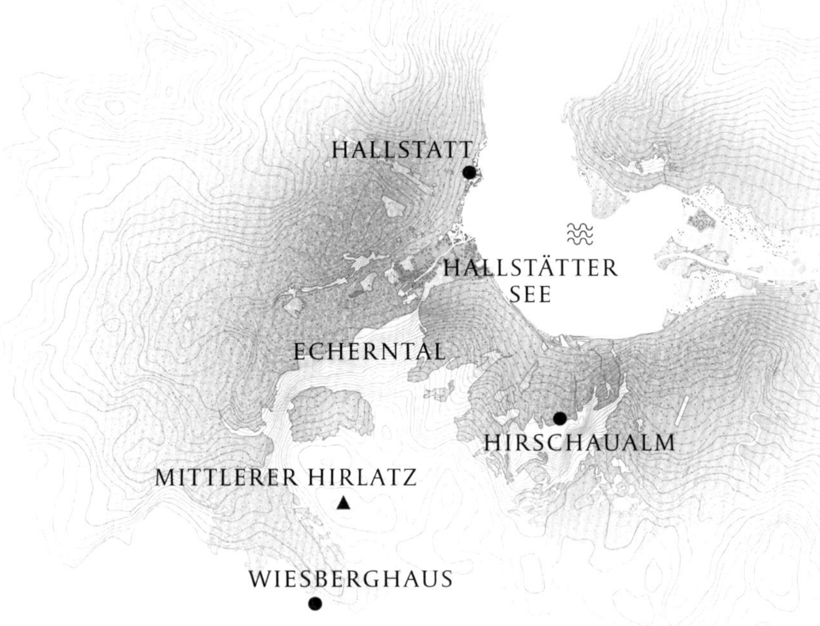

Rau und unzugänglich …

…, so hat sich über Jahrhunderte der Lebensraum am Hallstättersee gezeigt. Entlang der steilen Felsenwände an beiden Seiten des Gewässers verlief lange Zeit nur ein schmaler, gefährlicher Saumpfad, ehe 1877 zuerst die Bahnlinie am Ostufer eröffnet wurde und schließlich 1891 der Straßenbau am Westufer den Ort Hallstatt einfach und ohne Schiffsverkehr zugänglich machte. Bis heute schwer zugänglich sind die Gipfelbereiche des Vorderen, Mittleren und Hinteren Hirlatz südlich von Hallstatt. Zu ihnen wie zur heute verfallenen Hirlatzalm führen keine markierten Wanderwege. Von der Besteigung über kaum mehr sichtbare alte Almpfade und Jägersteige ist jedenfalls abzuraten, da dies überaus beschwerliche Unternehmungen sind, die einen ausgeprägten Orientierungssinn voraussetzen. Dennoch ist es möglich, annähernd in das »Hirlatz-Reich« zu kommen, nämlich über den Wanderweg von Hallstatt zum Wiesberghaus. Bei einer kurzen Rast im Umfeld der einschichtigen Wiesalm lässt sich erahnen, wie einsam und abgeschieden hier oben das Leben verlaufen ist. Die in der Sage genannte Hirschaualm übrigens kann in etwa 1,5 Stunden von Hallstatt über das Kalvarienbergkircherl und das aussichtsreiche »Goaßerbankerl« erwandert werden. Leider ist über die Jahre die Aussicht von der Hirschaualm auf den Hallstättersee komplett zugewachsen, sodass ein Aufstieg heute als kaum lohnenswert erscheint.

Nicht das sagenhafte Gold im Hirlatz, aber das weiße Gold …

… lässt sich bei einer Führung im Bergwerk von Hallstatt auffinden. Für dieses Erlebnis sollte man zumindest einen halben Tag einplanen. Am besten ist es, die Tickets bereits vorab online zu buchen und sich dann gute 30 Minuten vor der Führung in der Talstation der Salzbergbahn Hallstatt einzufinden. Danach geht es mit der Bahn gemütlich knapp 300 Meter hinauf in das Hallstätter Hochtal. Über die Panoramabrücke und einen Spaziergang von etwa 15 Minuten erreicht man das Knappenhaus, von wo aus man zur ca. 1,5-stündigen Führung in den Berg aufbricht. Etwa 2 Kilometer werden bei der Führung begangen, bevor ein Grubenhunt die Besucherschar wieder ans Tageslicht befördert. Nun ist genügend Zeit, sich die Informationen zu den Ausgrabungen über eine App anzuhören oder auch die Aussicht am Skywalk zu genießen. Der Rückweg ins Tal wird mit der Salzbergbahn oder auch zu Fuß angetreten.

Übrigens, da Hallstatts Parkmöglichkeiten regelmäßig an ihre Grenzen stoßen, ist es sinnvoll, den Ausflug hierher mit der Bahn, dem Schiff oder einem Linienbus zu planen.

Welch Segen in rauer Abgeschiedenheit

Im Alltag kann man oft im Handumdrehen von irgendwo ein Getränk oder eine Mahlzeit herzaubern. Am Berg, auf der karstigen Hochfläche, so wie zwischen Hirlatz und Dachstein, ist das nicht der Fall. Das Wasser ist rar, und welch ein Segen ist es somit für den müden Wanderer, in einer bewirtschafteten Schutzhütte unterzukommen, um dort seine Energiereserven mit Speis und Trank wieder auffüllen zu können. Seit über 90 Jahren ist dies bereits am Wiesberghaus möglich – dank der Materialseilbahn stehen dort immer genügend Lebensmittel, aber nicht alle Annehmlichkeiten wie im Tal zur Verfügung. Eine kräftige Rindsuppe mit herzhafter Einlage ist da beispielsweise genau das Richtige, um wieder zu Kräften für weitere Wanderungen zu kommen. Aber nicht nur die schmeckt auf 1884 Meter Seehöhe vorzüglich, auch viele weitere Schmankerl sind auf der Speisekarte zu finden, die vom Hüttenteam liebevoll zusammengestellt wird.

Wanderung durch das Echerntal zum sagenumwobenen Waldbach-Ursprung

mittel
Variante: schwer

500 Höhenmeter mit Ursprung, 280 Höhenmeter ohne

10 Kilometer mit Ursprung, 6 Kilometer ohne

ca. 2–3,5 Stunden je nach Wegvariante

keine am Weg, Gasthäuser in Hallstatt

[AUSGANGSPUNKT] Parkplatz P2 in Hallstatt

[ANFAHRT] Hallstatt erreicht man über die L541 Hallstätterseestraße von Obertraun oder von Gosau oder Bad Goisern über die B166 und L541. Der beschilderte Parkplatz befindet sich in der Ortsmitte. Öffi-Anbindung: Bahnhaltestelle Hallstatt, Bushaltestelle: Hallstatt-Demelgasse. Die öffentliche Anreise mit dem Bus- oder der Salzkammergutbahn sowie dem Schiff nach Hallstatt ist empfehlenswert!

[RUNDWEG] Zunächst am Echerntalweg Nr. 601 wandert man ca. 20 Minuten zum Kleinwasserkraftwerk Hallstatt. Nun wechselt man auf den Malerweg entlang des Waldbaches. Dieser führt durch den malerischen Buchen-Mischwald und nach etwa 25 Minuten über eine kleine Brücke, die den Waldbach quert. Bereits nach weiteren 10 Minuten erreicht man den schönen Aussichtsplatz, an dem man das Wasserfall-Schauspiel des Waldbaches – den »Waldbachstrub« – bewundern kann. Wieder zurück über die zuvor genutzte Brücke, steigt man nun zum sehenswerten Gletschergarten auf, der die Geheimnisse der letzten Eiszeit vor gut 12 000 Jahren für Wanderer erlebbar macht.
Wieder am Wanderweg Nr. 601 angekommen, führt er rechts in Richtung Wiesberghaus und abzweigend auf den Wanderweg Nr. 613 zum Waldbach-Ursprung. Von hier könnte man in einer mehrstündigen Wanderung den Hinteren Gosausee erreichen. Möchte man sich diesen gut einstündigen Abstecher zum Waldbach-Ursprung sparen, steigt man gleich links zurück ins Tal ab und erreicht, vorbei am Simony-Denkmal, rasch das bereits bekannte Kleinwasserkraftwerk und kann auf gleichem Weg oder am Salzkammergut-Trail rechter Hand zurück zum Ausgangspunkt wandern.

[VARIANTE] Vom Ausgangspunkt bis zum Waldbachstrub auf beschriebenem Weg, weiter allerdings über die etwas vor dem Aussichtsplatz gelegene Abzweigung hinauf zum Gangsteig. Er ist

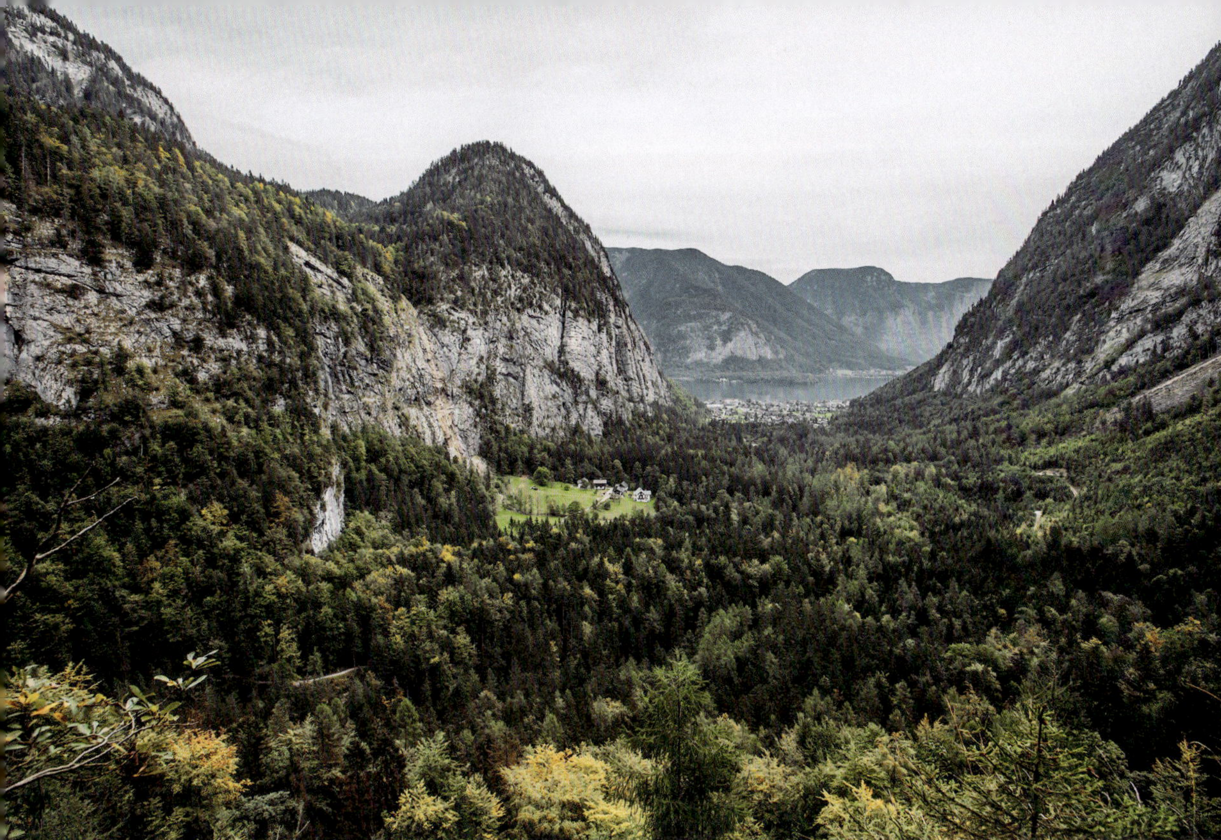

Das Echerntal mit Blick auf Hallstatt und den See: Wen wundert's, wenn hier der Gesang der Wildfrauen zu hören ist?

einer der ältesten »Klettersteige« im Salzkammergut. Über unzählige in den Felsen geschlagene Stufen führt dieser ausgesetzt über die Felspassagen im Echerntal. Bergerfahrung, Schwindelfreiheit, Trittsicherheit und trockene Verhältnisse sind dafür unbedingt nötig, dafür begeistert dieser Steig mit einmaligen Tiefblicken in die Echernschlucht und Ausblicken hinüber zur Hirlatzwand mit der Hirlatzhöhle. Über einige Serpentinen schlängelt sich der Steig so bergwärts und mündet schließlich in die Forststraße, welche auf den Salzberg führt. Dieser folgt man links zur spektakulären Brücke über die Waldbachschlucht und erreicht dort wieder den Wanderweg Nr. 601. Zum Waldbach-Ursprung sind es, hier rechts den Wegen Nr. 601 und 613 folgend, nur noch gut 25 Minuten. Diese Riesenkarstquelle führt übrigens je nach Jahreszeit immense Wassermassen oder auch bloß eine beschauliche Wassermenge. Ein Innehalten oder Rasten an diesem mystischen Platz muss jedenfalls eingeplant werden. Zurück geht es auf gleichem Weg bis zur Brücke, dort dann aber rechts über den Weg Nr. 601 zum Ausgangspunkt.

Bergtour ins Hirlatz-Reich beim Wiesberghaus

mittel

1330 Höhenmeter

16 Kilometer

ca. 6 Stunden 45 Minuten

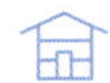

Wiesberghaus

[AUSGANGSPUNKT] Parkplatz Echerntal mit Schranken nur für Hüttenbesucher – Infos beim Wiesberghaus oder Parkplatz P2 in Hallstatt

[ANFAHRT] Hallstatt erreicht man über die L541 Hallstätterseestraße von Obertraun oder von Gosau oder Bad Goisern über die B166 und L541. Die beschilderten Parkmöglichkeiten befinden sich in der Ortsmitte bzw. etwa einen Kilometer in Richtung Echerntal. Öffi-Anbindung: Bahnhaltestelle Hallstatt, Bushaltestelle: Hallstatt-Demelgasse

[AUFSTIEG] Entlang des Wanderweges Nr. 601 folgt man dem gut markierten Steig hinauf zum Wiesberghaus im Reich des Hirlatz. Auf der Forststraße bis zur Brücke über den Waldbach gewinnt man rasch an Höhe. Vor der Brücke wendet sich der Weg nach links und mündet nach kurzer Zeit in einen Steig durch den Wald. Herrliche Ausblicke in Richtung Salzberg, Hallstätter See, Sarstein und Hirlatzwand belohnen den stetigen Aufstieg am sogenannten »Reitweg« hinauf zur (nicht bewirtschafteten) Tiergartenhütte auf 1480 Meter. Der Bergwald ändert hier oben seine Zusammensetzung. Ist es in Talnähe ein Buchen-Fichten-Mischwald, steigt man bald im lichteren Lärchenbestand höher. Durch die »Herrengasse« erreicht man die grünen, von Latschen gesäumten saftigen Matten der Wiesalm, über der der mit Latschen bewachsene Mittlere Hirlatz thront. Jedoch steigen wir rechter Hand über Serpentinen zur Wiesberghöh' und weiter zum gemütlichen Wiesberghaus auf 1873 Meter auf, welches man nach ca. 3,5 Stunden erreicht. Rund um die Hütte genießt man nicht nur die sagenhaft schöne Aussicht auf die umliegenden Gipfel im Dachsteinmassiv, sondern auch die gute Küche. Beim Blick hinüber zum kaum zugänglichen Hirlatz-Bergstock lässt sich träumen von unsagbaren Schätzen, die bisher noch nicht gehoben wurden …

[ABSTIEG] Der Abstieg verläuft auf gleichem Weg zurück ins Tal.

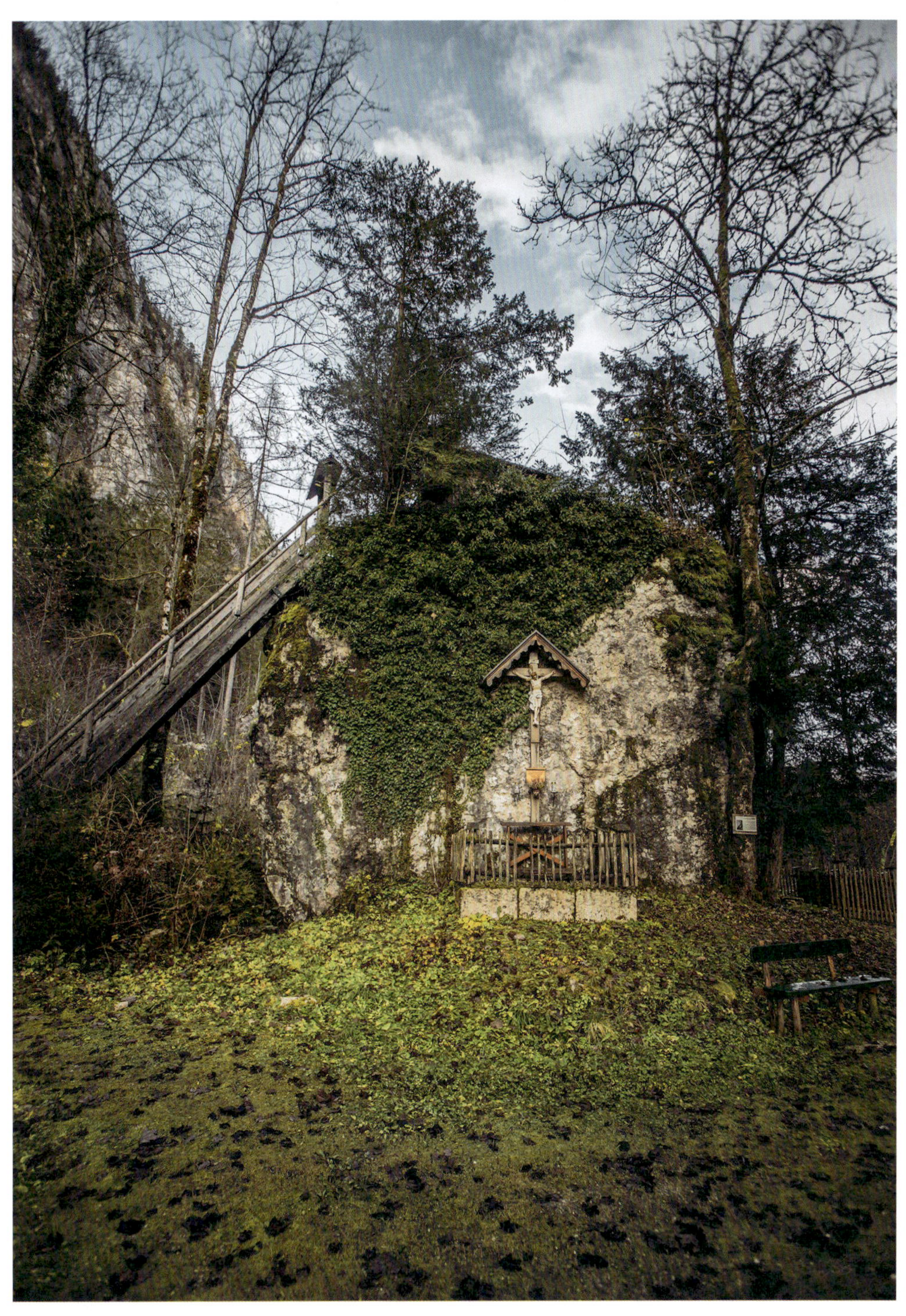

Der Kreuzstein, tragische Erinnerung an den unseligen Müller.

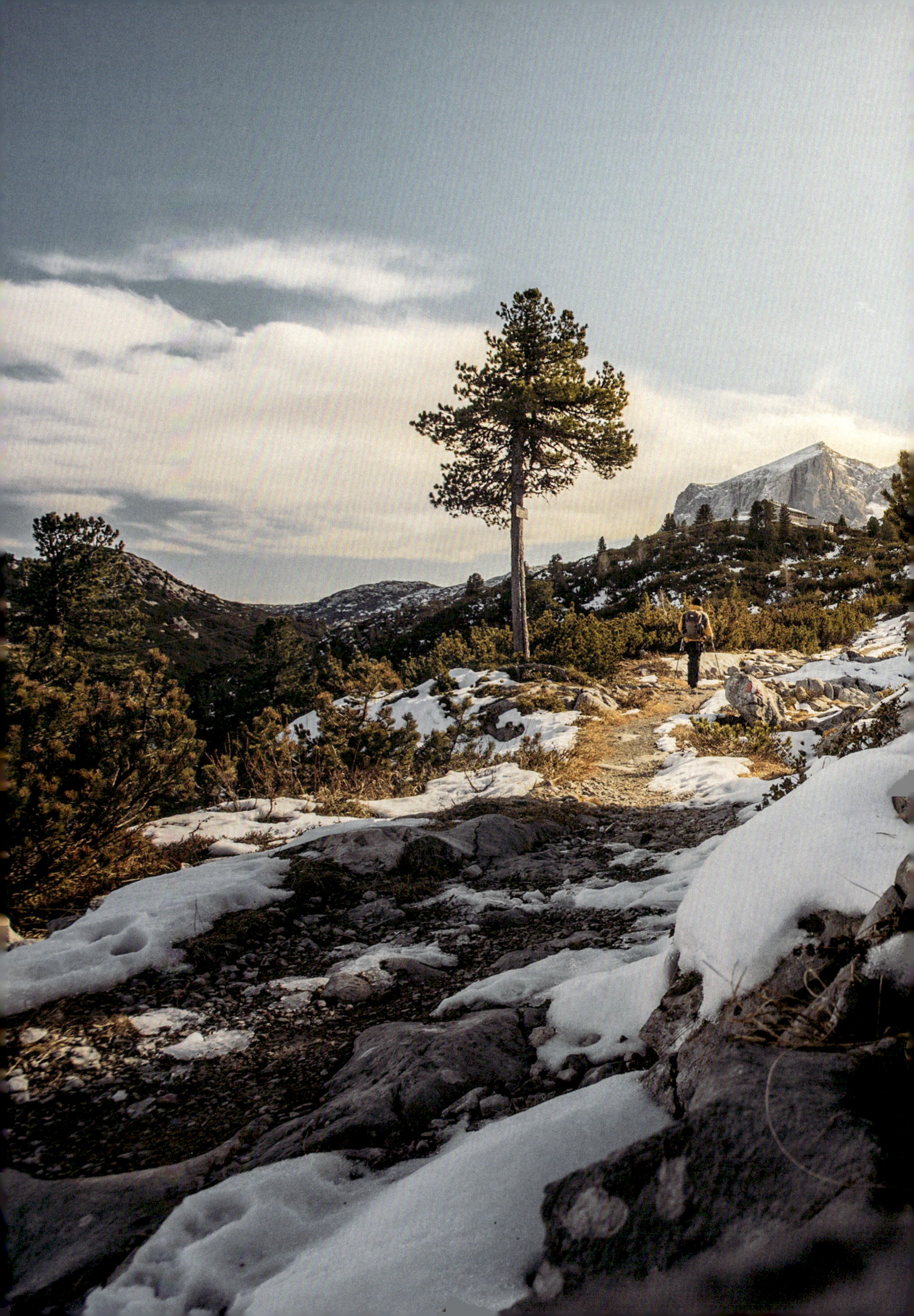

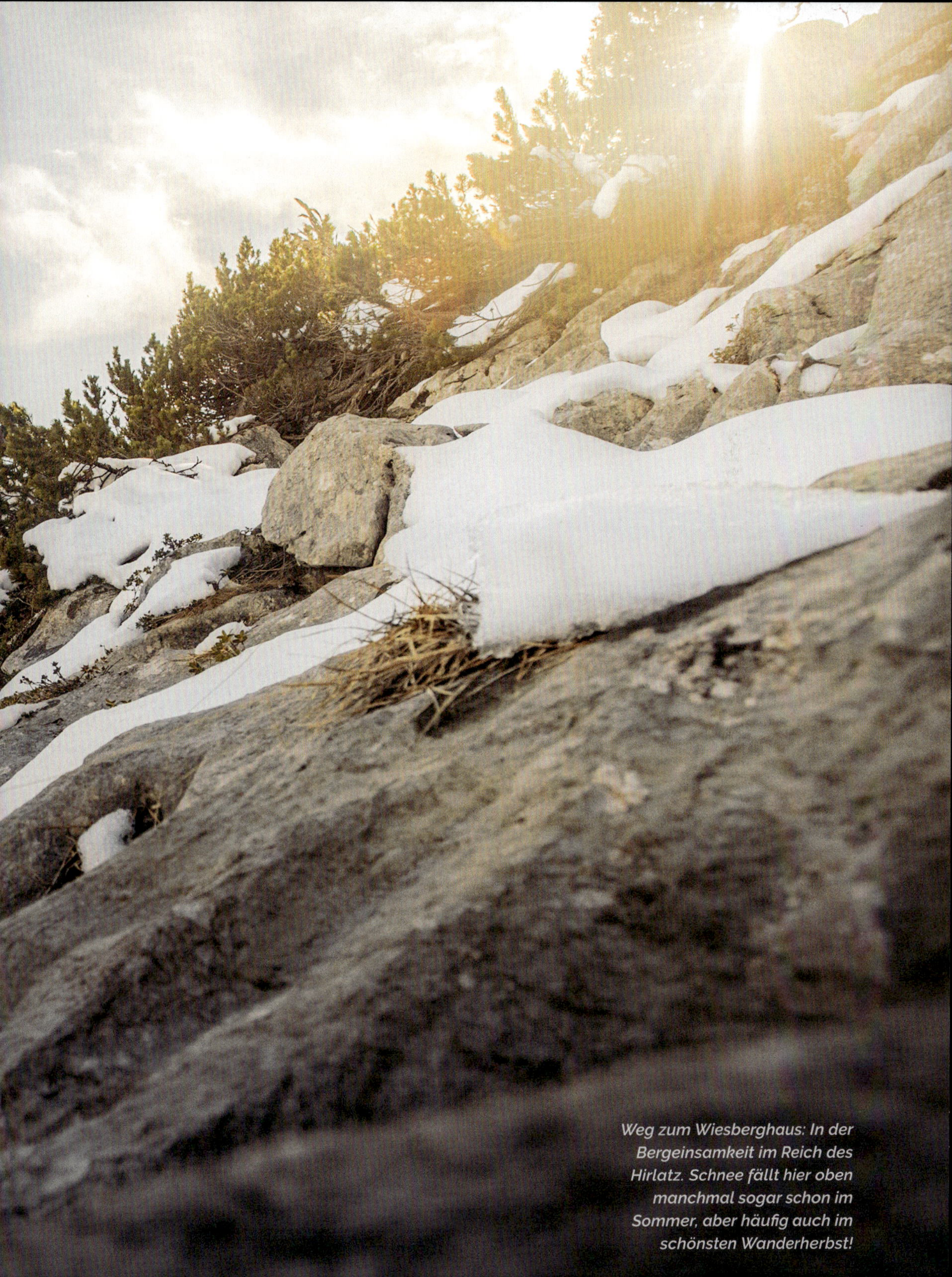

Weg zum Wiesberghaus: In der Bergeinsamkeit im Reich des Hirlatz. Schnee fällt hier oben manchmal sogar schon im Sommer, aber häufig auch im schönsten Wanderherbst!

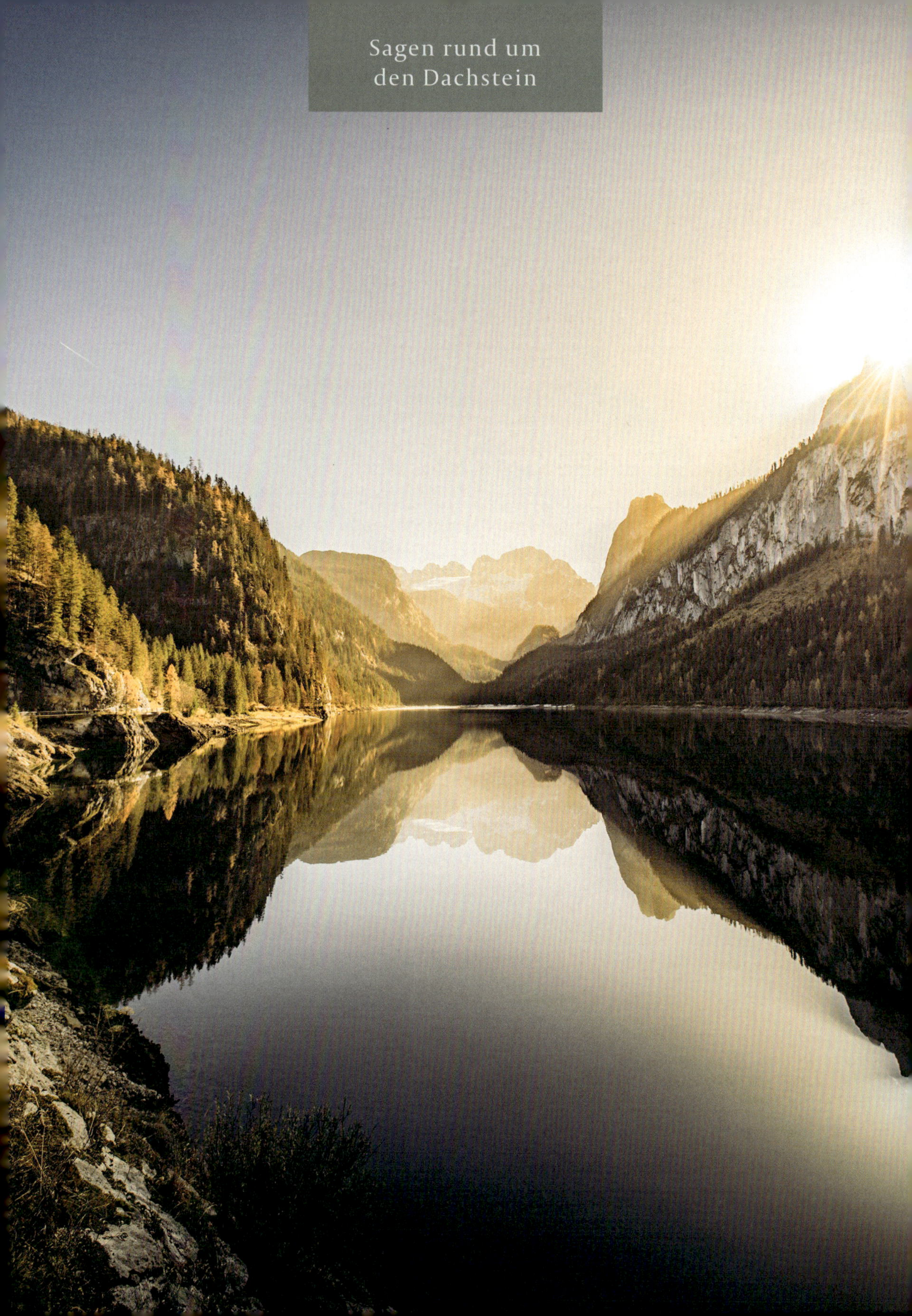

Sagen rund um den Dachstein

GOSAU

Von Sternsteinen, Wildfrauen und einem donnernden Berg

Wie kann man für diese
Landschaft Worte finden,
wenn nicht in Sagen!

Von Sternsteinen, Wildfrauen und einem donnernden Berg

Faszinierend, welche Vielfalt an wundersamen Erscheinungen es in diesem versteckten Winkel des Salzkammergutes gibt.

Hart war das Leben im Gosautal immer schon. Ein zäher Kampf ums Überleben bestimmte den Alltag. Eine Familie hatte es aber besonders hart getroffen. Nicht, dass der Mann und die Frau nicht fleißig gewesen wären. Aber was sie auch unternahmen, es reichte einfach nicht, um die Familie gut durchzubringen. Sie waren Häuselleute. Das heißt, sie hatten ein Haus und einen kleinen Garten. Der gab nicht viel her. Der Mann musste da und dort bei den Bauern aushelfen für das Nötigste zum Leben. Immer wieder flehte der Mann zum Himmel. Es war ja nicht viel, was er sich wünschte. Wenn die Familie ohne Hunger und Not über die Runden kommen würde, dann wäre das schon ein großes Glück.

Eines Tages klopfte es gegen Abend an der Tür. Der Häuselmann wunderte sich. Wer wollte denn jetzt noch etwas von ihnen? Neugierig machte er auf. Da stand ein Birigmandl, also ein Zwerg, vor ihm und grüßte ihn freundlich. Der Mann grüßte zurück und fragte erstaunt: »Was willst denn du von uns?« – »Komm mit!«, sagte das Birigmandl, »ich werde dir etwas zeigen, das dir viel Glück einbringt!« Jetzt am Abend mit einem Zwerg losziehen? Nein, das war dem Mann zu unheimlich. »Nix für ungut«, antwortete er, »aber wir kommen schon über die Runden!«

Tags darauf stand das Birigmandl aber wieder vor der Tür. »Ich hab's dir schon einmal gesagt«, meinte der Mann, »wir brauchen niemanden, der sich um uns annimmt.« – »Und warum flehst du dann zum Himmel um Hilfe?«, fragte das Birigmandl, »Überleg's dir gut, ob du nicht doch mitgehen willst! Morgen komm' ich noch einmal – zum letzten Mal!«

Da besprach der Mann die ganze Geschichte mit seiner Frau. »Wenn wir uns ehrlich sind, können wir uns alle zehn Finger abschlecken, wenn uns jemand hilft!«, meinte sie. »Du hast recht, Frau«, überlegte der Mann, »so wie wir hausen, ist das kein Leben mehr!« – »Da heißt es wohl, nach jedem Strohhalm greifen!«

Anderntags stand wieder der Zwerg vor der Tür. Diesmal begrüßte ihn der Mann mit großer Freundlichkeit und meinte: »Verzeih, dass ich dein großzügiges Angebot nicht gleich mit Freuden angenommen habe. Offen gestanden kam das doch ein wenig überraschend für mich.« – »Ist schon recht«, meinte das Birigmandl, »nimm Krampen und Schaufel und komm mit!«

So stapften die zwei jetzt in der späten Dämmerung durch den Wald hinauf Richtung Pass Gschütt. Steil war's. Der Mann hatte alle Mühe, dem Birigmandl zu folgen. Mit der Zeit wurden der Krampen und die Schaufel immer schwerer. Endlich machte der Zwerg halt. »Hier ist ein guter Platz«, sprach er, »hier musst du graben – und das, was du findest, wird dir zu Wohlstand verhelfen.«

Im nächsten Moment war das Birigmandl verschwunden – wie vom Erdboden verschluckt. Der Mann aber war begierig, zu sehen, was denn da zu finden war. Zuerst schaufelte er Laub und Moos weg. Dann leistete der Krampen gute Dienste. Schnell entstand ein Loch, das bei der schweißtreibenden Arbeit immer tiefer und tiefer wurde. Und was blinkte dem Mann da im Mondschein entgegen? Schnell putzte er mit den Händen die Erde weg. Das waren Sternsteine – so groß und so schön, wie er sie noch nie gesehen hatte.

Mit diesen kostbaren Steinen hatte die Armut im Haus der Häuselleute ein Ende. Ein bescheidener Wohlstand kehrte ein. Mehr brauchte die Familie auch nicht zu ihrem Glück. Nach dem Tod des Mannes aber wurden die Sternsteine immer seltener. Wer weiß, wo sie heute noch zu finden sind?

Vom Zauber der Wilden Frauen

Oberhalb von Gosau hausten vor Zeiten auf der Vorderen Grubalm in einer Höhle Wildfrauen. Die Höhle heißt deshalb seit jeher »Wildfrauenloch«. Davor hängten die »Saligen Frauen«, wie man die Wildfrauen auch nennt, gerne ihre Wäsche zum Trocknen in der Sonne auf.

Zur Zeit der Getreideernte kamen die Wildfrauen auch immer wieder hinunter ins Tal und halfen den Bauern beim Getreideschnitt. Die waren sehr froh über diese Hilfe. Und natürlich schlug beim Anblick dieser liebreizenden Wesen das Herz eines jeden Burschen höher. Erst recht, wenn sie sangen. So abgestumpft und verbittert konnte kein Mensch sein, dass ihn dieser Gesang nicht bewegte. Verzückt lauschten Männer und Frauen, wenn die Saligen mit ihren Liedern anhoben.

Ein Bauer verliebte sich gar in eines der holdseligen Wesen. Immer wieder stieg er hinauf zum Wildfrauenloch und verbrachte viel Zeit mit ihr. Allerdings war der Bauer verheiratet. Und irgendwann musste er das der Saligen Frau auch eingestehen. Da gab sie ihm einen prächtigen Gürtel mit – als Geschenk für seine Ehefrau.

Man kann sich denken, dass dem Bauern das Ganze doch etwas eigenartig vorkam: Seine Geliebte gibt ihm für die Ehefrau ein kostbares Geschenk mit! Sonderbar!

Aus einer Laune heraus wickelte er den Gürtel am Weg um eine mächtige Tanne. Da zog sich der Gürtel plötzlich mit aller Kraft zusammen. Krachend splitterte das Holz – und der Baum fiel um, als ob er mit einem einzigen Hieb gefällt worden wäre.

Entgeistert sah der Bauer, was geschehen war. Das also hätte seiner Frau geblüht! Mit einem Schlag war das Liebesspiel mit der Wildfrau vergessen. Sein Platz war bei seiner Frau unten im Tal. Die war nicht nur ein Mensch, den man wirklich liebhaben konnte, sondern hatte auch ein gutes Herz. Solche Listen waren ihm von ihr nicht bekannt. Umso mehr bereute er, was geschehen war.

Das Wildfrauenloch und die Gesellschaft der Saligen Frauen mied er von da an – zu seinem Glück!

Eine fast gleichlautende Sage ist, wie weiter oben schon berichtet, auch im Echerntal bei Hallstatt überliefert. Luftlinie sind die zwei Orte nur wenige Kilometer voneinander entfernt. Ob jetzt ein und dasselbe Ereignis da und dort passiert ist, oder ob sich einfach die Geschichte selbst auf Wanderschaft begeben hat – wer weiß?

Von Donner und Blitz

Orte wie die Grubalm, das Wildfrauenloch und das angrenzende Löckermoos haben einen ganz eigenen Zauber. Aber Gnade Gott, man übersieht bei aller Begeisterung für die kleinen und großen Wunder der Natur ein herannahendes Unwetter! In den Bergen kann es dann sehr, sehr schnell gehen.

Zwei Burschen aus Gosau ist genau das passiert. Gerade noch war's ein strahlend schöner, wenn auch schwüler Tag. Dann zogen ein paar Wolken auf. Fast aus dem Nichts war das Unwetter da. Und was für eines!

»Um Himmels willen«, meinte der eine, »bei dem, was da niedergeht, ist mir angst und bange. Wie leicht können wir von einem Blitz erschlagen werden. Schnell, wir brauchen einen Unterschlupf!« Der andere lachte aber nur: »Jetzt hab dich doch nicht so, du Woasal!« Das hatte er mit spürbarer Geringschätzung gesagt, denn »Woasal« ist ein Ausdruck für einen großen Angsthasen. Höhnisch fuhr er fort: »Also für mich gilt: Ich bin der Peter und sch… auf das Wetter!«

In diesem Moment fuhr krachend ein Blitz nieder. Der Bursch war auf der Stelle maustot. Seither heißt der Kamm, über den der Blitz auf ihn niederfuhr, Donnerkogel. Der andere Kamm aber, der, auf den die Burschen zugingen, ist der Peterskogel.

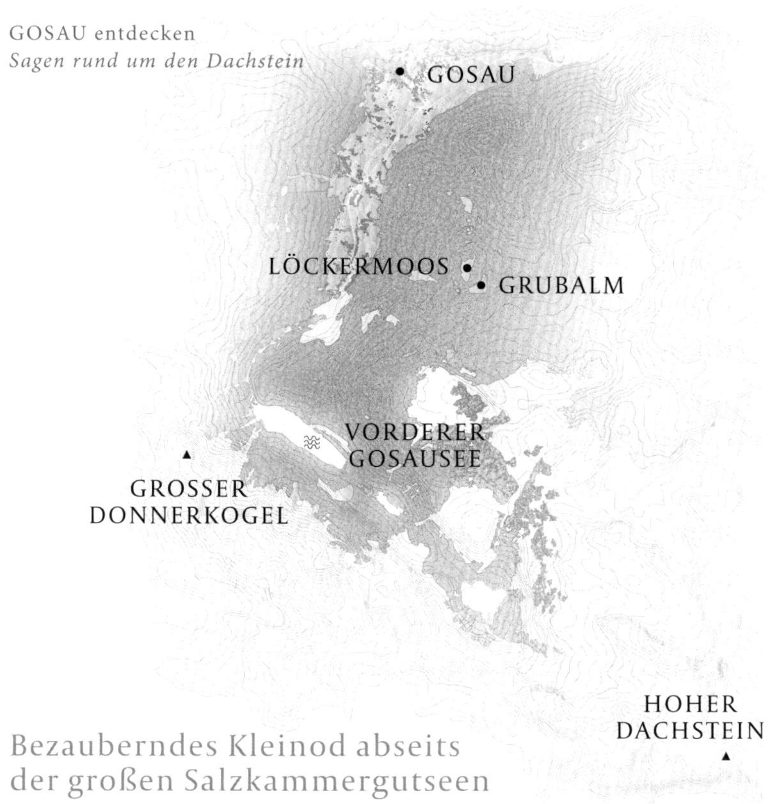

Bezauberndes Kleinod abseits der großen Salzkammergutseen

Das zauberhafte Gosautal liegt ein wenig abseits der großen und bekannten Salzkammergutseen. Bei der Anfahrt ausgehend vom Hallstättersee schlängelt sich die Straße durch ein schmales, vom Gosaubach eingeschnittenes Tal. Nach 10 Kilometern weitet sich endlich der Blick, und vor einem erstreckt sich ein liebliches Dorf inmitten von grünen Wiesen und bewaldeten Berghängen. Hinter den beiden Kirchen sind schon von Weitem die unzähligen Zacken des schroffen Gosaukammes zu sehen. Einer davon ist der sagenhafte Donnerkogel, den rätselhaften Peterskogel allerdings, den kennt heute keiner mehr! Davor eingebettet in die Gebirgslandschaft ruhen der Vordere und der Hintere Gosausee. Der Dachstein ist vom Ortskern aus nicht zu sehen, denn die Sicht auf ihn wird unter anderem durch den Löckermoosberg verstellt. Dort oben befindet sich nun der Platz, an dem die Wildfrauen einst zu finden waren. Heute findet man hier die einzigartige Naturlandschaft eines Deckenhochmoors. Solche gibt es in ganz Österreich übrigens nur fünfmal. Inmitten von Latschen, Heidelbeersträuchern und seltenen Pflanzen tut sich dann ein funkelndes Moorauge auf und man erblickt plötzlich die Gosaukamm-Spitzen doppelt … sagenhaft schön!

Und die Sternsteine? Wo sie heute noch zu finden wären, das weiß niemand mehr, da braucht's wohl wieder ein Birigmandl, um diese Schätze neu zu heben.

Ausflug zum Vorderen Gosausee

Den nahen Dachstein kann man in Gosau nun endlich beim Vorderen Gosausee im Talschluss bewundern. Zahllose Fotos, Postkarten oder Puzzle zeigen diesen einzigartigen Logenplatz mit Blick ins Hochgebirge. Der Gosaugletscher leuchtet hier gleißend weiß ins Tal – wer weiß, wie lange noch, denn seit Mitte des 19. Jahrhunderts hat er bereits mehr als die Hälfte seiner Gletscherfläche verloren.
In den Sommermonaten lädt der Gosausee zum Baden ein, und es können auch Boote oder Stand-up-Paddel-Ausrüstungen für kleine Rundfahrten ausgeliehen werden.

Der beinahe ebene Spaziergang rund um den Vorderen Gosausee dauert etwa eine Stunde und ist ein kinderwagentauglicher Ausflug für die ganze Familie! Möchte man die nur periodisch mit Wasser gefüllte Gosaulacke und den Hinteren Gosausee ebenfalls erwandern, dann sollte man dafür knapp 4 Stunden einplanen, da hierfür auch gut 250 Höhenmeter überwunden werden müssen.
Achtung: Im Winter ist der Weg um den Gosausee wegen Lawinengefahr und Steinschlag gesperrt!

Urige Einkehr und klassische Hausmannskost

Kein Vollbad, aber eine zünftige Jause oder manchmal auch unglaublich gute Powidl-Pofesen kann man sich in den Sommermonaten in der Badstumhütte bei den Schleifsteinbrüchen unterhalb des Löckermooses gönnen! Ist man aber gerade erst mit der bequemen Anreise-Variante auf 1340 Meter Seehöhe angekommen und noch nicht so hungrig, wäre auch die Einkehr bei der Grubalm in der Nähe des Wildfrauenloches eine Idee. Auch dort erwartet die Wanderer eine typische Gosauer Jause!
Wieder im Tal, zurück von einer ausgiebigen Wanderung, treffen sich Einheimische wie Gäste gerne in der gemütlichen Gaststube des Kirchenwirts. Klassische und gute Hausmannskost wird hier an diesem Platz bereits seit über 400 Jahren serviert … und die Wirtsleute wussten damals wie heute, wie man hungrige Wanderer glücklich macht!

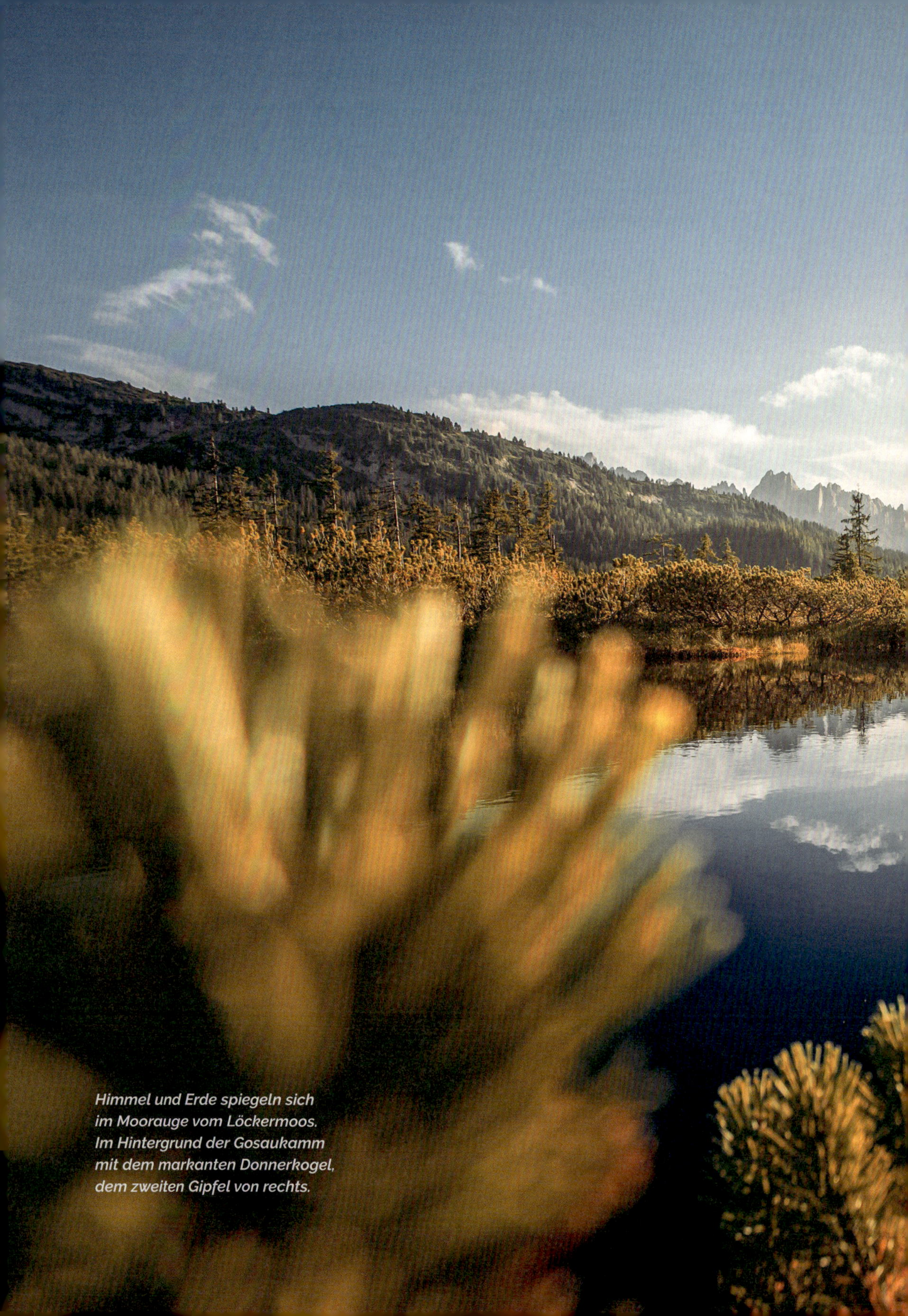

Himmel und Erde spiegeln sich im Moorauge vom Löckermoos. Im Hintergrund der Gosaukamm mit dem markanten Donnerkogel, dem zweiten Gipfel von rechts.

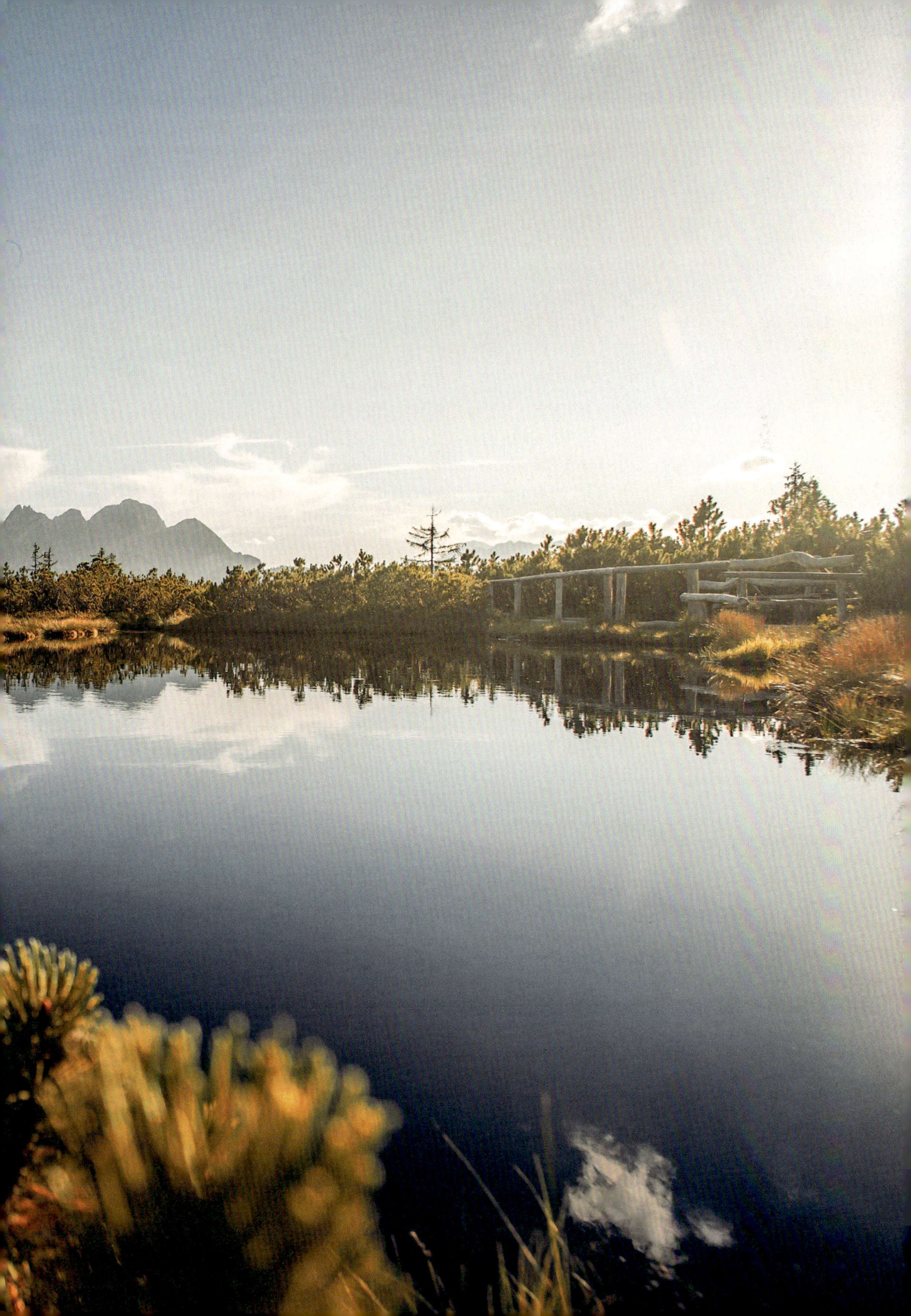

Wanderung vom Gosauer Mittertal hinauf zum Löckermoos mit Abstieg ins Hintertal

●●○
mittel
Variante: leicht

↗
700 Höhenmeter

12 Kilometer

ca. 4 Stunden 15 Minuten

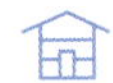
Badstumhütte, Grubalm

[AUSGANGSPUNKT] Gosau, Mittertal-Parkplatz gegenüber dem Hornspitz-Express

[ANFAHRT] An der B166, Pass-Gschütt-Straße, befindet sich Gosau zwischen Rußbach und Bad Goisern. Der Parkplatz für die Wanderung liegt direkt gegenüber der Hornspitzbahn (4er-Sessellift) an der L1291 Gosauseestraße.
Öffi-Anbindung: Bushaltestelle Mittertal bei Gosau-Hornspitzbahn-Talstation

[AUFSTIEG] Vom Parkplatz wandert man zunächst den Gosaubach entlang Richtung Ort und überquert dann rechts den Bach. Der Schäffergasse folgt man nun bis zum Waldrand hinauf. Dort beginnt der schöne, abwechslungsreiche Wanderweg hinauf zum Naturschutzgebiet Löckermoos. Zuerst durch den wunderbaren Hochwald, stößt man bald auf die Wiesen der Schäffer- und Strafneralm, bevor man zuletzt über Almstraßen die Badstumhütte bei den Schleifsteinbrüchen am Rande des Deckenhochmoors erreicht. Etwa 2 Stunden dauert die Wanderung bis hierher.
Die Rundwanderung im Löckermoos: Das Moorauge – den kleinen See im Löckermoos – sparen wir uns bis zum Schluss auf, und so wandert man zuerst vorbei an den Schleifsteinhütten in nordöstlicher Richtung in den Wald und folgt dort dem breiten Wanderweg. Übrigens, wo es aufgrund des Moorbodens zu sumpfig wäre, führt der Pfad über Holzstege, was bei feuchtem Wetter durchaus rutschig sein kann!
Bereits nach einem knappen Kilometer ist das Wildfrauenloch erreicht. Mit einer Taschenlampe kann diese sagenumwobene Felsenöffnung auch in den ersten paar Metern begangen werden. Informationstafeln zeigen hier sowie im Löckermoos und bei den Schleifsteinbrüchen alles Wissenswerte zur Umgebung.
Vorbei an der bewirtschafteten Grubalm gelangt man über eine Forststraße rechts haltend zur Hinteren Grubenalm, an der etwas oberhalb in einem kleinen Turm die herrliche Aussicht auf die Gipfel des nahen Gosaukammes zum Rasten einlädt.

Nun ist es nicht mehr weit zum kleinen Moorsee, der auch als »Moorauge« bezeichnet wird. Durch dichte Latschenbestände – die namensgebenden Löcken – führt der Steig aufwärts, und nach 10 Minuten ist er bereits erreicht. Einmalig zeigen sich hier oben Flora und Fauna, so sind in diesem Gebiet noch der fleischfressende Sonnentau und verschiedene Wollgrasarten anzutreffen. Bitte unbedingt auf den Wegen bleiben und jede Art von Verunreinigung unterlassen – jeder Schritt abseits zerstört!
Sternsteine lassen sich hier wohl nicht so ohne Weiteres finden, aber Sternstunden in der Natur können hier oben erlebt werden, bevor man über den Steig wieder Richtung Badstumhütte absteigt. Unbedingt sollten die etwas westlich und unweit der Hütte gelegenen Schleifsteinbrüche besichtigt werden, ehe man sich wieder ins Tal zurückbegibt.

[ABSTIEG] Der Abstieg ins Hintertal von Gosau entlang der gelben Wanderschilder und zurück zum Parkplatz benötigt gut 1,5 Stunden. Dazu wandert man in westlicher Richtung den breiten Steig im Hochwald talwärts. Dabei überquert man einmal die Forststraße und kann sich bei der nächsten Mündung in die Forststraße entscheiden, ob man am Steig bleibt oder den etwas längeren und bequemeren Weg über die Forststraße wählt. Beide Wege münden in die Gosautalstraße und führen an dieser rund 300 Meter entlang, bevor man am Gosaubachweg ca. 20 Minuten zum Ausgangspunkt zurückspaziert.

[VARIANTE] Alternativ ist es auch möglich, mit dem Gosauer Bummelzug bzw. dem Almtaxi den Anstieg zu bewältigen – Informationen zu den wöchentlichen oder den individuellen Fahrten für kleine und größere Gruppen erhält man beim Tourismusbüro in Gosau.

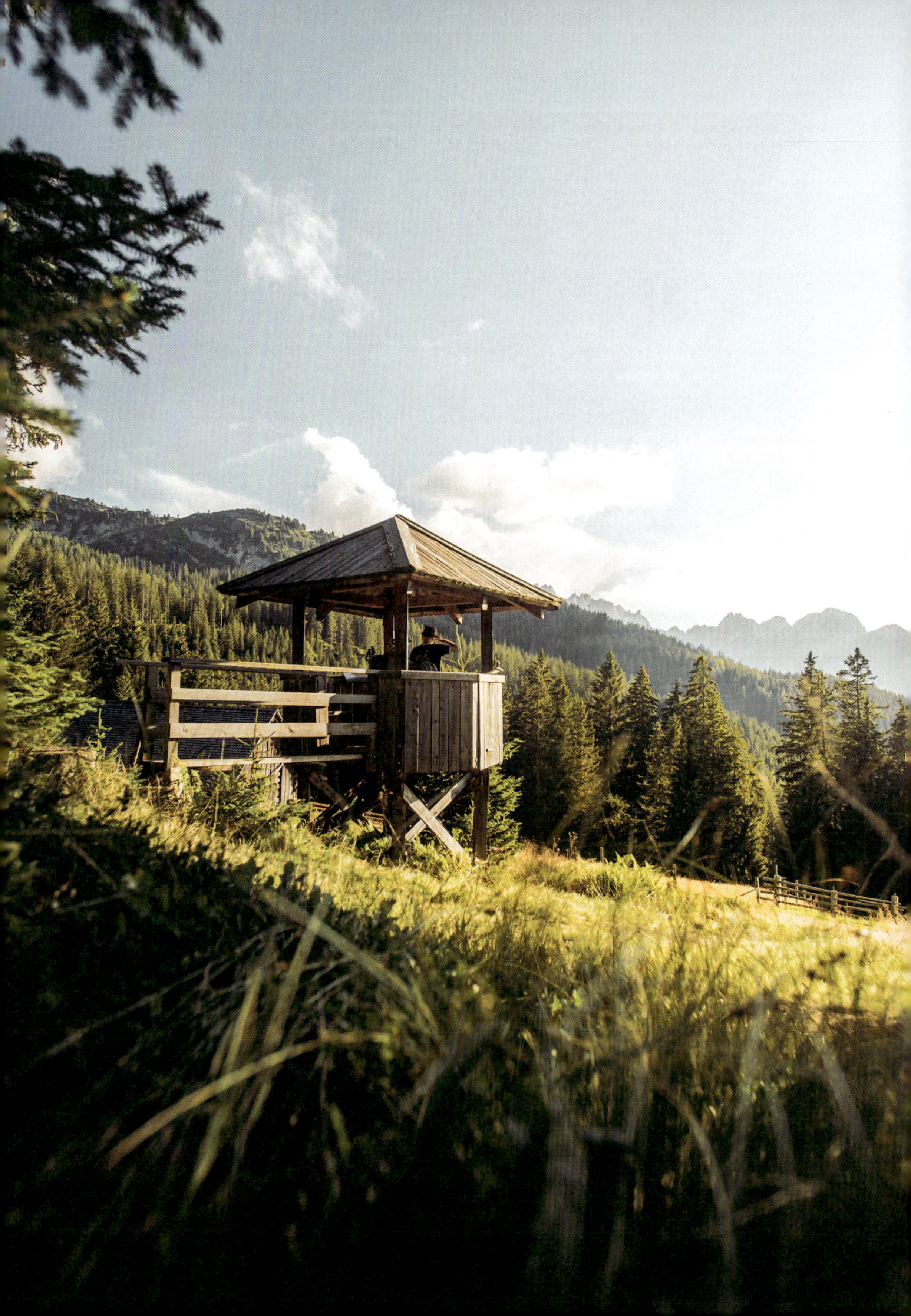

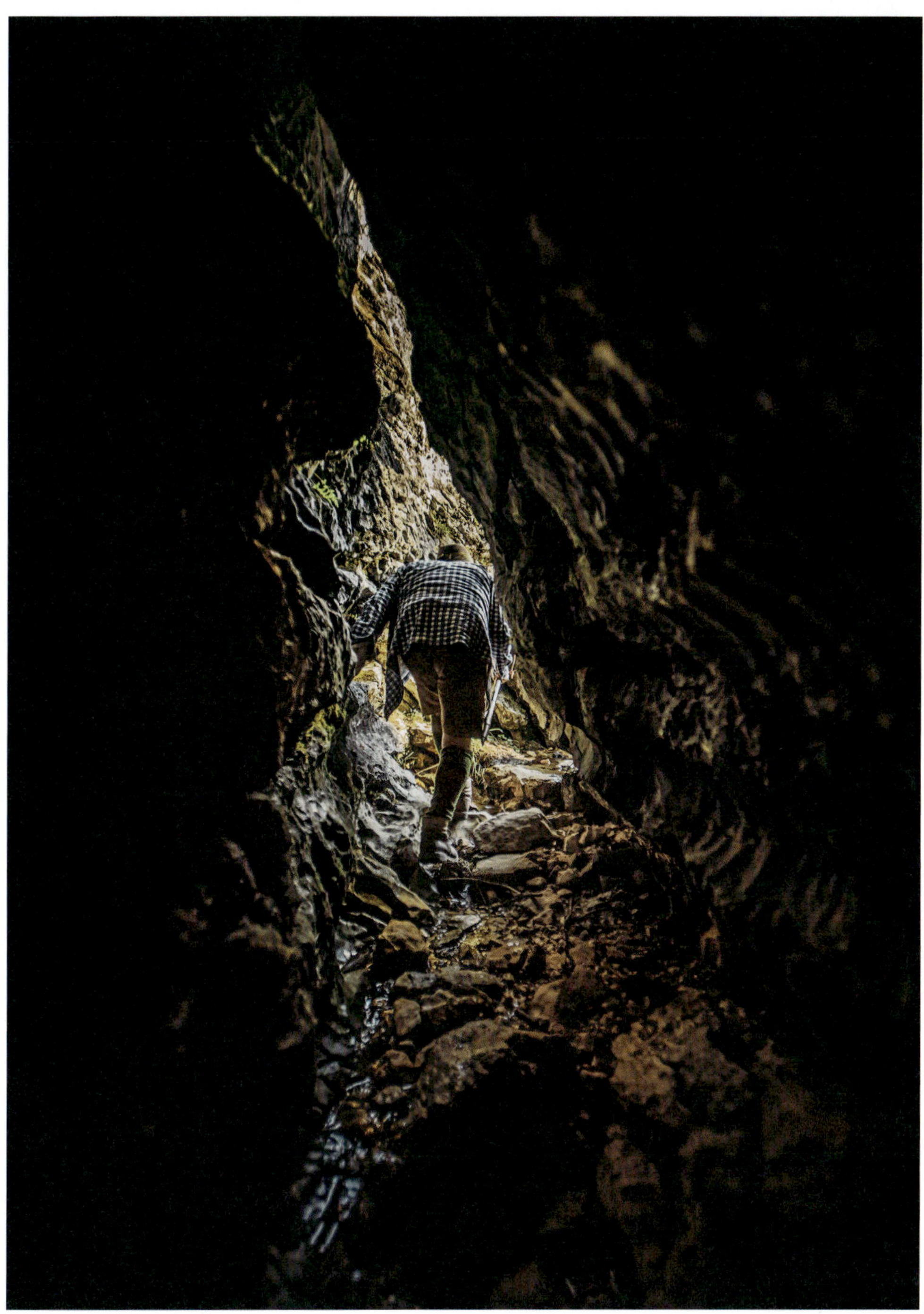

Ein wenig Demut tut bei der Pracht der Landschaft gut – sei es beim Ausguck auf der Hinteren Grubenalm, sei es am Weg ins und aus dem Wildfrauenloch.

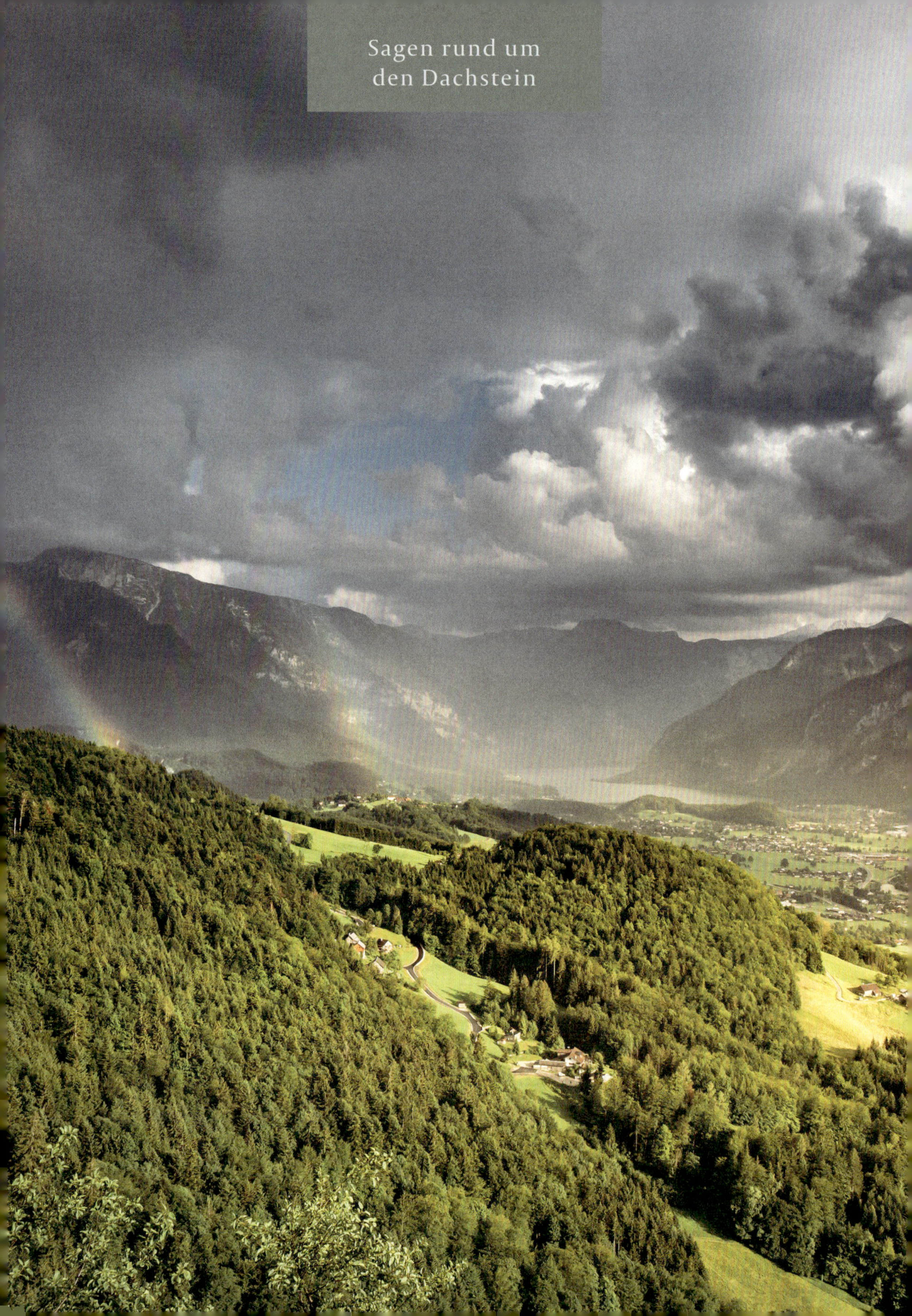

Sagen rund um den Dachstein

BAD GOISERN

Der Untergang von Goisern ×2

Es ist drastisch und tragisch, wenn vom Untergang einer Stadt erzählt wird. Aber gleich zwei Untergänge! Das erinnert uns daran, wie kurz ein Menschenleben und die persönlich erlebte Wahrnehmung von Geschichte sind.

Der Untergang von Goisern ×2

Kaum zu glauben, aber in Goisern gab's Bergbau über Bergbau. Und Weinbau! Das klingt noch unglaublicher! Doch auch der taucht in der Sage auf.

Wo heute Goisern liegt, stand vor Zeiten eine Stadt. Darüber thronte am Reichenstein, dem heutigen Wurmstein, eine Burg. Hier herrschte König Goiseram. Der war eines Tages am Nordufer vom Hallstättersee am Arikogel auf der Jagd. Da entdeckte er eine Wildkatze. Gleich spannte er die Armbrust und wollte sie schießen. In diesem Moment aber stand statt der Wildkatze ein Zwerg vor ihm. Der hielt dem König eine Schale aus reinem Gold entgegen. »Wo kommst du denn her?«, fragte der König verwundert: »Sprich: Was willst du hier? Und was bedeutet die goldene Schale?« Der Zwerg gab keine Antwort. Er deutete nur stumm auf ein türgroßes Loch hinter ihm. Daraufhin verschwand er.

Dem König Goiseram kam das alles sehr sonderbar vor. Gleich schickte er einen Jagdgehilfen zu der Höhle. Der sollte nachschauen, was es denn da gäbe. Vorsichtig spähte der Mann in das Loch. »Es ist Gold, Herr!«, rief er, »Gold über Gold!«

Da ließ sich König Goiseram nicht zweimal bitten. Gleich saß er ab vom Ross und eilte zum Höhleneingang. Wirklich! Da leuchtete ihm eine gewaltige Goldader entgegen. Sofort gab er den Befehl: Das Loch soll abgesichert und das Gold auf sein Schloss am Reichenstein gebracht werden. So geschah es. Bald darauf waren Bergleute fleißig am Werk, um die Goldader abzubauen.

Jetzt begann für König Goiseram ein Leben in Saus und Braus. Manche sagen: Geld verdirbt den Charakter. Andere meinen: Im Reichtum und in der Armut erst zeigt er sich – der wahre Charakter.

Fix ist: Viel Geld muss man erst einmal aushalten – und dem König Goiseram riss der Reichtum so richtig die Haxen aus. Gleich, was es kostete, alles war möglich. Seine Verschwendungssucht wurde immer größer. Mit dem König prasste seine Familie. Nicht das Beste, nein, nur das Teuerste war gerade gut genug!

Die Leute im Tal bekamen von all dem Reichtum aber wenig ab. Ganz im Gegenteil: Ihnen wurden auch weiterhin harte Steuern abgepresst! Das alles gefiel dem Zwerg gar nicht. Deshalb sorgte er dafür, dass die Goldader im Berg wieder versiegte. Den König Goiseram kümmerte das wenig: Die Kammern in seinem Schloss am Reichenstein waren gut gefüllt mit Gold. So konnten er und seine Familie weiter ungestört prassen. Es war ja genug da.

Dem Zwerg trieb das die Zornesröte ins Gesicht. Jetzt weckte er den Lindwurm. Der schlief tief drinnen im Reichenstein in einer Höhle unter der königlichen Burg. Aber wem gefällt es schon, mitten im Schlaf geweckt zu werden? Niemandem! Und einem Drachen schon gar nicht. Grunzend fuhr er in die Höhe, als er aus dem Schlaf gerissen wurde. Schlaftrunken und wutentbrannt bahnte er sich drauf seinen Weg aus dem Berg. Als er endlich zum Eingang der Höhle kam, brüllte er laut auf und schlug mit seinem Schwanz gegen die Felsen, dass die Erde bebte. Krachend stürzte die Burg von König Goiseram ein. Alle, die darin lebten, kamen um. Das war's mit dem Reichtum, der statt Glück Verderben brachte.

... und noch einmal der Drache!

Die Geschichte wiederholt sich nicht, meinen manche. Doch, sagen andere, die Geschichte wiederholt sich allzu oft. Leider.

Tausend Jahre später war Goisern wieder zu Wohlstand gekommen. Jetzt hieß die Stadt Goisernburg. König Leon herrschte im Land. Auch seine Burg stand droben am Reichenstein. Jetzt gab es aber nicht nur eine einzige Goldader, sondern viele Bergwerke in der Gegend. Da ist auch von Ortsnamen, die man heute gar nicht mehr kennt, die Rede: Auf der Guglalm, auf dem Moosberg, besonders aber zu Gräd wurde nach Gold geschürft, auf der Sperralm und dem Kollerwald nach Kupfer, auf dem Reichenstein, am Himmel, am Brimersberg und am Hammerberg nach Silber, im Riedeln und auf dem Koglgut nach Eisenerz.

Durch die vielen Bergwerke hatten die königliche Familie, aber auch die Bürgerinnen und Bürger der Stadt Goisernburg ein gewaltiges Vermögen angehäuft. Die Waldungen rundum waren dem Bergbau zum Opfer gefallen. Das Tal bedeckten Wiesen, Felder und sogar Weinberge. Die zogen sich ein Stück weit die Hänge hinauf. So gab es zu den Bodenschätzen auch reiche Ernten und guten Wein.

Kurz: Es fehlte an nichts, abgesehen von den Problemen, die sich Menschen gerne machen, wenn sie frei von existenziellen Sorgen im Grunde ein schönes Leben haben.

Aber da war ja noch der Lindwurm. Der hauste nach wie vor tief drinnen im Berg, in der Höhle im Reichenstein. Dort hatte er es sich wieder eingerichtet. Die meiste Zeit schlief er. Drehte er sich einmal im Schlaf um, so nahm man im Tal ein Grollen wahr. Mag sein, dass die Alten von ihm erzählten. Aber wer gibt schon etwas auf das Geschwätz der Alten, wenn das Leben ein glückliches ist.

Einmal ging ein starker Regen nieder. Der hielt tagelang an. Ein Guss folgte auf den nächsten. Durch das viele Wasser wurde es für den Lindwurm drinnen im Reichenstein zu eng. Er hatte Angst, zu ersaufen. So fraß er sich unter lautem Krachen durch den Berg. Als er zum Vorschein kam, schossen mit ihm gewaltige Wassermassen aus dem Inneren des Reichensteins heraus. Der Lindwurm verendete.

Die königliche Burg aber brach in sich zusammen und ging in den Fluten genauso unter wie die Stadt Goisernburg. Nur einige wenige Menschen überlebten. Die Welt war im Goiserer Becken damit eine andere geworden. Aus dem Reichenstein wurde der Wurmstein und der Bach, der von ihm herab zur Traun fließt, heißt seither Wurmbach.

Sind schon alle Sagen erzählt? Ein Blick von der Hütteneckalm zeigt: Es gibt eine Pracht, für die die Worte fehlen.

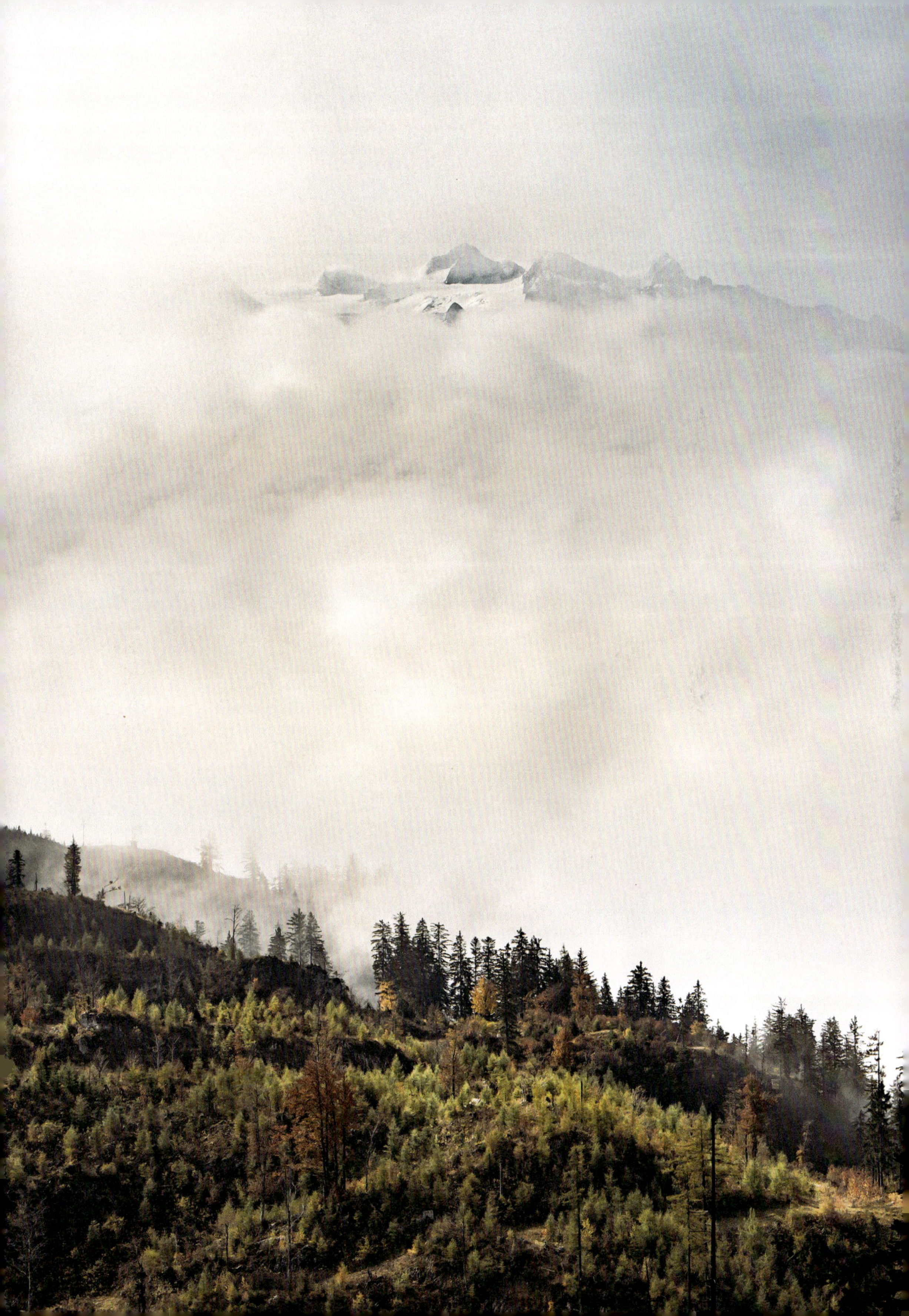

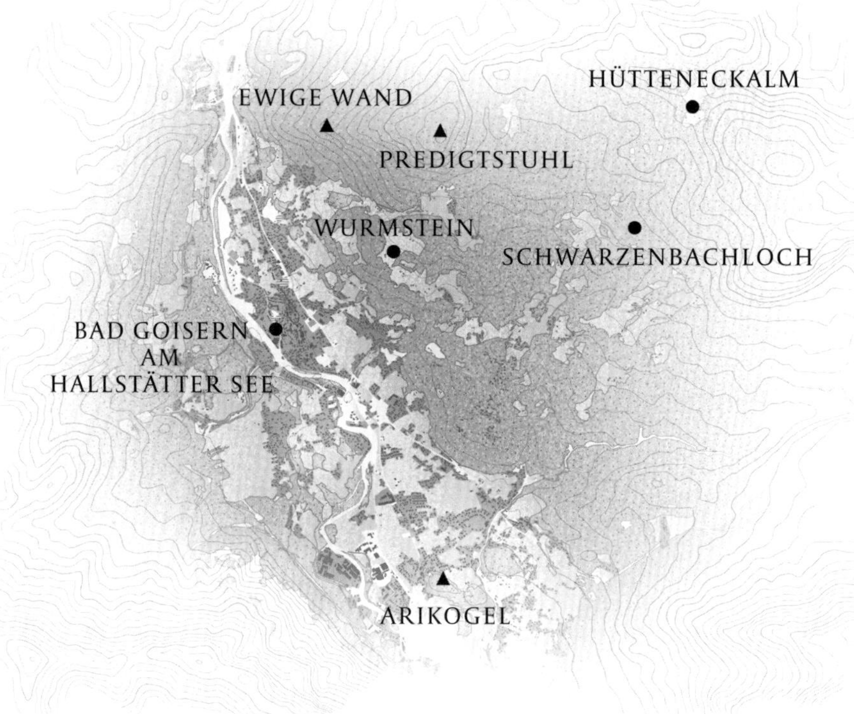

Die Geheimnisse der unscheinbaren Hügel

Rings um das Goiserer Tal beeindruckt die herrliche Bergkulisse mit dem Katergebirge im Norden, dem Ramsaugebirge mit dem Hohen Kalmberg im Südwesten, dem mächtigen Sarstein im Südosten und den Ausläufern des Toten Gebirges im Osten.

Als hätte das Tal zwischen Jochwand und Ewiger Wand eine Axt aus Riesenhand geteilt – so erscheint der Taleinschnitt, der durch die eiszeitlichen Gletscher gebildet wurde, wenn man von Goisern aus traunabwärts blickt. Auf der Seite der Ewigen Wand erhebt sich ein Stück davor, unterhalb vom Predigstuhl in der Ortschaft Wurmstein, ein kleiner Hügel, unter dem tief im Gestein der sagenhafte Lindwurm schlief, der auch Bad Goiserns Wappen ziert.

Blickt man vom Ort in Richtung Hallstättersee, entdeckt man vor diesem ebenfalls eine kleine bewaldete Anhöhe: den unscheinbaren Arikogel, wo König Goiseram einst dem Zwerg begegnete und in dem sich damals unermessliche Goldschätze auftaten. Er birgt nicht nur der Sage nach Schätze, in ihm wurde einst tatsächlich nach Erzen wie Kupfer, Blei und Zink geschürft. 2005 fand man auf ihm einen Schatz aus der jüngeren Bronzezeit, diese goldenen Schmuckstücke befinden sich heute im NHM in Wien.

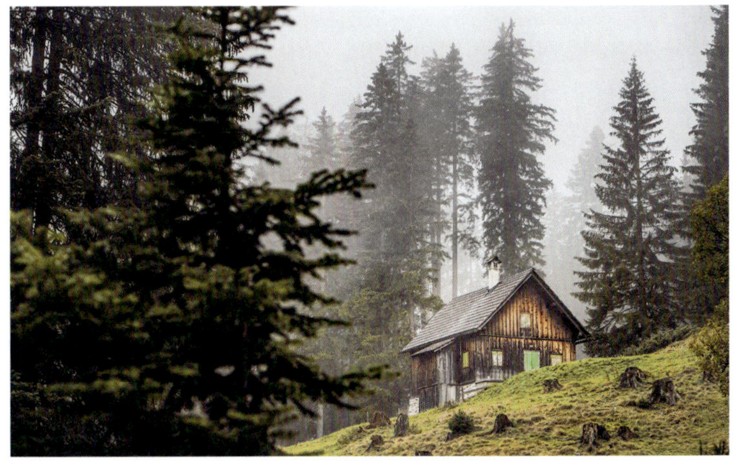

Nicht nur am Hütteneck geht in den Herbstnebeln die Tür zur Anderswelt auf.

Handwerkhaus Bad Goisern

Nicht nur die Zwerge aus dem Arikogel waren geschickte Handwerker – heute zeigen die verschiedensten »Meister ihres Fachs« im Handwerkhaus Bad Goisern ihr Können. Ob Floristin, Bierbrauer, Fenster-Tischler oder Hafner, hier haben sich von der Bäckerei über den Schuster bis zur Zimmerei knapp 30 Handwerksbetriebe zusammengetan und bieten neben einer interessanten Ausstellung über Handwerk von einst und jetzt auch immer wieder verschiedenste Veranstaltungen zum Thema. Ein Shop mit regionalen Produkten sowie eine Gastronomie mit regelmäßiger Live-Musik runden das Angebot im Handwerkaus ab, das inmitten Bad Goiserns im historischen Schloss Neuwildenstein untergebracht ist.

Einkehr mit Dachsteinblick

Neben den vorzüglichen traditionellen Gasthäusern im Tal locken auch verschiedene Hütten im Umkreis von Bad Goisern mit ihren Schmankerln. Eine davon kann aber auch noch mit einer einmaligen Aussicht auf den Hallstättersee und den dahinter hoch aufragenden Dachstein aufwarten: die Hütteneckalm auf 1240 Meter Seehöhe.

Neben herzhaften Jausentellern und gschmackigen Hauptspeisen zu Mittag oder am Nachmittag kann man hier oben auch frühstücken »gehen«, denn die Hütte ist nur zu Fuß erreichbar und bietet hungrigen Wandersleuten am Vormittag entweder ein feines »Beriga-Frühstück« oder ein zünftiges »Holzknecht-Frühstück«.

Spaziergang über den Arikogel

●○○
leicht

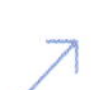
70 Höhenmeter

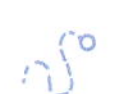
4,5 Kilometer

ca. 1,5 Stunden

Gasthof Vieh Heli, Café Bäckerei Meislinger, Strandbuffet Untersee

[AUSGANGSPUNKT] Bahnhof Steeg-Gosau in Bad Goisern

[ANFAHRT] Bad Goisern liegt an der B145 zwischen Bad Ischl und Bad Aussee. Die Ortschaft Au befindet sich an der B166 in direkter Nähe zum Hallstätter See, hier der Beschilderung zum Bahnhof Steeg-Gosau folgen.
Öffi-Anbindung: Bushaltestelle Au bei Bad Goisern, Bahnhof Steeg-Gosau

[AUFSTIEG] Der Nebenstraße vom Parkplatz am Bahnhof bis zur Hauptstraße folgen, dort links die B166 entlang und nach etwa 200 Metern rechts einbiegen. Nach dem Gasthof Metzgerwirt Vieh Heli führt rechts der Weg weiter zum Strandbad Untersee. Hier biegt schon wenige Meter nach der Abzweigung der Wanderweg auf den Arikogel links hinauf über Stufen ab. Einige Minuten später ist eine Bank erreicht, von der aus man das Goiserer Tal bis zum Katergebirge überblicken kann. Hier wendet sich der schmale Weg nach rechts und leitet nun über den Rücken des Arikogels sanft dahin. Immer wieder finden sich im Mischwald Plätze mit schönem Ausblick auf den Hallstätter See, und Kinder haben aus Fallholz schon Spielhütten gebaut ... Zeit, sich Zeit zu nehmen! Schon nach etwa 40 Minuten hat man den Wald am Arikogel hinter sich gelassen und über die Brücke des Zlambaches führt rechts in ca. 10 Minuten die Straße zum Strandbad Untersee hinunter (dort gibt es im Garten eine frei zugängliche Fossilien-Ausstellung von verschiedenen Funden aus der Umgebung). Mit Badehose und Handtuch im Rucksack kann in der warmen Jahreszeit am Hallstätter See eine gemütliche Pause zum Schwimmen eingelegt werden.

[RÜCKWEG] Für den Rückweg wandert man wieder zu jener Brücke und folgt nun der schmalen Straße. Auf ebenem Weg am Fuße des Arikogels gelangt man so nach ca. 1,8 Kilometern wieder zurück zum Ausgangspunkt am Bahnhof.

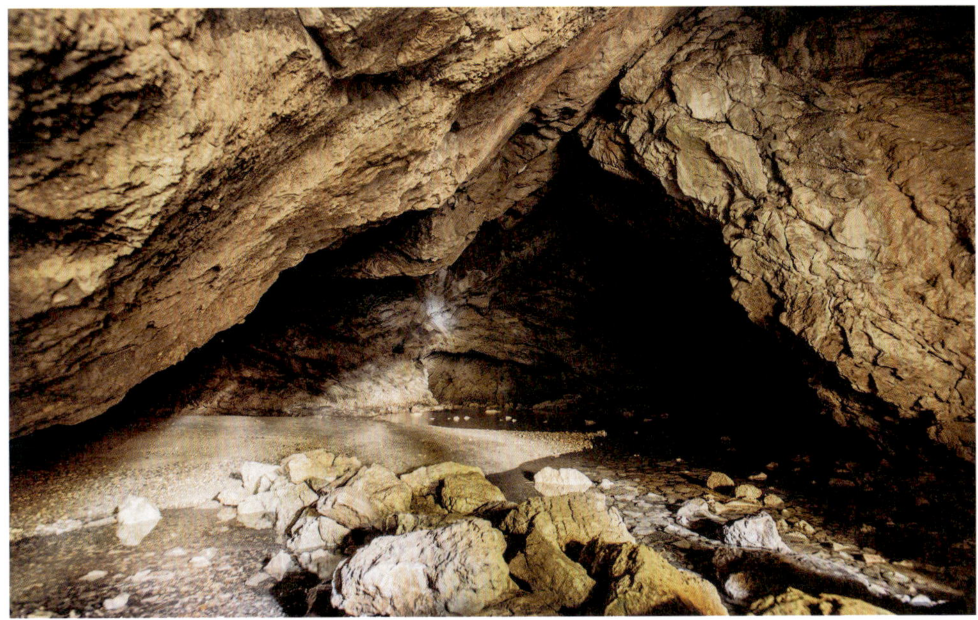

*Das Schwarzenbachloch am Weg zur Hütteneckalm.
Hier im Berg hat er wohl geschlafen, der Lindwurm.*

Wanderung zum Schwarzenbachloch und zur Hütteneckalm

●●○ mittel

380 Höhenmeter

7,5 Kilometer

ca. 2,5 Stunden

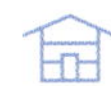

Hütteneckalm, Halleralm

[AUSGANGSPUNKT] Bad Goisern, Wanderparkplatz Flohwiese

[ANFAHRT] Über die Salzkammergutstraße B145 nach Bad Goisern in den Ortsteil St. Agatha. An der Brücke über den Großen Zlambach aufwärts am Güterweg Pichlern in Richtung Halleralm und zum Wanderparkplatz Flohwiese.
Öffi-Anbindung: Bushaltestelle St. Agatha bei Bad Goisern (im Ortszentrum)

[AUFSTIEG] Vom Parkplatz Flohwiese folgt man bis zum Schwarzenbachloch der Markierung des Toleranzweges links hinauf in ein Sträßchen und dann rechts über eine Wiese hin zu einem mit Wollgras bewachsenen Feuchtgebiet. Über dieses hinweg gelangt man im und am Wald zum Dachsteinblick. Hier wendet sich der Pfad nach rechts und man erreicht nach etwa 30 Minuten das

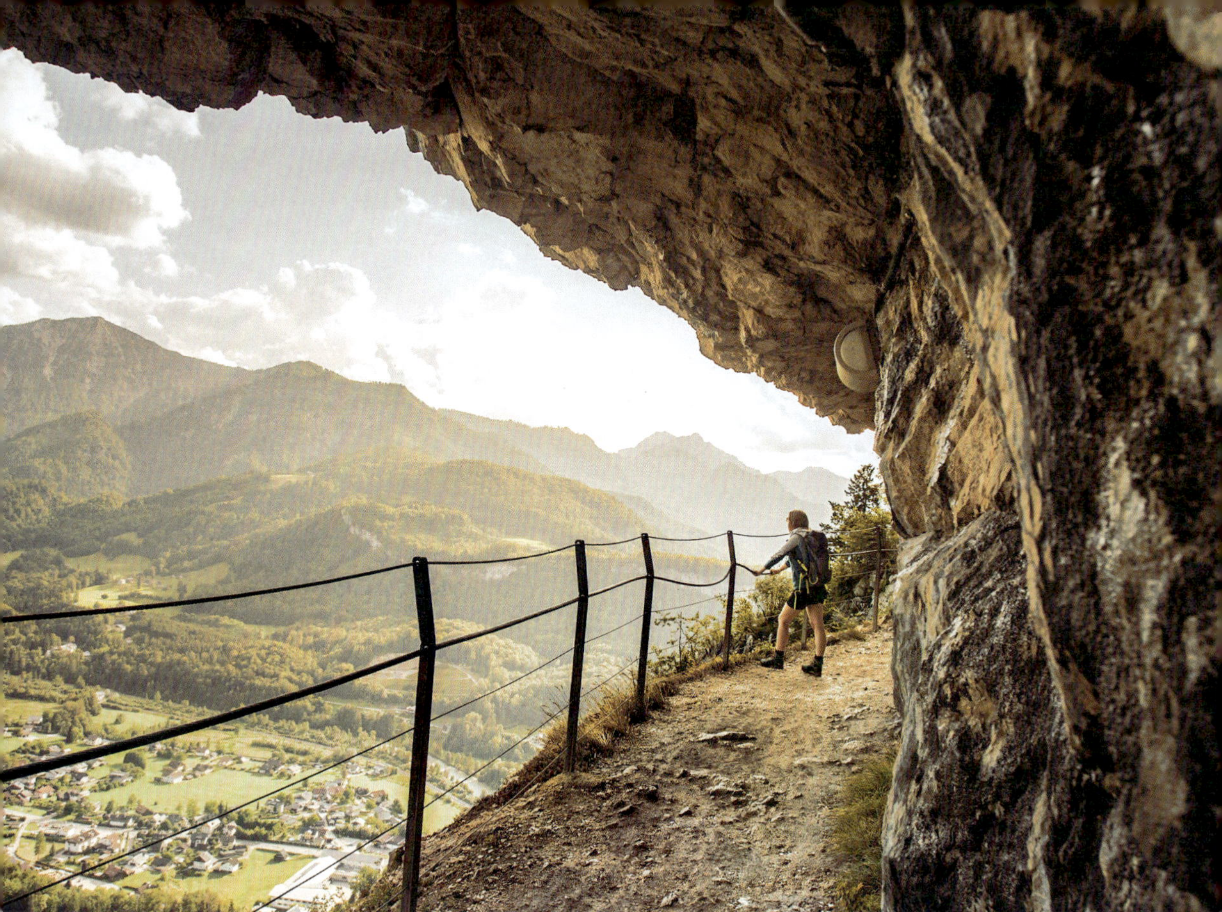

Blick von der Ewigen Wand auf das Goiserer Becken: Hier ging die Welt der Sage nach schon ein paarmal unter!

Schwarzenbachloch, welches zum Erkunden des Berginneren einlädt! Doch Vorsicht, der Sage nach kann man sich darin leicht verirren und kommt erst Tage später, und um einiges entfernt, wieder ins Freie. Der Toleranzweg führt bei der Höhle den Weg weiter hinauf. Wir steigen aber wieder zu einer Rastbank nur 5 Minuten unterhalb der Höhle ab und gehen auf einem Steig rechts zur »Beriga Golden Gate Bridge« runter, über die im Winter auch eine Langlaufloipe führt. Über diese hinweg wandert man auf Almgelände, vorbei am Bauchwehbründl zum alten Almweg, der von der Kriemoosalm heraufführt, und steigt so rechts in einem Bogen über den Europäischen E4-Wanderweg gut markiert hinauf zur Hütteneckalm.

[ABSTIEG] Für den Rückweg steigt man die Forststraße ab, über die man zur Alm gekommen ist, hält sich bei der Gabelung zur Kriemoosalm aber links und gelangt auf dieser Forststraße nach rund einer Stunde Gehzeit zum Ausgangspunkt bei der Flohwiese.

Wanderung zum Predigstuhl und durch die Ewige Wand

mittel

530 Höhenmeter

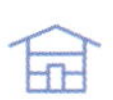

7 Kilometer

ca. 3 Stunden

Rathluckenhütte

[AUSGANGSPUNKT] Wanderparkplatz Predigstuhl

[ANFAHRT] Über die Salzkammergutstraße B145 nach Bad Goisern, beim Kreisverkehr über den Güterweg Wurmstein zum Wanderparkplatz Predigstuhl auf 970 Meter Seehöhe.
Öffi-Anbindung: Bushaltestelle Bad Goisern-Mitte/B145 (im Tal)

[AUFSTIEG] Vom Parkplatz führt der Wanderweg Nr. 246/245 über den Radsteig zum aussichtsreichen Gipfel des Predigstuhles zuerst über Forstwege oberhalb des naheliegenden Lesehotels bergan. Nach knapp einem Kilometer zweigt nun rechts gut markiert der Radsteig ab und leitet durch den Wald hinauf zu einer Felspassage in der Ewigen Wand, welche mit Stahlseilen und Tritthilfen gesichert ist. Über diesen kurzen Aufschwung hinauf verläuft der Weg oberhalb an der Gabelung rechts weiter in Richtung Gipfel. Immer wieder sind im weiteren Wegverlauf kurze Steilstufen mit Seilen oder Holzleitern versehen. Nach etwa 1 Stunde 20 Minuten kann man am Gipfel einen herrlichen Blick auf den Hallstätter See mit dem kleinen Arikogel davor genießen.

[ABSTIEG] Hat man sich von diesem beeindruckenden Panorama losgerissen, steigt man auf gleichem Steig bis zur Gabelung ab und wandert hier, immer mit etwas Abstand zur Felskante, die Ewige Wand entlang. An der Blaschekwarte, einem Aussichtspunkt, erfreut der Blick auf Bad Goisern und die Ortschaft Wurmstein, ehe man nach 20 Minuten am Höhenweg durch die Ewige Wand ankommt. Der zwischen 1954 und 1956 in den Felsen geschlagene Pfad verläuft durch zwei Tunnels aussichtsreich oberhalb des Goiserer Tals. Ist man nach der Felsenwand wieder im Bergwald unterwegs, zweigt links mit einer Spitzkehre nach wenigen hundert Metern bereits der Wanderweg über einen alten Forstweg zum Berghotel/Radsteig ab. Geradeaus bergab befindet sich ca. 10 Minuten entfernt die Rathluckenhütte. Dem Forstweg bergauf folgend, gelangt man nach 200 Höhenmetern wieder auf die Forststraße oberhalb des Lesehotels und somit rasch zurück zum Ausgangspunkt.

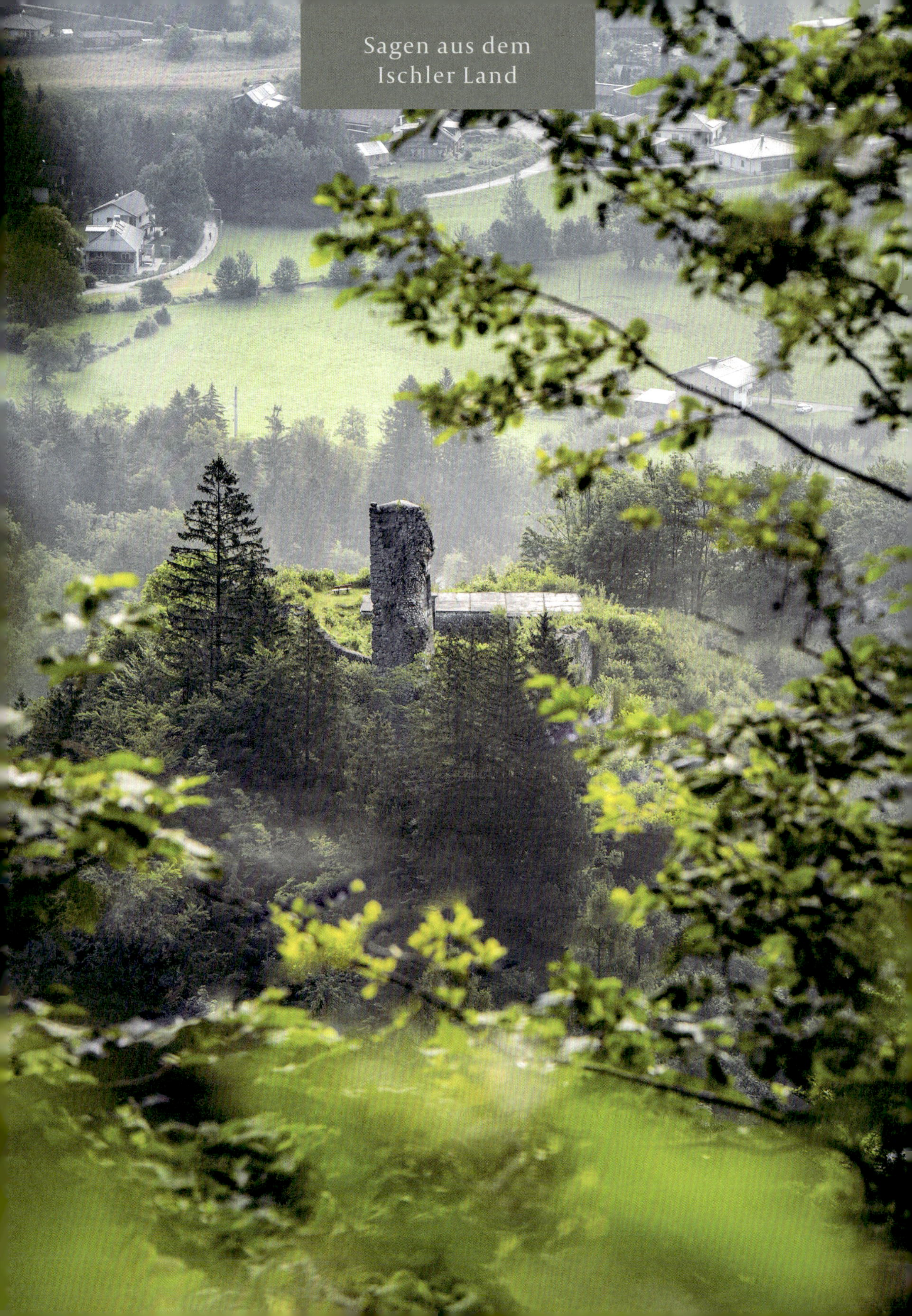

Sagen aus dem Ischler Land

BAD ISCHL

Vom wilden Treiben auf Wildenstein

Raubritter, ein Holzknecht, eine verwunschene Frau und ... mehr verraten wir nicht!

Vom wilden Treiben auf Wildenstein

Versteckt am Berg und mit prächtigem Ausblick über Ischl liegt unterhalb der Katrin die Burgruine Wildenstein: Da gibt es gleich ein paar Widersprüche, die den Reiz dieses landschaftlichen Kleinods ausmachen!

Vor Zeiten hausten auf Burg Wildenstein Raubritter. Gern überfielen sie reiche Kaufleute, die am Weg von und nach Salzburg waren, die Traun hinunter nach Gmunden zogen, oder nach Hallstatt und Aussee. Die Kaufleute wurden ausgeraubt und landeten im Verlies. Frei kamen sie erst wieder, wenn reichlich Lösegeld floss. Wenn nicht, war ihr Ende besiegelt.

Einmal bat ein vornehmer alter Mann um Herberge. Die wurde ihm gewährt. Beim Nachtmahl fielen dem Burgherrn aber die Edelsteine des Fremden ins Auge. Die musste er haben. Also sorgte er dafür, dass der Gast reichlich Wein bekam, vermischt mit einem starken Schlafmittel. Es dauerte nicht lange, und der Alte war eingenickt. Sofort wurde er gefesselt und ins Verlies gesteckt. Jetzt gehörten die Edelsteine dem Wildensteiner. Allerdings: So wie der Fremde gekleidet war, sprang bei ihm gewiss auch noch ein gutes Lösegeld heraus. Der Raubritter war zufrieden – und mit ihm seine Spießgesellen. Die wussten genau, dass auch für sie reichlich abfiel.

Nur die Frau des Ritters hatte keine Freude mit den Untaten ihres Mannes. Aber grob wie er war, verstand er es mit Leichtigkeit, sich durchzusetzen. Immerhin: Mit all dem, was er angehäuft hatte, führte auch sie ein Leben wie die Made im Speck. Das sagte ihr der Wildensteiner auch oft genug, wenn sie ihn auf seine Untaten ansprach. Jetzt aber gab es einen Grund zum Feiern: Im Verließ steckte ein reicher Fang mehr – und wartete darauf, zu Geld gemacht zu werden. Also wurde drauf angestoßen und weitergezecht.

Plötzlich war aus dem Kellergewölbe aber ein Lärm zu hören. Was war geschehen? Der Fremde hatte wutentbrannt die Fesseln zerrissen. Jetzt brach er aus dem Verlies hervor, stürmte durch die Burg, richtete sich im Palas, dem Rittersaal, drohend auf und verfluchte den Raubritter mitsamt seinem Anhang. Zuerst wollte der Wildensteiner noch lachen und anstoßen auf das Spektakel, das der Fremde lieferte. Entkommen würde er ja doch nicht. Dafür war die Überzahl der Burgbesatzung zu groß.

Im nächsten Moment aber war ein gewaltiger Donnerschlag zu hören. Ein Blitz schlug ein. Strohdächer brannten. Im Handumdrehen stand die ganze Burg in Flammen. Der Raubritter und seine Spießgesellen kamen im Feuer um. Mit ihnen auch die Burgfrau.

Sie findet seither aber keine Ruhe und geht um. Immer wieder erscheint sie, meist in einem altertümlichen Gewand. Einmal kam sie einem Holzknecht unter. Der arbeitete zeitig im Frühjahr im Wald bei der Ruine Wildenstein. Plötzlich stand sie da vor ihm. Anmutig war sie, die Burgfrau, und irgendwie verwelkt zugleich. »Du wirkst wie einer, der sich nicht gleich schreckt«, meinte sie. »Mehr Kraft als die meisten Leute hast du obendrein wohl auch.« – »Na ja«, murmelte der Holzknecht, »kommt halt drauf an ...« – »Hör zu«, setzte sie fort, »komm am Karfreitag in die Ruine. In der Vorburg ziehst du mit Farnkraut einen Kreis. Da stellst du dich mitten hinein, mit einem geweihten Palmbuschen in der Hand. Gegen Mitternacht wird ein heftiger Sturm losgehen. Schreck dich nicht. Im Kreis kann dir kein Unheil geschehen. Ich werde dir dann erscheinen, aber in einer furchtbaren Gestalt – als Drache. Schlag mit dem Palmbuschen auf jeden Drachenkopf – bis nur mehr einer übrig ist. Dann bin ich erlöst und kann in die ewige Seligkeit eingehen. Du aber wirst zum Lohn große Schätze kriegen.« Das gefiel dem Holzknecht. Ja, das wollte er wagen. Geld konnte er immer gebrauchen.

Am Palmsonntag ging er in die Kirche und ließ einen Palmbuschen weihen. Am Karfreitag machte er sich dann gegen Abend auf den Weg hinauf zur Ruine Wildenstein. In aller Ruhe suchte er das Farnkraut zusammen, zog in der Vorburg den Kreis und stellte sich in die Mitte. Nicht lange, da ging ein gewaltiger Sturm los. Und was tauchte da im Mondschein auf? Ein Drache! Der war ein gewaltiges Untier mit neun Schädeln – einer scheußlicher als der andere. Alle neun rissen die Schlünder auf und rollten mit den Augen. Mit schweren Schritten tappte der Drache auf den Holzknecht zu. Aus war's mit der Unerschrockenheit. Schreckensstarr stand der Holzknecht da. Im nächsten Moment sank er ohnmächtig nieder.

Als er wieder zu sich kam, war von dem Drachen nichts mehr zu sehen. Auch von der Burgfrau nicht. Es heißt, sie muss jetzt wieder hundert Jahre warten, bis sie endlich erlöst werden kann.

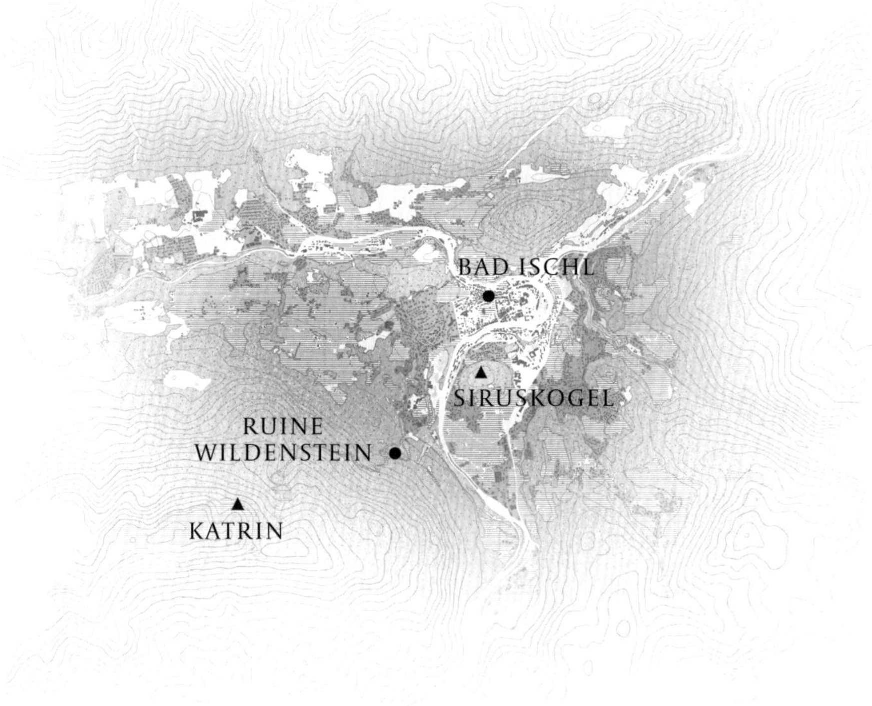

Im Zentrum des Salzkammergutes

Nach drei Seiten offen, so zeigt sich Bad Ischl in den Bergen des Salzkammergutes. Die zentrale Lage des Ortes und der Burg Wildenstein zwischen St. Wolfgang, Ebensee und Hallstatt sowie die Salzvorkommen in der Region haben der Burg Wildenstein am Fuße des Katergebirges im »Ischlland« bereits im Mittelalter große Bedeutung eingebracht. Nach einem zweiten verheerenden Brand Anfang des 18. Jahrhunderts verlor Ischl wieder etwas an Gewicht, denn der befestigte Ansitz über dem Ort wurde nicht wieder aufgebaut und die Gerichtsbarkeit nach Neuwildenstein in Goisern verlegt.

Die absolute Blütezeit erlebte Bad Ischl jedenfalls als Sommerresidenz von Kaiser Franz Joseph I. Denn nicht nur er und seine Frau Elisabeth (Sisi) verbrachten nun regelmäßig die Sommer im Salzkammergut. Mit ihnen kamen viele weitere Aristokraten, Künstler und Intellektuelle, die diese Region bei ihren Aufenthalten lieben lernten.

Die unerlöste Burgfrau von Wildenstein wartet übrigens immer noch, denn leider war bisher weder ein Einheimischer noch ein Sommerfrischler zur rechten Zeit am rechten Ort, um die unglückliche Seele zu erlösen. Vielleicht gelingt es dir? Die Anleitung dazu hättest du ja!

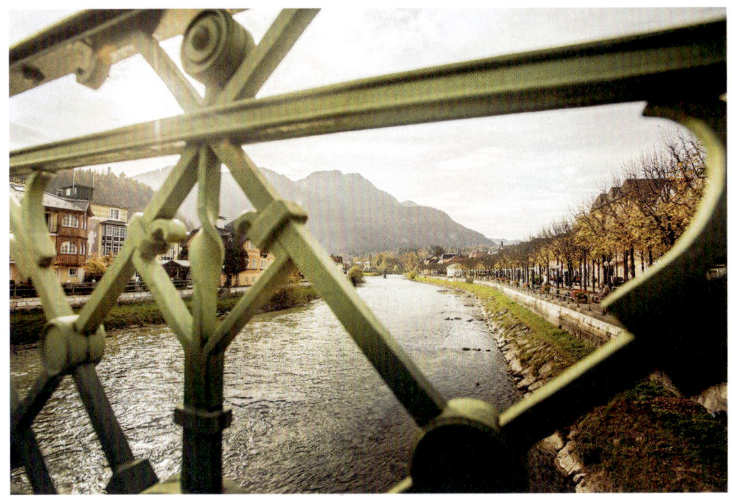

Von der Traun-promenade sieht man hinauf zur Katrin, dem Hausberg von Bad Ischl, an ihrem Fuß die Ruine Wildenstein.

Besuch der Kaiservilla

Neben Wander-, Kultur- und Kur-Angeboten bietet Bad Ischl natürlich auch die Möglichkeit, einen Blick in die »kaiserliche Vergangenheit« zu werfen. Lebendig wird die Geschichte der Kaiserstadt Bad Ischl bei einem Besuch der Kaiservilla. Die Nachfahren des Hauses Habsburg sind heute noch im Besitz dieser Villa und haben über die Jahrzehnte die Räume im Original bewahrt. Bei einer Führung werden viele Anekdoten zum Kaiser oder zu verschiedenen Exponaten erzählt. Einfach sagenhaft übrigens, welcher Jagdleidenschaft Kaiser Franz Joseph hier im Salzkammergut nachging – zahllose Trophäen in der Villa zeugen davon.

Wild auf Wild!

Der Herbst ist die klassische Zeit für kulinarische Kreationen aus dem Wald. Einerseits finden sich dann vermehrt Schwammerl-Gerichte auf den heimischen Speisekarten, andererseits gibt es natürlich auch allerlei Wildes zu genießen. Viele Gasthäuser und Restaurants in Bad Ischl bieten vorzügliche Wildgerichte an. Wie wäre es mit einem Wildburger, einem klassischen Hirschbraten oder einem Gamsgulasch? Das hätte wohl auch dem Kaiser geschmeckt ... und der Herrschaft auf Wildenstein sowieso!

Wanderung zur Ruine Wildenstein

●○○
leicht

↗
125 Höhenmeter

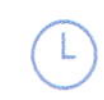

5 Kilometer

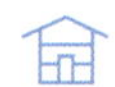

ca. 1,5 Stunden

unterwegs keine

[AUSGANGSPUNKT] Parkplatz bei der Katrin Seilbahn, gebührenpflichtig

[ANFAHRT] Über die B145 oder die B158 nach Bad Ischl, ab da der Beschilderung zur Katrin Seilbahn folgen
Öffi-Anbindung: Bahnhof Bad Ischl, Bushaltestelle Kaltenbach bei Bad Ischl-Katrin Seilbahn

[AUFSTIEG] Links neben dem Seilbahngebäude führt der Wanderweg steil und schottrig die ehemalige Skipiste in einem Bogen um den Burgfelsen empor (einfach der Beschilderung folgen!). Nach nur etwa 700 Metern, gut 120 Höhenmetern und ca. 20 Minuten Gehzeit ist bereits links oberhalb eines Trafogebäudes die Ruine erreicht. Die Aussicht auf Bad Ischl ist wunderschön, und das alte Burggemäuer lädt zum Erkunden ein. Neben dem sagenhaften Burgfräulein sind in der Ruine auch zeitweise Fledermäuse zu Hause, welche tagsüber hängend und abends fliegend beobachtet werden können. Bitte die Tiere nicht durch Taschenlampen beunruhigen oder gar anfassen!

[ABSTIEG] Nach ausgiebiger Ruinen-Erkundung führt der Abstieg über den Römerweg links die Forststraße etwa 30 Minuten hinunter bis zur Dreifaltigkeitskapelle an der Engleitenstraße. Hier steigt man wieder links in den Soleleitungsweg ein, der beinahe eben und schön schattig unter Bäumen vorbei am Kaiser-Jagdstandbild zurück zum Ausgangspunkt verläuft.

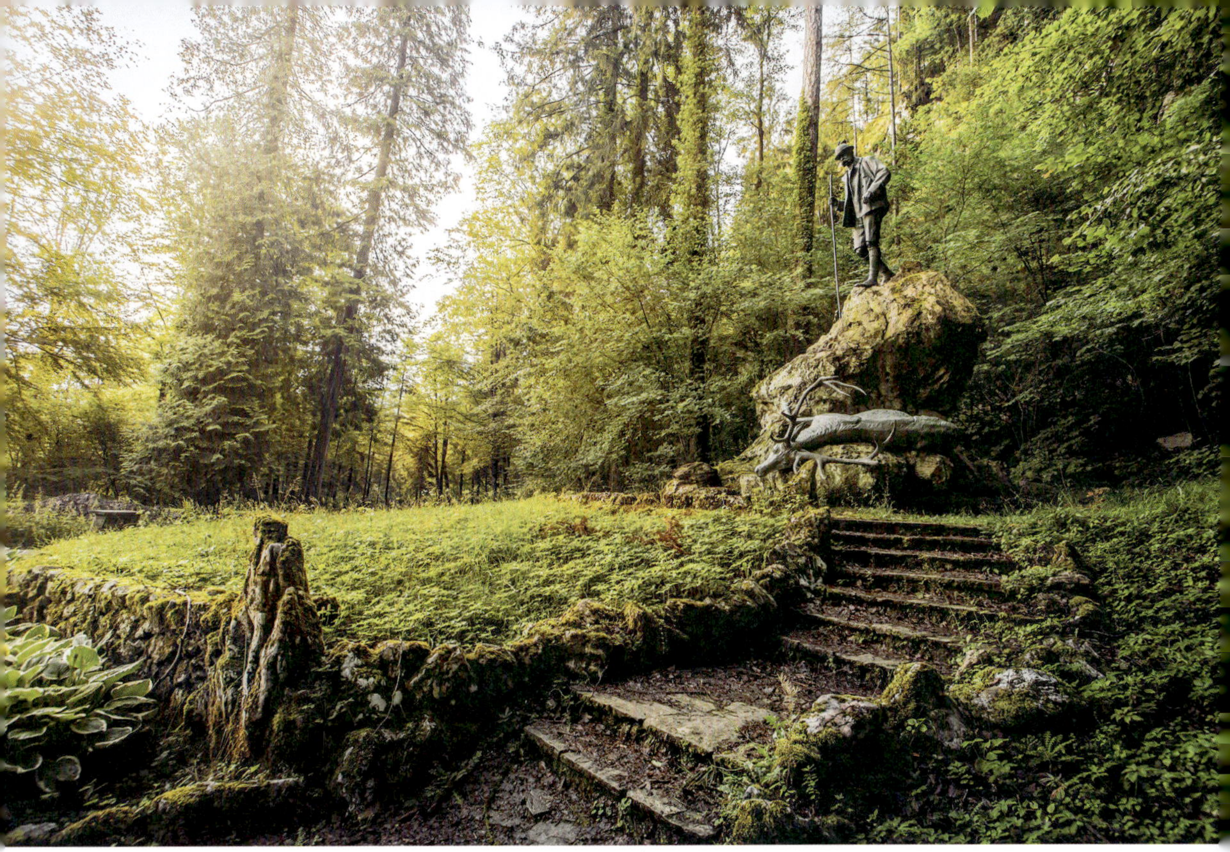

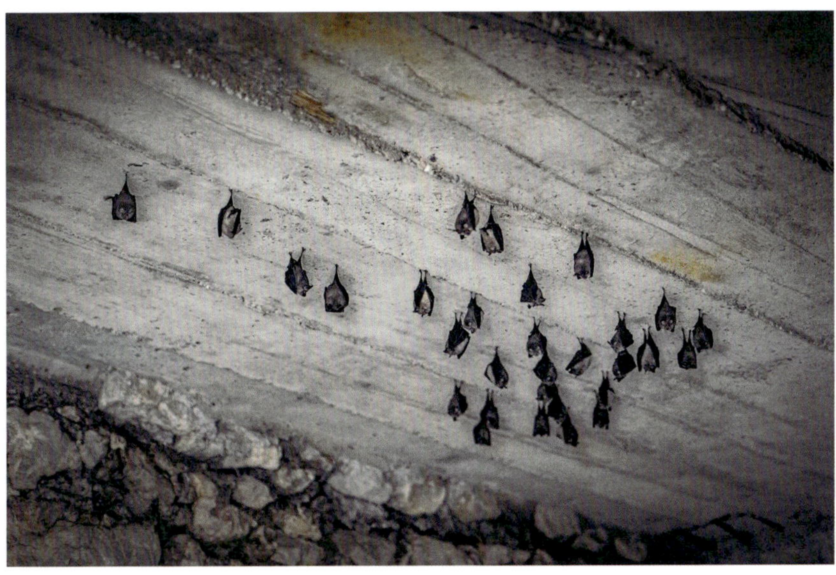

Der Kaiser und seine Jagdleidenschaft sind eine Geschichte für sich. Öfter als die unerlöste Burgfrau sind auf Wildenstein Fledermäuse zu sehen.

Stadtspaziergang durch Bad Ischl zum Siriuskogel

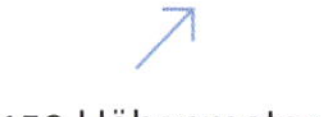
leicht

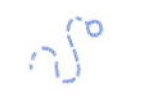
150 Höhenmeter

4,6 Kilometer

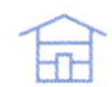
ca. 1,5 Stunden

Gasthaus am Siriuskogl

[AUSGANGSPUNKT] Öffentlicher gebührenpflichtiger Parkplatz in der Dumbastraße vor der Kletterhalle der Naturfreunde

[ANFAHRT] Über die B145 oder die B158 nach Bad Ischl. Ab da der Beschilderung zur Katrin Seilbahn folgen. Der Parkplatz in der Dumbastraße befindet sich etwa 800 Meter vor (nördlich) der Katrin Seilbahn.
Öffi-Anbindung: Bahnhof Bad Ischl, Kaltenbach bei Bad Ischl-Sportzentrum

[AUFSTIEG] Am südlichen Ende des Parkplatzes führt ein Steg über den Kaltenbach hinüber zur Kletterhalle der Naturfreunde. Nun wandert man rechts weiter, entlang der Tennisplätze unter prächtigen Alleebäumen um die Sportstätte herum. Gleich nach der kleinen Rindenkapelle am dahinterliegenden Kaltenbachteich befindet sich in Sichtweite die Brücke über die Traun, welche hier überquert wird und an der man rechts dem Traunkai bis zum Bahnübergang folgt. Dort überquert man die Gleise und spaziert gemütlich links an ihnen entlang bis zur Einmündung des Viertauerweges. Ihm folgt man rechts hinauf und kann beim letzten Haus auch nochmals einen Blick auf die Ruine Wildenstein am Fuße der Katrin erhaschen. Nun beginnt der Ochsenweg, der angenehm schattig im Wald verläuft. Schilder verweisen zum Siriuskogl und auf die kurze Gehzeit von 15 Minuten bis zum Gasthaus und der Franz-Josefs-Warte auf 599 Meter Seehöhe. Kaiserlich ist hier oben die Aussicht auf die Kaiserstadt, das Trauntal und Richtung Wolfgangsee. Einzig die Ruine Wildenstein bleibt hinter hohen Bäumen verborgen, zeigt sich aber später noch einmal …

[ABSTIEG] Der Sinneswunderweg mit Spielstationen zu allen Sinnen verläuft nun abwechslungsreich vom Siriuskogel vorbei am »Einsiedlerstein«, einem eiszeitlichen Findling, hinunter in die Siriuskoglgasse. An ihrem Ende führt der Wanderweg Nr. 8 rechts auf schmaler Straße zur Grazer Straße, an der man links zur

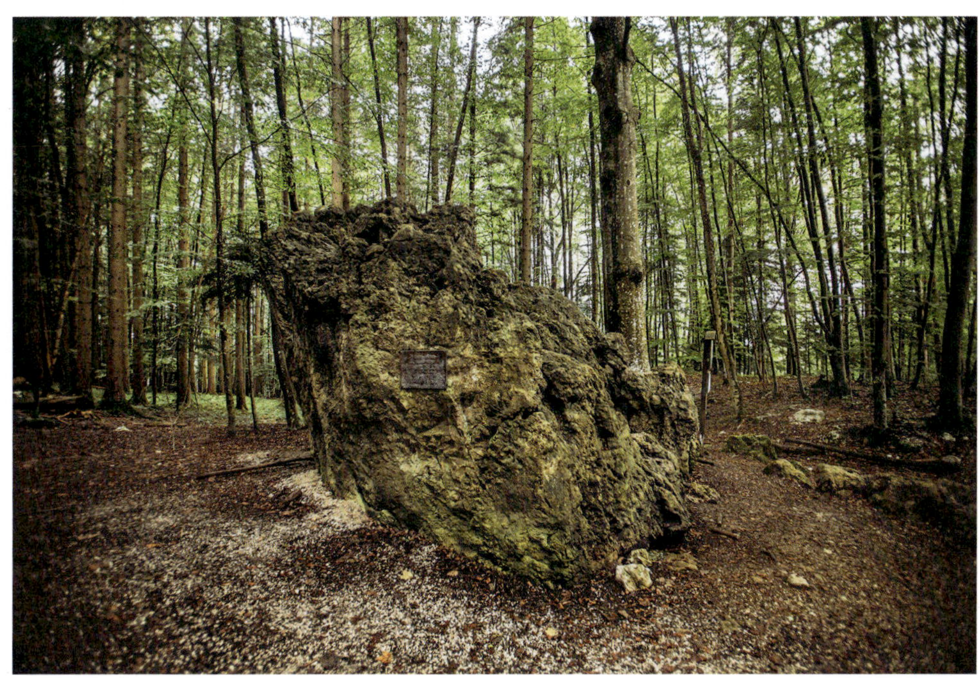

Der Einsiedlerstein am Weg zwischen dem Stadtzentrum und dem Siriuskogel erinnert an die eiszeitliche Vergangenheit des »Ischllandes«.

Traunbrücke gelangt, und von dort zur Esplanade von Bad Ischl. Je nach Lust und Laune kann hier der Spaziergang entlang des Franz-Lehár- oder des Adalbert-Stifter-Kais, hinein in die Fußgängerzone von Bad Ischl, zum Kurpark oder bis zur Kaiservilla verlängert werden. Die Sehenswürdigkeiten der Stadt sind gut beschildert.
Entlang der Promenade, mit Blick auf Katrin und Burg Wildenstein, passiert der Weg das bekannte Café Zauner und endet nach kurzem Fußweg am Sisi-Park. Attraktive Spielplätze für Kinder und lauschige Ruhebänke laden auch hier wieder zum Verweilen ein. An der Pferderennbahn vorbei erreicht man kurz darauf die Sportstätten bei der Kletterhalle und den Ausgangspunkt dieser kleinen Wanderung.

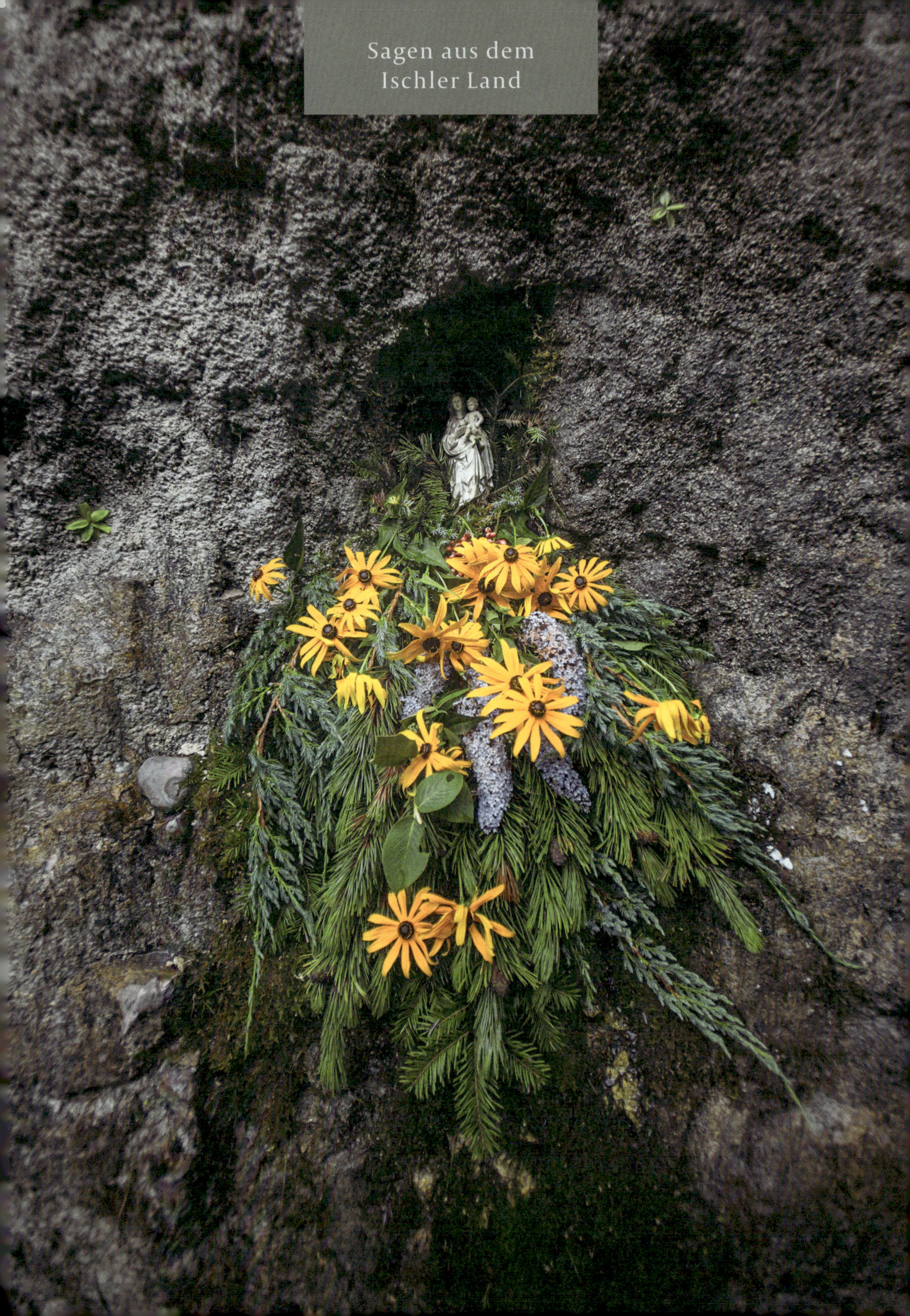

Sagen aus dem
Ischler Land

PFANDL BEI BAD ISCHL

Von den Wundern der Zimnitz

Von einer Welt im Berg,
gewaltigen Schätzen und dem
kostbarsten Schatz überhaupt –
dem Lebenskraut

Von den Wundern der Zimnitz

Die Zimnitz liegt zwischen St. Wolfgang und Bad Ischl im Südosten und dem Attersee im Nordwesten. Sie ist kein Berg, der ins Auge sticht. Hochmächtig steht sie da. Durch die starke Bewaldung sieht man erst auf den zweiten Blick, wie imposant ihre Felsabhänge sind. Und bei genauerem Erkunden wird spürbar, dass nach Osten zu, in einem weit ausladenden Bergfächer, eine Welt für sich verborgen ist.

Nicht weit vom Eingang »in die Zimnitz« gibt es nah am Zimnitzbach eine Felswand, die Menschen seit Jahrhunderten magisch anzieht – die Trefferwand. Von ihr ist in etlichen Sagen die Rede:

Ein Kalkbrenner arbeitete vor Jahren bei einem Kalkofen in Pfandl, unterhalb der Zimnitz. Der wunderte sich mit der Zeit mehr und mehr. Immer wieder kamen Leute vorbei, die am Weg zur Trefferwand in der Zimnitz waren. Wenn er dann fragte, warum gerade zur Trefferwand, so war da von gewaltigen Schätzen die Rede, die drin im Berg verborgen sein sollten. Es gelte halt, den richtigen Zeitpunkt zu erwischen – den Moment, in dem sich der Fels auftue. Viele, die vorbeikamen, meinten den richtigen Zeitpunkt und die passende Beschwörung zu kennen. Aber offenbar ging der Fels dann doch nicht auf.

Irgendwann aber wollte es auch der Kalkbrenner selber wissen. Mit frohem Mut machte er sich auf den Weg, neugierig auf das, was ihn erwartete. Aber wie staunte er, als er – statt der erwarteten Felswand – die Front einer imposanten Kirche sah. Während er sich noch verwundert die Augen rieb, ging die Kirchentür auf. Ein Bergmandl, also ein Zwerg, schaute heraus. »Griaß di, Gott! Mågst net a weng einakema?«, der Zwerg winkte ihm freundlich zu. Da gab sich der verdutzte Kalkbrenner einen Ruck und ging in die Kirche hinein. Das war ein gewaltiger Bau. Vorne beim Hochaltar leuchtete das ewige Licht. Dahinter funkelten Gold und Edelsteine. »Nimm dir nur!«, lachte das Bergmandl, »Då vorn liegen Säck'! Die füll dir an!« Der Kalkbrenner war immer noch überwältigt von der Pracht, dem Glanz, dem Leuchten und der Herrlichkeit vor seinen Augen. Von diesen Schätzen dürfe er sich also säckeweise mitnehmen? Starr stand er da – wie gebannt – und schaute sich mit großen Augen um. Im nächsten Moment aber war das alles vor seinen Augen verschwunden. Keine Kirche mehr – nur die Felswand lag vor seinen Augen, als ob es nie anders gewesen wäre. So kann's gehen, wenn man zu lange schaut.

Unweit vom Zimnitz-Tal liegt der Hof vom Wimmerbauern. Der bekam Besuch von einem Mann aus dem Wälschland. »Wälschland« sagte man früher zu Italien. Der »Wälsche« kehrte beim Wimmerbauern ein und bot gutes Geld an, wenn ihm der Bauer den Weg zur Trefferwand zeigen würde.

»Passt«, sagte der Wimmerbauer, »morgen bring' i di hin.«

Allerdings konnte der Wimmerbauer auch eins und eins zusammenzählen: Da macht sich einer auf den langen, weiten und beschwerlichen Weg vom Wälschland ins Salzkammergut. Hier angekommen, zahlt er gutes Geld dafür, zur Trefferwand gebracht zu werden. Das muss doch einen Grund haben! Die Wälschen waren bekannt dafür, dass sie wussten, wo in den Bergen Schätze zu finden waren – und dafür, dass sie es verstanden, diese Schätze auch zu heben.

Tags darauf brachte der Wimmerbauer also den Fremden zur Trefferwand. Der Mann dankte ihm und zahlte ihm den Rest des vereinbarten Geldes. Am Rückweg versteckte sich der Wimmerbauer aber hinter einem Baum, um zu sehen, was geschah: Der Wälsche griff vor der Trefferwand in seine Tasche und holte ein Büchlein heraus. Das schlug er auf und begann, darin in beschwörendem Ton zu lesen. Nicht lange, da öffnete sich im Felsen ein Tor. Ein Bergmandl kam heraus und gab dem Wälschen einen Sack. Der war gut gefüllt und offensichtlich sehr schwer.

Der Wimmerbauer hatte genug gesehen. Vorsichtig machte er sich auf den Rückweg. Der Fremde aber hatte ihn entdeckt und rief ihm nach: »Du brauchst nicht heimlich herumzuschleichen! Ich hab dich gesehen. Wärst du beim Baum geblieben, dann hättest du auch etwas abbekommen von dem, was da im Sack ist!« So eine blöde Geschichte! – Dem Wimmerbauern war klar, dass er soeben viel Geld verspielt hatte. »Aber was soll's!«, sagte er sich. Er hatte es eben nicht besser gewusst. Den Wälschen aber sah er nie wieder.

Von den Wundern der Zimnitz

Ob das Bergmandl in der Trefferwand immer ein und derselbe Zwerg ist oder ob da verschiedene Mandln auftauchen, ist nicht überliefert. Allerdings ist in einigen Erzählungen von einem Zwerg, dem »Trefferwand-Mandl«, die Rede.

Eine andere Überlieferung berichtet von einem jungen Burschen. Der hatte gerade geheiratet. Jedoch hatte das junge Brautpaar außer der Liebe zueinander nicht viel. So beschloss der Bursche, in der Heiligen Nacht bei der Trefferwand sein Glück zu versuchen. Wenn er nur ein wenig von all den Schätzen abbekommen würde, von denen die Leute erzählten, dann hätten seine Liebste und er ein gutes Leben. Geld konnten sie wirklich brauchen – erst recht dann, wenn die ersten Kinder kamen.

Mit diesen Gedanken im Hinterkopf ging er in die Zimnitz. Bei der Trefferwand stand tatsächlich ein Spalt offen. Was für ein Glück! Schnell stürmte er hinein. Was sich seinen Augen da an Pracht und Herrlichkeit bot, war kaum zu fassen. Ihm ging's wie dem Kalkbrenner: Das war überwältigend! Er kam aus dem Staunen gar nicht hinaus – und so übersah er die Zeit. Denn plötzlich schloss sich der Felsen wieder. Was jetzt?

Zu seinem Glück tauchte ein Bergmandl auf. Das redete ihn freundlich an und führte ihn im Berg herum. Drei Tage ging das so. Der junge Mann sah Wunder über Wunder. Schließlich setzte ihn das Bergmandl beim Eingang ab. Der Spalt war gerade offen! Den Moment galt es zu nutzen!

Ein schnelles »Danke!«, und schon war der Bursch wieder draußen. Seine Liebste würde schön schauen, wenn er erzählte, was er erlebt hatte. Ja, davon würden noch die Enkel reden.

Am Weg zurück nach Pfandl kam ihm alles sehr fremd und irgendwie sonderbar vor. Die Häuser waren anders geworden, aber auch die Menschen. Er konnte sich nicht erklären, was geschehen war. So ging er zum Pfarrer. Auch der war ihm fremd. Ihm erzählte er, wo er gewesen war, und dass ihm die vertraute Gegend jetzt so sonderbar vorkam.

Da begann der Pfarrer in alten Matrikeln – also in alten Verzeichnissen – zu blättern. Darin fand er einen Hinweis: Vor 300 Jahren war ein junger Mann bald nach der Hochzeit spurlos verschwunden. Die Jahreszahl stimmte überein. Langsam begriff der

Bursche: Der junge Mann, das war er! Wie sollte er das verstehen? Fassungslos stolperte er hinaus aus dem Pfarrhaus. Gleich darauf hörte der Pfarrer einen Rumpler. Offenbar war jemand hingefallen. Sofort eilte er hinaus. Von dem jungen Mann war nichts mehr zu sehen. Nur ein Häuflein Asche lag vor der Tür ...

Vom Kraut des Lebens

In der Welt im Berg gehen die Uhren oft anders – oder gar nicht. Auch die bekannteste aller Sagen von der Zimnitz erzählt von der Lebenszeit:

In Kreutern lebte vor Zeiten eine Köhlerin mit ihrer Tochter, der Gretl. Die Köhlerin litt am schleichenden Fieber. Das war eine langwierige Krankheit. Die Tochter sorgte aufopfernd für ihre Mutter. Aber was sie auch machte: Nichts half!

Da erzählte eine alte Frau der Gretl, dass in der Johannisnacht, vom 23. auf den 24. Juni, droben auf der Zimnitz das Lebenskraut blühen würde. Durch dieses Kraut könnte ihre Mutter wieder gesund werden!

Fest entschlossen stieg die Gretl deshalb am 23. Juni in der Dämmerung auf den Berg. Der Weg war steil. Die Gretl ließ sich davon nicht verdrießen. Nur – irgendwann konnte sie einfach nicht mehr. Erschöpft sank sie auf einem Wiesenfleck unterhalb einer Felswand nieder und verschnaufte. Gleich darauf war sie vor lauter Müdigkeit auch schon eingeschlafen.

Plötzlich aber weckte sie ein heller Schein. Verschlafen rieb sich die Gretl die Augen: Da stand ein großmächtiger Mann vor ihr. Der war uralt. Am Kopf trug er eine Krone aus Diamanten. Die funkelten und blitzten in der mondhellen Nacht. In der Hand hielt er einen gewaltigen Stab.

Die Gretl wusste sofort: Das muss der Zimnitz-Geist sein! Freundlich schaute er sie an und sagte: »Komm mit, Gretl! Drinnen im Berg wirst du das Kraut finden, das du suchst!«

Dann schlug er mit seinem Stab nach allen vier Himmelsgegenden in die Luft. Vor der staunenden Gretl tat sich daraufhin im Fels eine Höhle auf! Ein Garten war da zu sehen. Darin blühten die herrlichsten Blumen in allen Farben.

Der Zimnitz-Geist nahm die Gretl bei der Hand und ging mit ihr in den Berg. In der Höhle zeigte er ihr ein Blumenbeet mit zwei Grasflecken. Auf dem einen wuchs eine zarte Pflanze. Die hatte 18 Blätter und trieb die ersten Knospen aus. Daneben aber war eine welke Blume. Ihre Blätter waren matt, der Stängel geknickt, an der Wurzel nagte ein Wurm.

»Die frische Pflanze ist dein Lebenskraut«, sagte der Berggeist, »ihre Knospen sind noch nicht einmal entfaltet. Die welke Blume aber ist das Lebenskraut deiner Mutter. Alle seine Blätter sind verdorrt, bis auf eines. Wenn auch das abfault, erlischt ihr Leben. Dann kann deiner Mutter kein Kraut mehr helfen.«

Da begann die Gretl vor lauter Kummer zu weinen: »Gibt es denn nichts, was man dagegen tun kann!?« – »Nein«, meinte der Zimnitz-Geist. »Na ja«, verbesserte er sich dann, »ein Mittel gibt es schon, aber wer möchte das schon anwenden?« – »Sag«, setzte Gretel nach, »welches Mittel?« – »Ich kann die zwei Lebenskräuter vertauschen«, meinte der Zimnitz-Geist, »Dann wird deine Mutter gesund – aber du, du bist dann sterbenskrank.« – »Wenn die Mutter dafür lebt, so nehme ich das gerne auf mich«, sagte die Gretl fest entschlossen. »Ich bitte dich, tausch die zwei Lebenspflanzen aus!« – »Willst du das wirklich?«, fragte der Berggeist nach. »Ja«, sagte die Gretl, »tausch die zwei Pflanzen aus. Ich bitte dich darum.«

Da beugte sich der Zimnitz-Geist nieder und setzte die zwei Pflanzen um. Kaum, dass das geschehen war, spürte die Gretl eine bleierne Müdigkeit. Sie schlief ein. Als sie erwachte, lag sie wieder auf der Wiese vor der Felswand. In ihrem Schoß lag ein Kraut – das Lebenskraut.

Gleich rappelte sie sich auf. Die Müdigkeit war immer noch da, aber sie musste zur Mutter. Die brauchte das Kraut. So schleppte sich die Gretl hinunter ins Tal. Dort kochte sie der Mutter aus dem Kraut einen Tee. Und wirklich: Kaum, dass die Mutter den Tee getrunken hatte, ging es ihr schon besser. Es dauerte nicht lange und die Mutter war wieder kerngesund.

Aber die arme Gretl: Sie siechte jetzt dahin. So wie sie früher die kranke Mutter gepflegt hatte, so kümmerte sich jetzt die Mutter um Gretl. Es brach ihr schier das Herz, wenn sie die kranke Tochter so elend am Lager liegen sah. Der Gretl ging es immer schlechter. Übers Jahr lag sie im Sterben. Der Tod schaute ihr schon aus den Augen. Schwer atmend lag sie da. In tiefer Ohnmacht hatte sie einen eigenartigen Traum:

Da leuchtete es plötzlich in der Kammer. Es war, als ob die Sonne aufgegangen wäre – und das mitten in der Nacht! Der Zimnitz-Geist stand vor dem Bett der todkranken Gretl. Er hielt ihr einen roten Apfel hin und sagte: »Aus Liebe zu deiner Mutter wolltest du dein Leben geben. Aber das soll nicht geschehen. Nimm diesen Apfel, Gretl, und iss ihn!« Im nächsten Moment war das Licht wieder weg – und der uralte Berggeist verschwunden.

In der Früh wurde die Gretl munter. Der Traum ging ihr immer noch durch den Kopf. Aber – was für ein Wunder – der Apfel, von dem sie geträumt hatte, der lag vor ihr!

Mit dem bisschen Kraft, die sie noch hatte, biss die Gretl in den Apfel hinein. Gleich spürte sie, wie neue Lebenskraft in ihr aufstieg! Bissen für Bissen wurde sie wieder ganz und gar gesund. War das eine Freude! Auch die Mutter war glückselig. Die Gretl stieg später noch oft hinauf auf die Zimnitz, um dem Zimnitz-Geist zu danken, aber sie sah ihn nie mehr wieder.

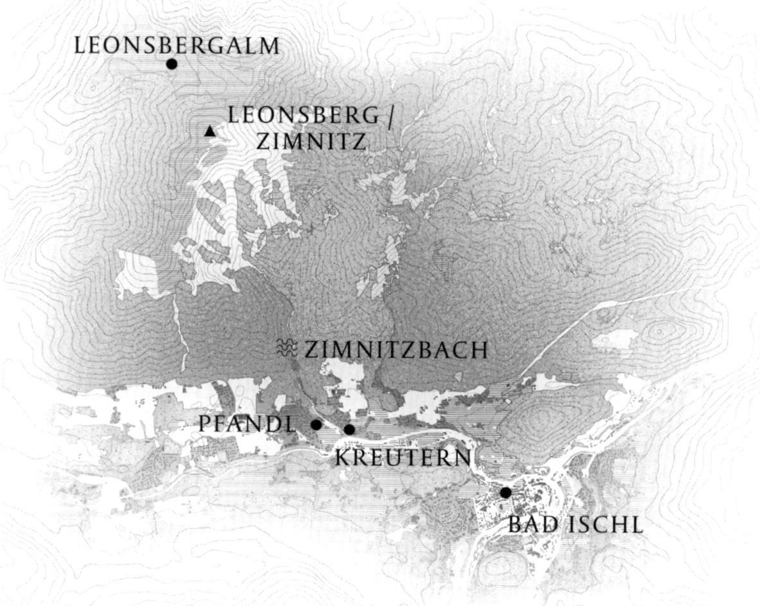

Ein Berg mit Herz

Hoch ragt der mächtige Bergstock der Zimnitz auf über Pfandl, dem sagenhaften Ortsteil von Bad Ischl. Von Weitem schon ist der Grat erkennbar, der zu seinem höchsten Punkt führt. Es erstaunt nicht, dass dieser mystische Berg Wohnsitz eines mächtigen Geistes sein muss. Wagt man sich an die fordernde Besteigung der Zimnitz, fällt auf, dass sie ein Berg mit Herz ist: In ihrer Mitte, auf einer Anhöhe befindet sich die ehemalige Wimmeralm, und blickt man von oben auf sie herab, so scheinen die Hänge ins Tal sich herzförmig um sie herum zu schließen. Kein Wunder also, dass sich das Mädchen ein Herz genommen hat und zum herzensguten Zimnitz-Geist aufgebrochen ist …

Unterhalb der Zimnitz liegen im Nordwesten die saftigen Wiesen der Leonsbergalm, die dem Gipfel dieses mächtigen Berges den Zweitnamen »Leonsberg« verliehen hat. Die Aussicht auf das Salzkammergut ist grandios hier oben, und es fällt schwer, sich wieder loszureißen und abzusteigen!

Am Zimnitzbach, nicht weit von den letzten Häusern von Pfandl entfernt, liegt schließlich die sagenumwobene und heute gerne besuchte Trefferwand. Der Flurname »Pfandl« übrigens leitet sich von einem Pfannhaus ab, in dem früher salzhaltige Sole zu Salz versotten wurde. Heute ist davon nichts mehr sichtbar und das Salz wird andernorts im Salzkammergut verarbeitet.

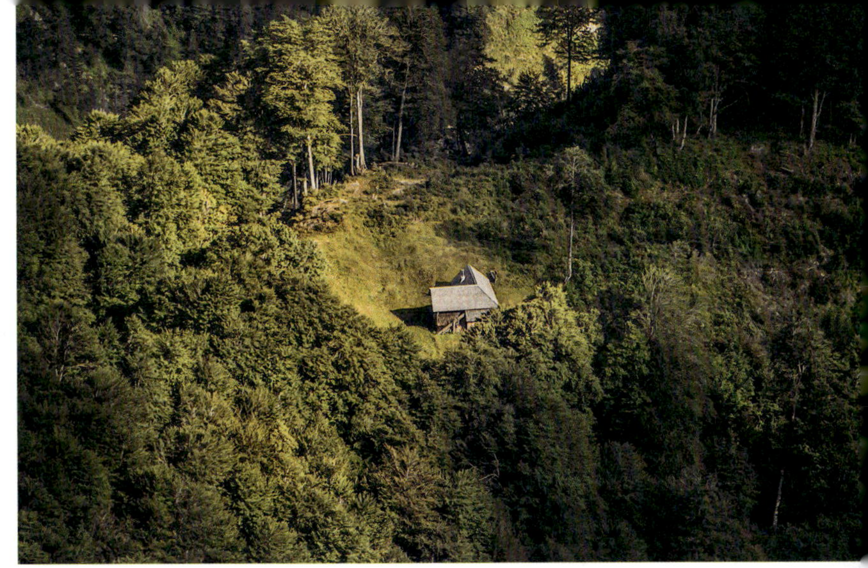

Blick vom Mitterzinken auf die ehemalige Wimmeralm im Herzen des Bergstocks der Zimnitz.

Kleine Dinge ganz groß

Die nahe Kaiserstadt Bad Ischl lockt mit allerlei großen und von Menschenhand errichteten Sehenswürdigkeiten. Pfandl und die Zimnitz hingegen bergen eher kleine, unscheinbare, saisonale Naturschätze: Dort sind zu den verschiedenen Jahreszeiten unzählige Pflanzen zu bewundern. Knorrige Bäume im naturnahen Bergwald, in der Sommersonne duftende Latschenfelder, aber auch Heilkräuter wie der wilde Thymian oder die von Hildegard von Bingen gelobte Bärwurz wachsen hier ebenso wie auch vielfältige bunte Blumen. Das Lebenskraut vom Zimnitz-Geist hat seither aber niemand mehr gefunden.

Manche Pflanzen sind übrigens streng geschützt, wie beispielsweise die Stendelwurz, eine heimische Orchidee, die zusammen mit anderen Knabenkraut-Arten hier immer wieder zu finden ist. Das idealste Mitbringsel vom Berg ist übrigens ein Foto – das hält länger als jeder Blumenstrauß!

In den Topf oder das Pfandl …

… des Kochs kann man zwar beim Gasthaus zum Pfandl nicht schauen, aber beim Blick auf den Teller kommt üblicherweise Freude auf! Ist man vielleicht sogar wochentags früh auf die Zimnitz aufgebrochen und hungrig ins Tal zurückgekehrt, steht einem der Sinn nach dem herzhaften Mittagsbuffet. Aber auch zu späterer Stunde oder am Wochenende kann man in diesem Wirtshaus nach anstrengenden Wanderungen die Energiereserven wieder auffüllen.

Bergtour über den Gartenzinken auf die Zimnitz

schwer

ca. 1300 Höhenmeter

ca. 11 Kilometer

ca. 5 Stunden 15 Minuten

unterwegs keine, im Ortszentrum das Gasthaus zum Pfandl

[AUSGANGSPUNKT] Zimnitz-Wanderparkplatz am Ende der Zimnitzstraße in Pfandl

[ANFAHRT] Pfandl liegt an der B158 zwischen Bad Ischl und dem Wolfgangsee. Der Wanderparkplatz befindet sich am Ende der Zimnitzstraße. Öffi-Anbindung: Bushaltestelle Bad Ischl Pfandl Süd

[INFO] Auf die Zimnitz/den Leonsberg führen von diesem Parkplatz aus zwei Anstiege. Beide sind wegen der Länge, des abschüssigen Geländes und der gelegentlichen Seilversicherungen als schwer einzustufen. Kondition, Trittsicherheit und Schwindelfreiheit müssen hier jedenfalls gegeben sein, auch empfehle ich für diese fordernde Bergtour einen frühen Aufbruch. Nachfolgend sei die Route im Uhrzeigersinn beschrieben, natürlich können die Zimnitz und ihre Nachbarn auch in umgekehrter Richtung erwandert werden.

[AUFSTIEG] Um am Wanderweg Nr. 814 über den Gartenzinken zur Zimnitz aufzusteigen, spaziert man zuerst ein paar Meter die Zimnitzstraße retour und zweigt dann rechts in eine Sackgasse ein, an deren Ende der Steig über den Walkerskogel auf den Gartenzinken beginnt. Angenehm schattig im Wald und über Serpentinen schlängelt sich der Weg höher. Diese ersten, südseitigen 600 Höhenmeter auf den mit Rastbank und Tisch versehenen Walkerskogel erweisen sich durchaus als kräftezehrend und teils hohe Wurzelstufen oder seilversicherte Stellen im oberen Bereich fordern Konzentration und Kraft. Aussichtsreich verläuft nun der Steig weiter zum Gartenzinken auf 1557 Meter. Herrlich ist der Blick nach Westen zum Wolfgangsee mit dem Schafberg, aber auch Richtung Süden zur Katrin und dem dahinterliegenden Dachstein sowie zum Gosaukamm mit seinen zahlreichen Felsspitzen. Auch der weitere, ca. einstündige Weg zum Zielpunkt der Tour lässt sich von hier gut überblicken. Der Pfad führt im oftmaligen Auf und Ab durch Latschengassen entlang der Zimnitzschneid hinauf zum Mitterzinken und von dort weiter

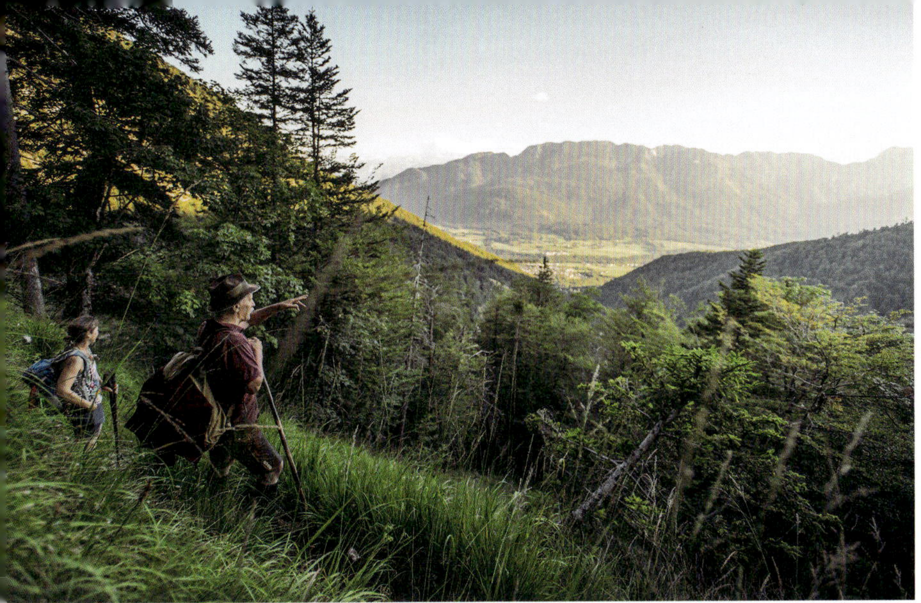

Um die Zimnitz rankt sich nicht nur eine Fülle von Sagen – auch der Ausblick vom Gipfel ist beeindruckend!

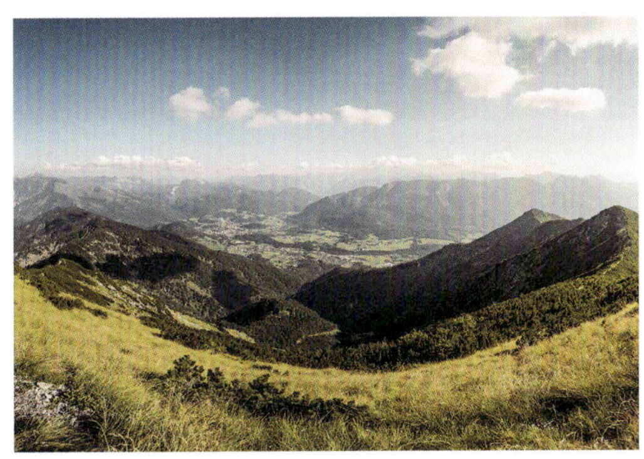

zum angestrebten Gipfel. Immer wieder beeindruckt bei dieser Kammwanderung der Blick in die steilen Flanken des Berges und begeistert die Fernsicht.

[ABSTIEG] Nach ausgiebiger Gipfelrast führt über den schwarz markierten Steig Nr. 816 nun die Rundwanderung zurück ins Tal. Einige Stellen sind dabei mit Seilen, Tritten oder einer Leiter versichert. Rasch verliert man am gut gekennzeichneten, aber steinigen Weg an Höhe und steigt vorbei an der Gretlhütte, einer Jagdhütte im oberen Bereich der Schüttalm, sowie einem verfallenen Jagdhäuschen im Wald zu einer Weggabelung auf 1166 Meter ab. Rechts strebt nun der Pfad oftmals steil und entlang von abschüssigem Gelände weiter talwärts dem Bachbett der Engen Zimnitz zu. Über eine Brücke hinweg, vorbei an einem kleinen Wasserfall, wandert man nun den Forstweg zurück zum Ausgangspunkt.

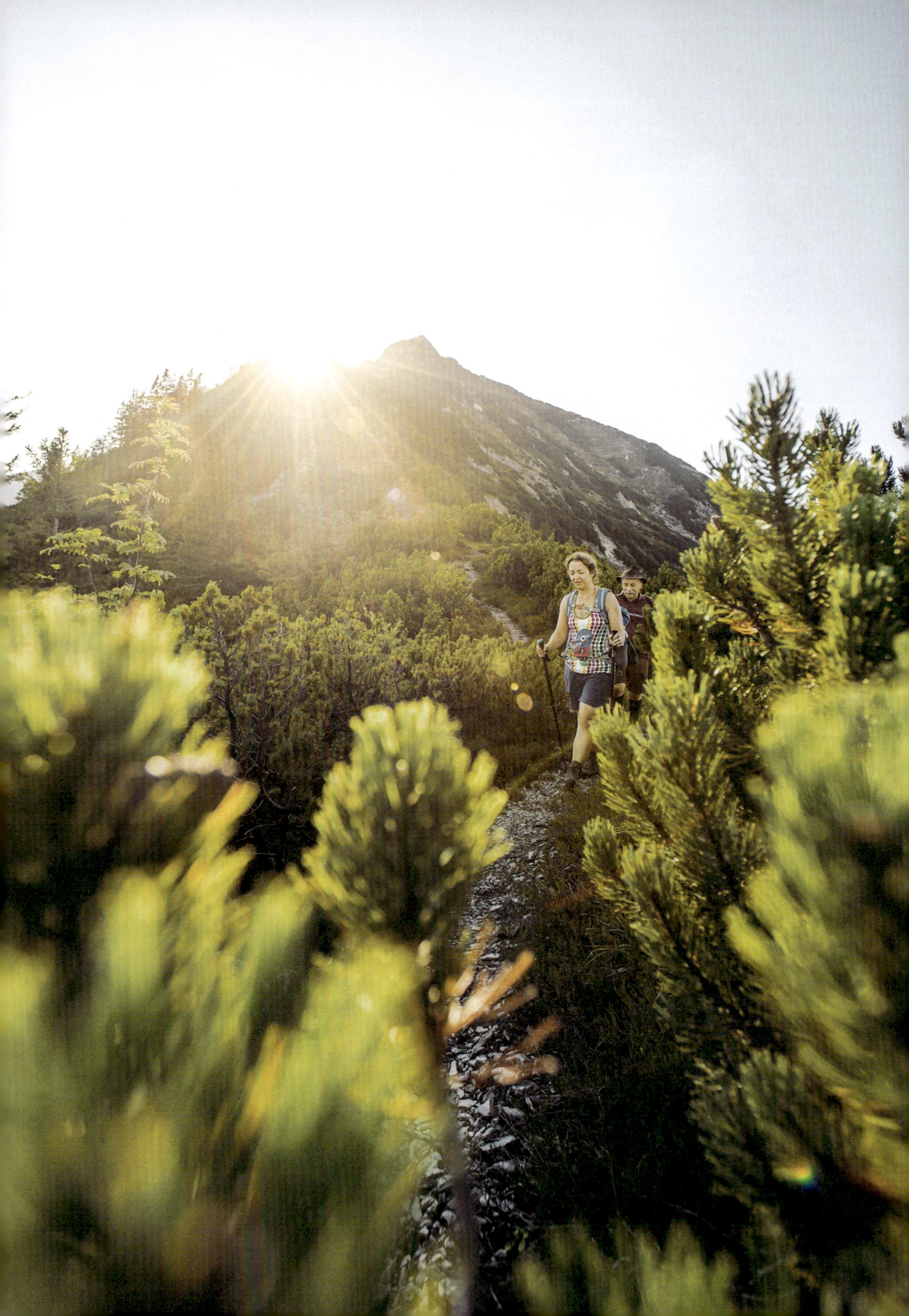

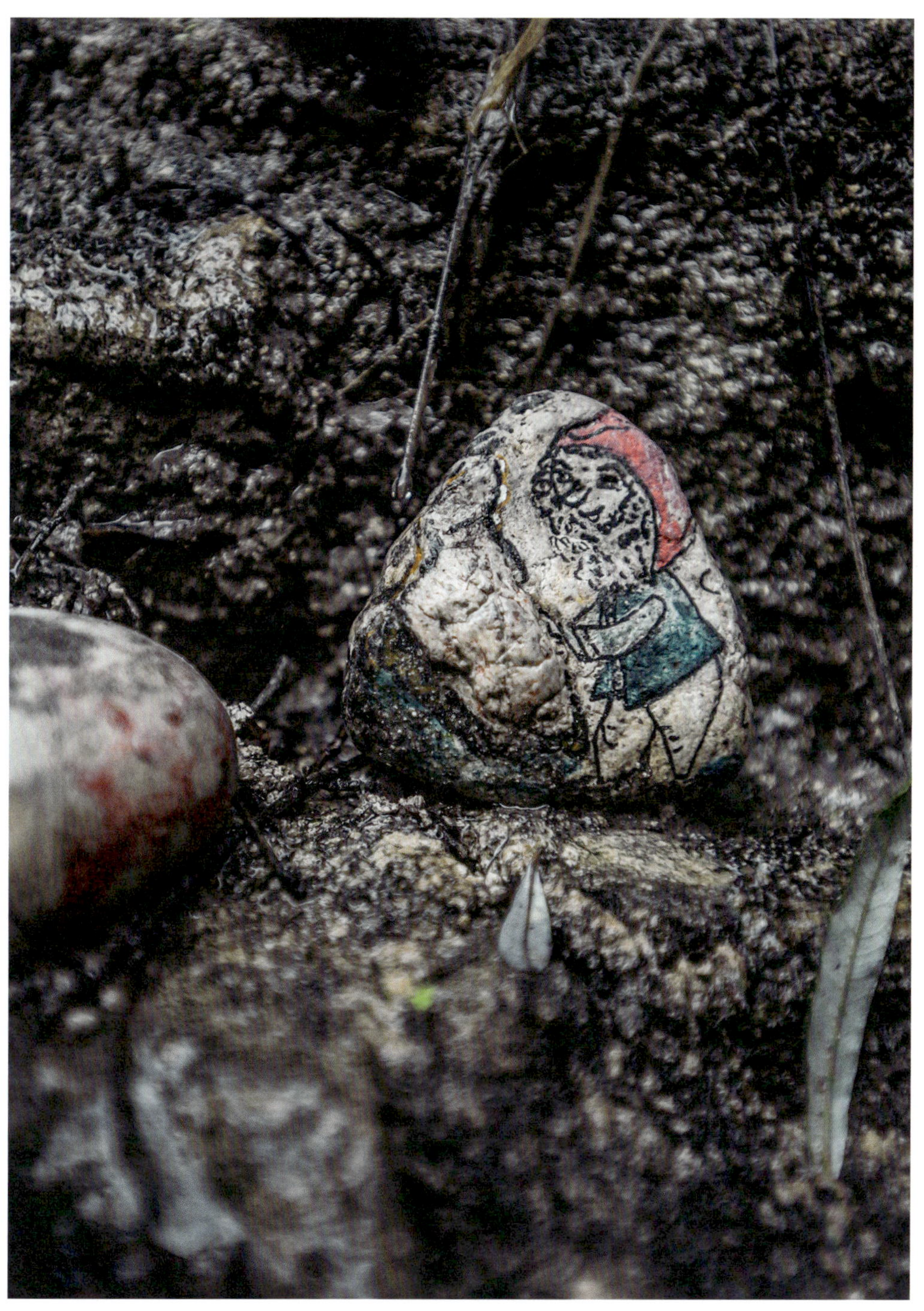

Immer wieder ist in den Sagen von Zwergen die Rede.
Auf der Zimnitz bei der Trefferwand sind sie noch gegenwärtig.

Spaziergang zur Trefferwand und zum Frühsommer-Wasserfall in der Engen Zimnitz

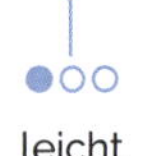

leicht

ca. 130 Höhenmeter

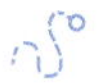

ca. 3 Kilometer

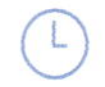

ca. 1 Stunde

unterwegs keine, im Ortszentrum Gasthaus zum Pfandl

[AUSGANGSPUNKT] Zimnitz-Wanderparkplatz am Ende der Zimnitzstraße in Pfandl

[ANFAHRT] Pfandl liegt an der B158 zwischen Bad Ischl und dem Wolfgangsee. Der Wanderparkplatz befindet sich am Ende der Zimnitzstraße. Öffi-Anbindung: Bushaltestelle Bad Ischl Pfandl Süd

[AUFSTIEG] Der Ausflug zur Trefferwand mit dem Schlüsselloch und auch zum kleinen Wasserfall in der Engen Zimnitz am Fuße des mächtigen Bergmassivs ist auch für Familien einfach begehbar. Der gesamte Ausflug verläuft entlang des steinigen Bachbettes der Engen Zimnitz, welche je nach Wasserstand zur Erfrischung oder auch zum Bauen von Steinmännchen einlädt. An den Felswänden ist jedoch stets Vorsicht geboten (Steinschlag)!
Vom Ausgangspunkt ist am Weg Nr. 816 schon nach nur 5 Minuten rechts neben der Forststraße die sagenumwobene Trefferwand erreicht. Und nach einer kurzen Wanderung von etwa 30 Minuten gelangt man zum kleinen Wasserfall, der allerdings nur im Frühling bis in den Frühsommer hinein oder auch nach stärkeren Regengüssen Wasser führt. Bitte Vorsicht im Bereich des Wasserfalls – keinesfalls sollte hier versucht werden, diesen zu erklettern – Lebensgefahr!

[ABSTIEG] Der Rückweg erfolgt auf gleichem Wege.

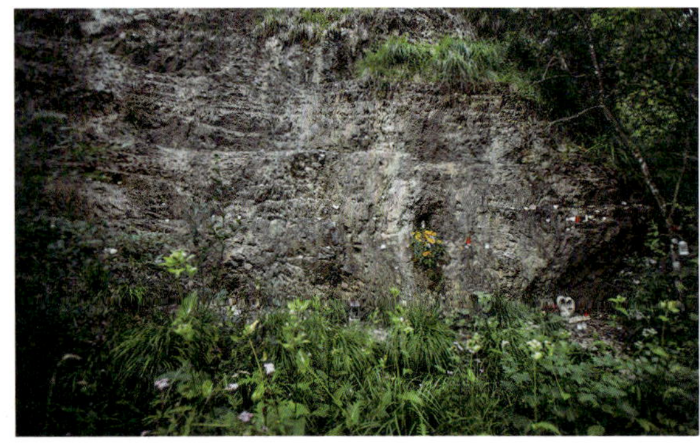

Wallfahrtsort, Kultplatz, Schnittstelle zur Anderswelt: Für die Trefferwand gilt das eine wie das andere.

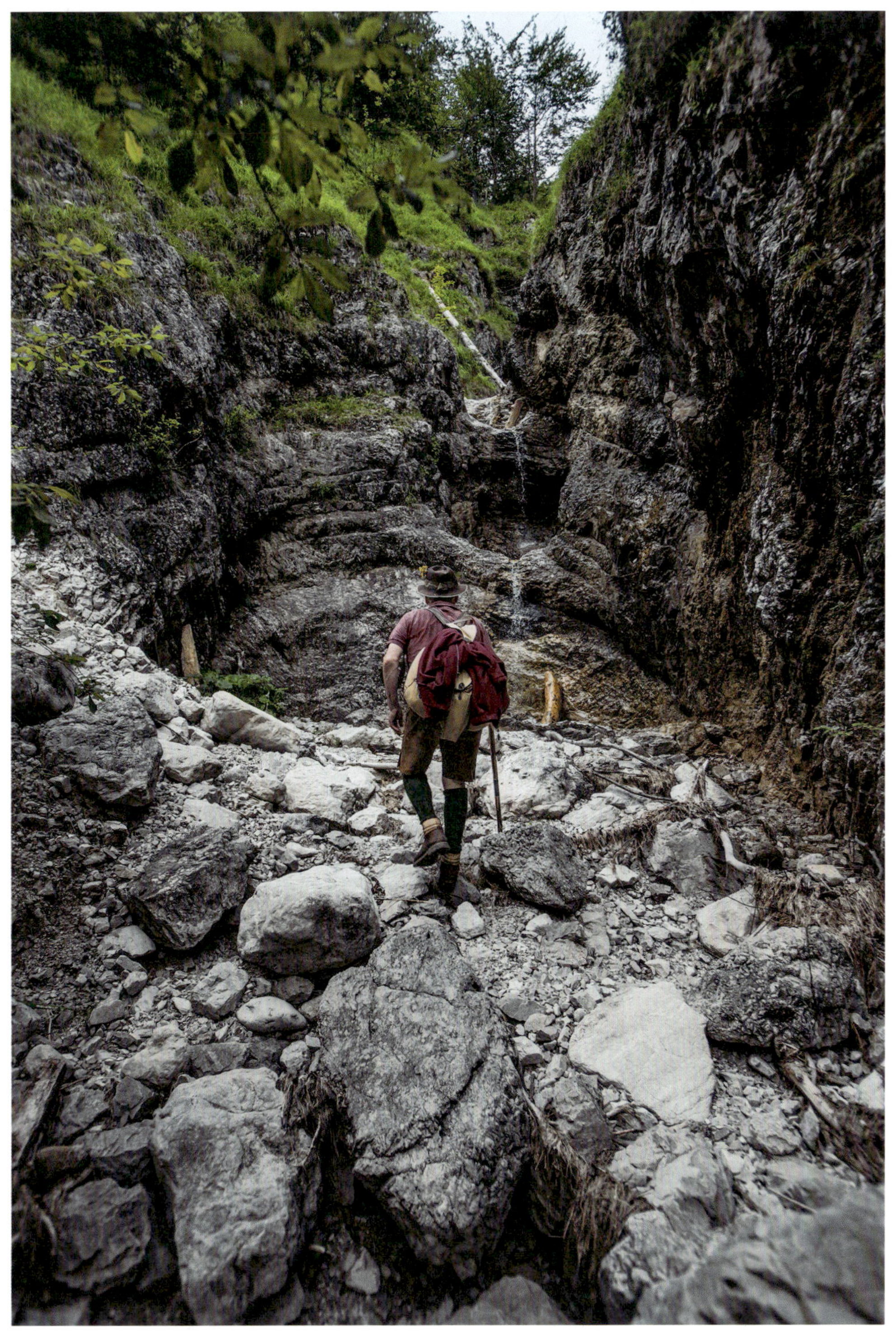

Sagen rund um den Traunsee

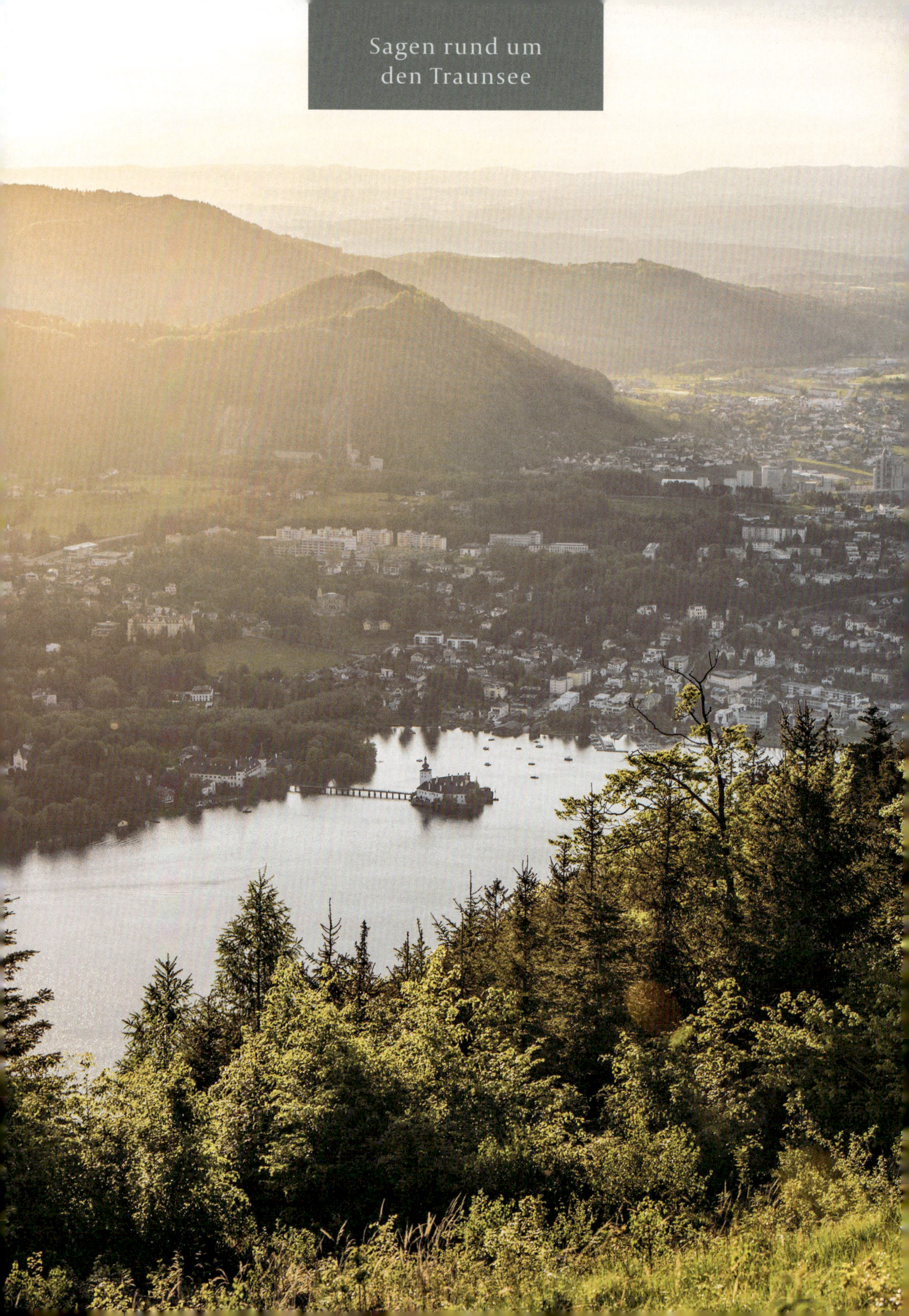

GMUNDEN BIS EBENSEE

Vom Traum der Nixe

Von der Einsamkeit eines Riesen
und einer Liebe, die Gewaltiges
vollbringt und ein Zeichen setzt,
das die Jahrhunderte überdauert

Vom Traum der Nixe

In diesem Epos ist die ganze Landschaft rund um den Traunsee mit einbezogen, vom Erlakogel über den Traunstein und den Laudachsee zum Grünberg, Gmunden, das Schloss Ort, Altmünster, die Viechtau, der Rabenstein, die Langbathseen, der Feuerkogel und der Rötelstein. Vor allem aber ist diese Geschichte von zwei Elementargeistern eine zutiefst menschliche.

Wår's a so, oder wår's net a so, und wad's net a so g'wen, dånn kunnt i's net a so vazöhl'n ... Da war die Gegend rund um den Traunsee noch tiefer Urwald. Darin lebte sehr viel Wild. Bären, Luchse und Wölfe gab es dort, und sogar Elche konnte man entdecken.

Hoch über dem See aber hauste in einer Höhle ein Riese. Der hieß Erla. Der Erla war ein grobschlächtiger Kerl: Die Haare wild zerzaust, der Bart lang und struppig. Um die Hüften hatte er ein Bärenfell geschlungen. Seine Hände waren wie Pranken und seine Füße wie zwei verwachsene Baumstämme. Wild funkelten seine Augen aus dem groben Gesicht. Dabei war der Erla im Grunde seines Herzens ein gutmütiger Kerl, der einfach froh war, wenn er genug zum Leben hatte. Dazu brauchte der Erla freilich nicht viel, und so fehlte es ihm auch an nichts. Manchmal aber, wenn er am Abend vor seiner Höhle am offenen Feuer saß, dann wurde dem Erla schwer ums Herz. Nachdenklich schaute er sich um: Vor ihm lag eine Landschaft, wie sie schöner nicht hätte sein können. Das Feuer spendete Wärme. Der Bauch war voll. Ja, das Leben war gut zu ihm. Warum also der trübe Sinn und so viel Nachdenklichkeit? Der Riese überlegte, aber wie er auch sinnierte: Er kam zu keinem Schluss!

Einmal war er wieder auf der Jagd am Traunstein. Eine Gämse wollte er erlegen. Der setzte er nach. Den ganzen Tag ging das so. In der Dämmerung aber verschwand sie im Unterholz. Jetzt verschnaufte der Riese auf einem Felsen. Von weit unten war da plötzlich ein sonderbarer Gesang zu hören. So etwas war dem Erla noch nie zu Ohren gekommen. Neugierig schlich er talwärts. Im Mondschein saß auf einem Felsen am Laudachsee eine Nixe. Sie war es, die da so wunderschön sang. Ihr Lied aber war ein trauriges:

»Ich bin nur eine arme Nixe,
lebe einsam und allein.
Ich hab' nicht Vater, noch Mutter,
nicht Schwester, noch Bruder.

Mir leuchtet keine Sonne.
Nur der bleiche Mond scheint herunter auf mich!
Mir duftet keine Blume,
noch singt mir ein Vogel!«

Im nächsten Moment hörte der Riese ein herzzerreißendes Weinen. So grobschlächtig der Riese auch war: Dieses Schluchzen war für ihn unerträglich. Mit einem Satz sprang er auf, stürmte hinunter, durch das Wasser auf den Felsen zu. Bedächtig packte er die Nixe und fragte: »Was ist denn mit dir, Blondchen? Warum bist du so verzweifelt?«

Die Nixe schaute ihn schreckensbleich an. Schnell aber merkte sie, dass es der wilde Kerl gut mit ihr meinte. »Jetzt sag einmal, wer bist denn du überhaupt?«, fragte sie verwundert.

»Ich bin der Erla«, sagte der Riese und bemühte sich, weich und sanft zu klingen, »und wie heißt du, Blondchen?«

»Blondchen?«, jetzt konnte die Nixe schon wieder ein wenig lachen, »Blondchen, das gefällt mir. Wenn du willst, kannst du mich immer so nennen.«

»Aber jetzt sag, warum bist du so verzweifelt?«, setzte der Riese nach.

»Weil ich so viel alleine bin«, meinte die Nixe, »wer wäre da nicht niedergeschlagen?« – »Wenn ich recht überlege«, sagte der Riese bedächtig, »bin auch ich viel zu viel alleine. Wollen wir uns nicht zusammentun, Blondchen? In meiner Höhle droben am Kogel ist genug Platz für zwei. Da wird es dir an nichts, aber auch an gar nichts, fehlen. Dafür sorge ich schon!«

»Nein«, sagte die Nixe entschlossen, »eine Höhle droben am Berg ist kein Platz für eine Nixe. Du musst wissen, Erla, ich habe von einem Schloss geträumt – von einem Schloss unten am See. Auf einer Insel soll es stehen, das Schloss, mit viel Wasser rundum, so wie es für eine Nixe eben gut und recht ist.«

»Dann werde ich das Schloss für dich bauen!«, rief der Riese, »und wenn es fertig ist, dann können wir dort miteinander leben und zusammen glücklich sein!« –»Was könnte ich mir mehr wünschen?«, lachte die Nixe.

»Das Wort gilt«, sagte der Erla entschlossen, »in einem Monat, wenn der Mond wieder voll und rund am Himmel leuchtet, steht unten am See auch das Schloss – ganz so, wie du es dir erträumt hast!«

Vergnügt nahmen die zwei Abschied voneinander.

Am nächsten Tag, zeitig in der Früh, schaute der Riese von hoch droben am Kogel über den See: Da fiel ihm eine von Wald umsäumte Bucht ins Auge. Dort auf einer Insel wäre das Schloss gut geschützt vor den Winden aus der Viechtau. Drauf rannte der Riese hinauf auf den Traunstein. Gewaltige Steine riss er aus den Felswänden und warf sie über Kopf hinunter in den See. Nach und nach wuchs auf diese Weise eine Insel aus dem Wasser. Als ihm die groß genug war, fällte er im Urwald, da wo jetzt Altmünster liegt, mächtige Baumriesen. Sie waren als Bauholz für das neue Schloss bestimmt. Danach zog der Riese durch das Trauntal hinauf zum Dachstein. Dort brach er Marmorblöcke aus dem Berg und schleppte sie zur Baustelle für das neue Schloss. Das Gewicht der Blöcke war so schwer, dass selbst der Riese es kaum bewältigen konnte. Immer wieder war es ihm, als ob seine Knie zerreißen würden. Dann setzte er ab und atmete tief durch. »Fürs Blondchen!«, schnaufte er. »Fürs Blondchen!«

Endlich war das Baumaterial für das Schloss beisammen. Jetzt war Handwerkskunst gefragt.

Also sprach der Riese bei den Zwergen im Rötelstein vor: »Ich brauche eure Hilfe«, bat Erla.

Verwundert fragte der Zwergenkönig Rötel: »Gibt es denn sowas? Ein Riese bittet Zwerge um Hilfe?«

»Ja«, meinte der Erla, »weil hier am See ein Schloss gebaut werden soll – und das könnt ihr besser als ich!«

»Ein Schloss, hier am See?«, meinte der Zwergenkönig, »Seit wann braucht ein Riese ein Schloss?«

»Es ist nicht für mich«, erwiderte der Riese, »sondern für das Blondchen, die Nixe vom Laudachsee!«

»Für das Blondchen?«, lachte der Zwergenkönig, »ein Riese baut einer Nixe ein Schloss! – Also wenn ein Riese so verliebt ist, dann ist wohl auch die Narretei riesengroß!«

Aber dann schaute der Zwergenkönig den Riesen an und merkte, dass der vor lauter Verlegenheit nicht wusste, was er darauf sagen sollte.

»Na gut«, meinte König Rötel schließlich, »dann wollen wir dir helfen!«

Dem Erla fiel ein Stein vom Herzen.

Tags darauf kamen die Zwerge auf großen Booten, den Plätten, über den See gefahren. Jetzt ging ein munteres Werken los: Der Riese hob die Steine und Balken. Die Zwerge fügten sie zusammen und verfugten sie. So wuchs der Bau nach und nach in die Höhe. Die Holzpiloten, die die Brücke vom Ufer zum Schloss tragen sollten, schlug der Riese mit der Faust in den Seegrund.

Als die Mauern standen, machte sich der Erla auf in die Rauris und holte von den Saligen Frauen, den Wildfrauen, Gold. Damit wurden die Dächer und Zinnen des Schlosses verziert. Von Kaufleuten aus dem Süden kaufte er mit dem Gold auch Gewand und Geschmeide. »Fürs Blondchen!«, lachte er dabei. »Fürs Blondchen!«

Als sich der Mond wieder rundete, leuchtete er in der Bucht vom Traunsee auf ein Schloss, das da prächtig stand, als ob es nie anders gewesen wäre. Der Erla aber zog vergnügt hinauf zum Laudachsee.

Am See saß die Nixe auf ihrem Felsen – still und traurig. Der Traum vom Schloss am See würde wohl ein Traum bleiben, wer könnte schon in einem Monat ein Schloss bauen? Da aber kam lachend der Erla daher: »Es ist geschafft, mein liebes Blondchen!«, rief er: »Das Schloss für dich steht unten am See!«

Die Nixe konnte es kaum glauben.

Der Riese aber breitete voller Freude die prächtigen Gewänder und das Geschmeide vor ihr aus. War das ein Funkeln und Glänzen im Mondschein! Am hellsten leuchteten aber die Augen der Nixe – ihr Traum war also doch Wirklichkeit geworden. Was für eine Freude! Vergnügt begannen der Riese und die Nixe im Mondschein zu tanzen! Plötzlich aber hielt das Blondchen inne: »Armer Erla, armer Riese!«, sagte sie, und war mit einem Mal ganz nachdenklich.

»Was hast du denn, Blondchen?«, fragte der Riese. »Was bekümmert dich?« – »Wenn ich mit dir im Schloss am See lebe, dann geht für mich ein Traum in Erfüllung«, meinte die Nixe, »aber wenn ich als Nixe einen Sommer lang dort unter der Sonne lebe, dann habe ich eben nur diesen einen Sommer lang zu leben!«

»Ach was«, wischte der Riese das Gesagte vom Tisch, »wir werden dort im Schloss am See viele Jahre glücklich miteinander leben. Wieso sollte das, was gerade erst so glücklich beginnt, nur einen Sommer lang gelten?«

Im nächsten Moment packte er die Nixe. Die ganze Nacht wurde getanzt und gejauchzt, dass es eine Freude war.

Tags darauf zogen die zwei im Sonnenaufgang hinunter zum Schloss. Am Steg warteten schon die Zwerge. König Rötel hatte sein prächtigstes Ornat angelegt. Das Blondchen wurde wie eine Prinzessin empfangen. Mit klingendem Spiel ging es dann unter dem Jubel der Zwerge Hand in Hand mit dem Zwergenkönig über den Steg und durch das Tor hinein ins Schloss.

Als der Riese aber durch das Tor ins Schloss hineinwollte, merkte er: Dafür war er ja viel zu groß! Nachdenklich watete er durch das Wasser zum Ufer und setzte sich hin. Er hatte das Schloss für die Nixe gebaut. An sich hatte er dabei gar nicht gedacht.

Drinnen im Schloss ließen die Zwerge das Blondchen hochleben. Er aber, der Riese, konnte nicht mitfeiern. Er passte ja nicht hinein!

Voller Kummer hielt der Erla den Kopf zwischen den Händen und starrte ins Wasser. Und was sah er da! Aus dem Wasser starrte ihm ein scheußliches Ungeheuer entgegen! – Sein Bart war wild verfilzt. Die Haare standen wirr vom Kopf. Die Augen funkelten wie ungeheure Lichter. Gewaltige Pranken hatte das Ungeheuer und ein zottiges Fell. Mit jähem Schrecken merkte der Erla: Das Ungeheuer – das war ja er!

Diese Erkenntnis traf ihn wie ein Blitz! Entsetzt sprang er auf und rief: »Das Blondchen ist eine Edelfrau – und ich bin ein wilder Riese!«

Das war so durchdringend und so schmerzlich, dass er am liebsten aus der Haut gefahren wäre. Auf der Stelle lief er auf und davon – und hätte der Erla vor sich selbst davonlaufen können, dann hätte er es wohl getan. Immer wieder rief er auf seinem Weg durch den Urwald laut: »Hört ihr es, ihr Tiere im Wald? Das Blondchen ist eine Edelfrau und ich, ich bin ein wilder Riese!«

Der Erla stürmte durch die Gegend der heutigen Viechtau. »Hört ihr es, ihr Vögel am Himmel? Das Blondchen ist eine Edelfrau und ich, ich bin ein wilder Riese!«

Er schrie so laut, dass er sogar ein paar Krähen aufweckte. »Kra! Kra!«, riefen sie. Der Erla kümmerte sich nicht darum. Über den Rabenstein lief er in die Langbath. Dort verschreckte er am Ufer im Schilf ein paar Frösche. »Na, na, na!«, quakten sie laut. Weiter irrte der Riese den Feuerkogel hinauf. Dabei weckte er einen Finken. »Witt! Witt! Witt!«, schrie der Fink. Plötzlich hielt der Riese inne. Nachdenklich murmelte er mit weit geöffneten Augen: »Kra! Na!

Witt!« Noch einmal wiederholte er die drei Silben: »Kra! Na! Witt!« Dann murmelte er, wie aus einem jähen Erwachen: »Hexe Kranawitha, du musst mir helfen!«

Hoch droben am Sattel, am Feuerkogel, fand er die Hexe. Sie saß in einer Felsspalte und wärmte sich an einem Feuer. »Hexe Kranawitha«, rief er, »du musst mir helfen!«

»Ich altes Weib soll einem Riesen helfen?«, krächzte die Hexe, »Wer so mit der Tür ins Haus fällt, weiß nicht, was sich gehört!«

»Verzeih, gute Frau«, besänftige sie der Riese, »die Not ist groß und deshalb war ich wohl etwas zu ungestüm.«

»Das mein ich wohl auch«, gab die Hexe zurück, »wer etwas will, muss etwas geben.«

»Was soll ich dir denn geben, das du nicht schon hast?«, meinte der Riese. – »Doch, doch«, sagte die Hexe, »da gibt es einige schwere Arbeiten, die eine wie ich nicht mehr schafft. Ein kräftiger Bursch wie du macht das aber mit Leichtigkeit.« Und so kam es, dass der Erla für die Hexe einige schwere Arbeiten zu verrichten hatte. Das alles ging ihm freilich leicht von der Hand. »Fürs Blondchen!«, lachte er immer wieder. »Fürs Blondchen!«

Als das alles vollbracht war, überreichte ihm die Hexe einen Ring. »Den steckst du an«, meinte sie, »und schon bist du ein stolzer Ritter!«

Wirklich! Kaum dass der Ring über den Finger gestreift war, da stand statt dem grobschlächtigen Riesen ein Ritter vor ihr. Dem gab die Hexe sogar noch ein Pferd dazu. Voller Freude nahm der Erla Abschied von ihr. Glückselig bahnte er sich hoch zu Ross den Weg durch den Urwald. Immer wieder rief er: »Seht ihr es, ihr Tiere im Wald? Der Erla ist jetzt ein stolzer Ritter geworden! Seht ihr es, ihr Vögel am Himmel! Nichts ist es mehr mit dem grobschlächtigen Riesen!«

Als er zum Schloss kam, fragten ihn die Zwerge: »Herr, habt Ihr einen Riesen gesehen? Unsere Herrin, die Nixe, sucht verzweifelt nach ihm.« – »Der Riese, der bin ich!«, rief der Erla mit sichtlichem Stolz. Da staunten die Zwerge nicht schlecht – und erst recht das Blondchen.

Jetzt, wo der Erla als stolzer Ritter vor ihr stand, war es die Freude, die riesengroß war. Innig schlossen sie sich in die Arme. Dem glückseligen Leben zu zweit stand jetzt nichts mehr im Wege.

An einem klaren Herbsttag lagen sie am Ufer vom Traunsee unter einem Baum. Da kam ein Lufthauch auf. Ein paar Blätter fielen von den Ästen und sanken tanzend nieder. Eines davon landete auf der Hand der Nixe. Sie zuckte zusammen.

»Oje«, sagte sie dann, »der Herbst ist gekommen. Jetzt ist es aus mit unserem Glück. Bald muss ich sterben.«

»Nein«, wiegelte der Erla ab, »wer wird denn an so etwas denken? Die Bäume werfen die ersten Blätter ab – aber deshalb musst du doch nicht sterben.«

Das Blondchen aber war mit einem Mal so schwach, dass es nicht mehr aufstehen konnte. Der Erla half ihm auf und trug es zurück ins Schloss. Dort lag es nun und wurde von Tag zu Tag schwächer. Das Bett wollte die Nixe gar nicht mehr verlassen. Der Erla bat deshalb die Hexe um Hilfe. Mittel kannte und wusste die Hexe Kranawitha viele. Sie braute Tränke, mischte Salben, aber was dem Blondchen auch verabreicht wurde – nichts half. Die Zwerge brachten Pulver aus dem Berg. Mit dem Blondchen wurde es nicht besser – ganz im Gegenteil: Als der späte Herbst die letzten Blätter von den Bäumen wehte, lag die Nixe drinnen im Schloss im Sterben. Der Erla saß bei ihr und tat alles, was er für sie tun konnte.

»Mein liebes Blondchen, stirb doch nicht!«, meinte er verzweifelt. »Ach, mein lieber Erla, sei doch nicht so voller Kummer!«, sagte sie mit schwacher Stimme. »Meine Zeit ist um. Ich muss jetzt sterben. Aber ein Sommer, so wie wir ihn verbracht haben, der wiegt tausend Erdenleben auf! Gerade weil wir hier so glücklich waren«, setzte sie stockend fort, »möchte ich hier im See begraben sein.«

Ein letztes Mal richtete sich das Blondchen auf. Unter Aufbietung all ihrer Kräfte gab sie dem Erla einen Kuss. Dann sank sie zurück und starb. In diesem Moment war alles im Erla wie tot.

Er erzählte den Zwergen, was geschehen war und vom letzten Wunsch der Nixe.

Tags darauf legte mitten in der Nacht eine Plätte ab vom Schloss. Am Schiff lag das Blondchen in einem Sarg aus Kristall. Den hatten die Zwerge aus den Bergen gebracht. Neben dem Sarg stand der Erla. Keine Träne sickerte über seine Wangen. Stumm und fassungslos begleitete er das Blondchen auf seinem letzten Weg. Es war, als ob es nur schlafen würde.

Mitten am See hoben die Zwerge den Sarg aus dem Boot und ließen ihn im Wasser versinken. Der Erla sah noch ein letztes Mal das Gesicht des Blondchens im Mondschein im Wasser glitzern. Dann war es in den Tiefen des Traunsees verschwunden.

Am anderen Tag zogen die Zwerge wieder zurück in den Rötelstein. Der Erla saß ruhig und ratlos da. Sein Leben hatte seinen Sinn verloren. Schließlich machte er sich auf und ging auf die andere Seite vom See unterm Stein. Dort griff er kurzentschlossen nach dem Ring der Kranawitha und riss ihn vom Finger. »Du hast mir kein Glück gebracht! Jetzt brauch' ich dich nicht mehr!«, rief er, und warf den Ring in hohem Bogen ins Wasser. Drauf wurde aus dem stolzen Ritter wieder der grobschlächtige Riese.

Wie er aber aufsah zum Kamm vom Erlakogel, da wusste er plötzlich, was er tun konnte. Er besorgte sich einen Hammer und einen Meißel. Dann stieg er hinauf zum Berggipfel. Droben am Kamm begann er jetzt wild zu werken. Steine polterten herunter, Bäume stürzten ins Tal, Felsstürze rissen ganze Schotterlawinen mit. Tage und Wochen ging das so. Dann aber schaute der Erla von der anderen Seite des Sees auf den Erlakogel. »So ist es recht. Blondchen, jetzt wirst du ewig leben!«

Jahrhunderte sind seither vergangen. Von Riesen hat man hier schon lange nichts mehr gehört, und auch nicht von den Zwergen. Das Schloss Ort steht aber heute noch in der Bucht am Traunsee, und auch das Blondchen schaut im Umriss vom Erlakogel heute noch in den Himmel – zum Zeichen für eine Liebe, die die Jahrhunderte überdauert hat.

Nixe Blondchen am Grat der Berge: Sie liegt am Rücken und schaut in den Himmel. Der höchste Punkt ist der Haarschopf, links davon die zierliche Nase und das Kinn.

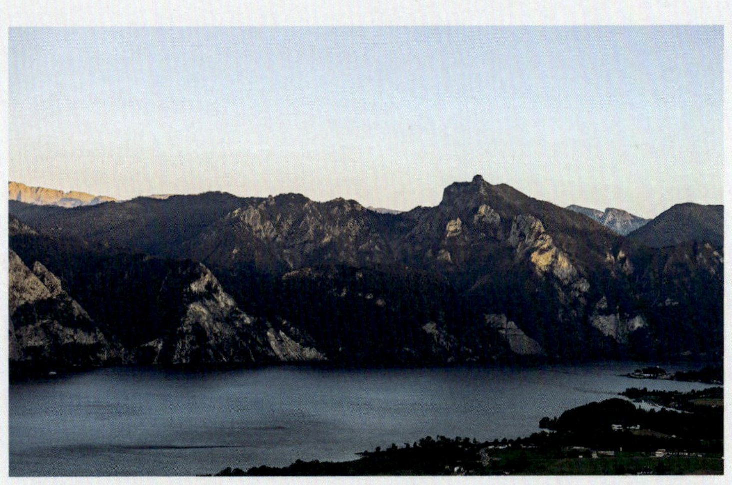

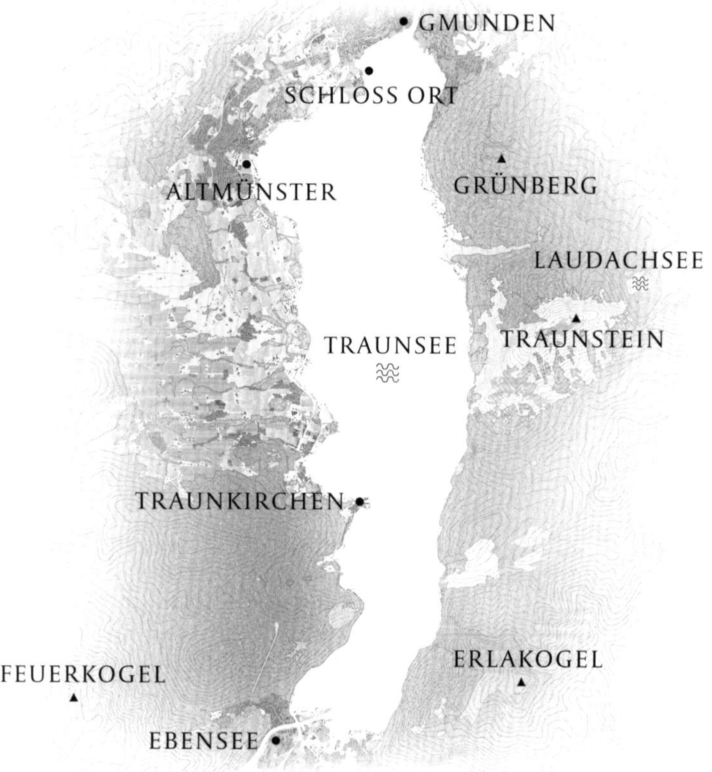

Wo die Liebe in Stein gemeißelt ist

Malerisch liegt die Stadt Gmunden am tiefblauen Traunsee, der mit dem mächtigen Traunstein einen weitum bekannten und berüchtigten Bergsteiger-Magnet besitzt. Dahinter versteckt liegt ein besonders Kleinod: der unter Naturschutz stehende Laudachsee, in dessen klarem Wasser einst die schöne Nixe gebadet hat. Heute erfrischt dieser See immer wieder Wanderer, die sich die heiß gelaufenen Sohlen kühlen möchten.

Nahe am See, in der Scharte zwischen dem Katzenstein und dem Traunstein, soll der Riese Erla erstmals die Liebe seines Lebens erblickt haben. Heute können wir seine Liebste mit dem Blick nach Süden gerichtet immer noch von der Gmundner Esplanade aus sehen, denn er hat ihr bezauberndes Antlitz zur Erinnerung in den Erlakogel gemeißelt.

Gleich neben dem 1575 Meter hohen Erlakogel befindet sich als Ausläufer der Gasselkogel, der Einsicht in das Reich des Zwergenkönigs Rötel erlaubt. In der Gasselhöhle auf 1229 Meter können bei einer Führung unter anderem faszinierende Tropfsteingebilde bewundert werden.

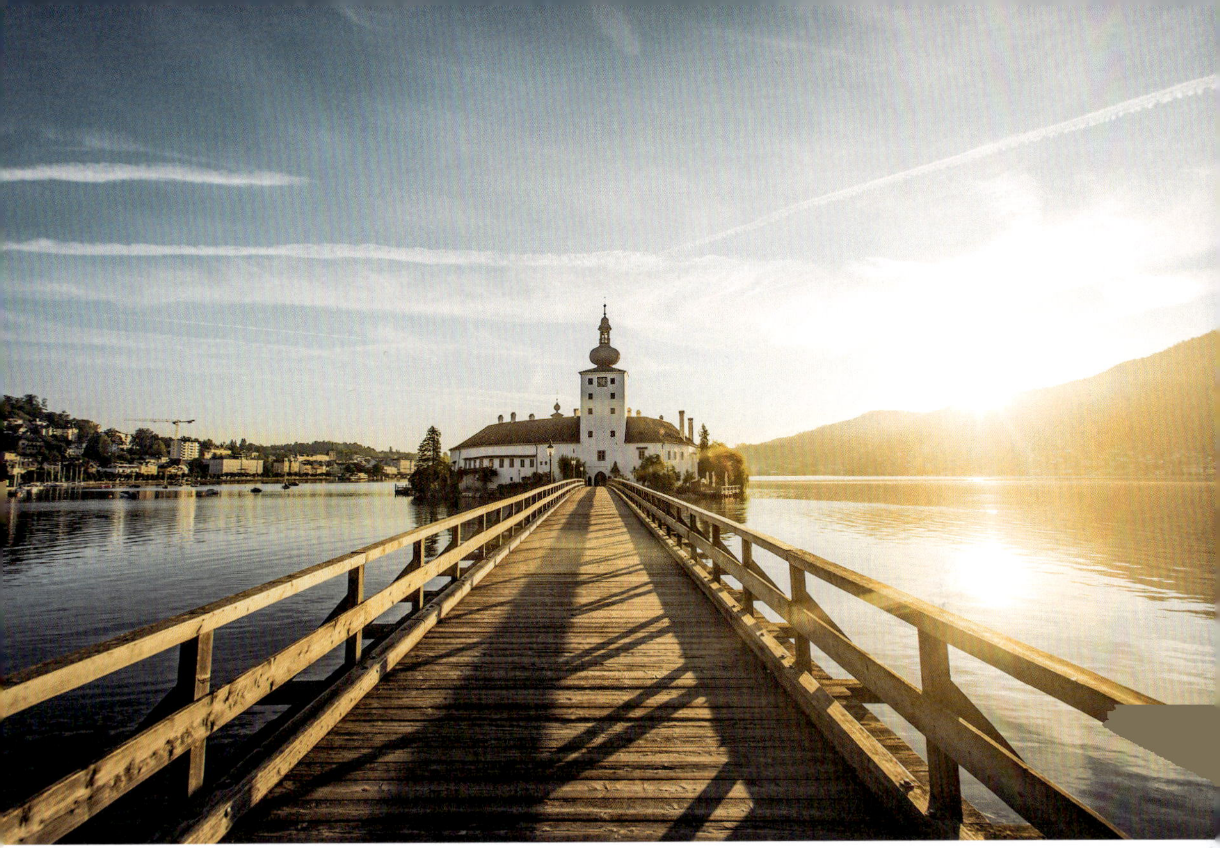

Über diese Brücke zogen schon die Nixe, die Zwerge – und schlussendlich auch der Riese.

Ein Schloss wie im Märchen

Das sagenhafte Seeschloss Ort mit seiner wechselhaften Geschichte ist heute Museum, Veranstaltungsort, beliebte Hochzeitslocation und beherbergt auch ein Restaurant. Erreichbar ist die Anlage nur über eine 123 Meter lange Holzbrücke vom Landschloss Ort aus, an dessen Rückseite der ruhige Toscanapark mit dem Toscana-Congress-Zentrum grenzt.

Entspannt im Toscanapark

Hier kann man beschaulich spazieren oder gemütlich unter dem Blätterdach alter Bäume verweilen – mit herrlichem Ausblick auf die Umrisse vom Blondchen.

Wanderung vom Grünberg zum Laudachsee

leicht

ca. 210 Höhenmeter

ca. 8 Kilometer

ca. 2,5 Stunden

Grünbergalm am Grünberg, Ramsaualm am Laudachsee

[AUSGANGSPUNKT] Bergstation der Grünberg-Seilbahn

[ANFAHRT] Die Talstation der Grünberg-Seilbahn befindet sich am Ostufer des Traunsees und ist über die L1304/Traunsteinstraße in Gmunden erreichbar. Öffi-Anbindung: Bushaltestelle Gmunden Grünbergseilbahn Talstation, Seebahnhof, Schiffsanlegestelle Gmunden-Grünbergseilbahn

[AUFSTIEG] Von der Bergstation der Grünberg-Seilbahn gelangt man am Wanderweg Nr. 410 über breite Forststraßen kinderwagenfreundlich und in nur einer Stunde Gehzeit zum Laudachsee. Am Wegesrand bietet die bunte Artenvielfalt der Natur viel zu entdecken, und auch die Sagen des Riesen Erla und des Siebenbrünnleins sind am Weg mit einer großen Holzfigur und einem Brunnen verewigt. Gleich oberhalb des wunderschönen Moorsees, in dem die Nixe vom Riesen in der Scharte zwischen Katzenstein und Traunstein sitzend entdeckt wurde, befindet sich die bewirtschaftete Ramsaualm, die zur Einkehr einlädt. Von hier aus lässt sich der See für Groß und Klein bei trockenem Wetter in beiden Richtungen in nur etwa 40 Minuten umwandern (Wanderweg Nr. 20). Vorsicht: Bei Nässe kann der Pfad stellenweise unangenehm sumpfig und rutschig sein.

[ABSTIEG] Auf gleichem Weg zurück.

[VARIANTE] Mit dem Schiff von Gmunden zur Anlegestelle Hoisn, dort ist der Anstieg über Wanderwege und alte Forstwege zum Laudachsee etwas ruhiger. Vom Laudachsee über die Hohe Scharte zur bewirtschafteten Mairalm, weiter über die Forststraße, den Miesweg und die Traunsteinstraße zurück zur Anlegestelle lässt sich eine Runde um den Traunstein wandern. Die reine Gehzeit beträgt etwa 5 Stunden bei ca. 14 Kilometern und 720 Höhenmetern.

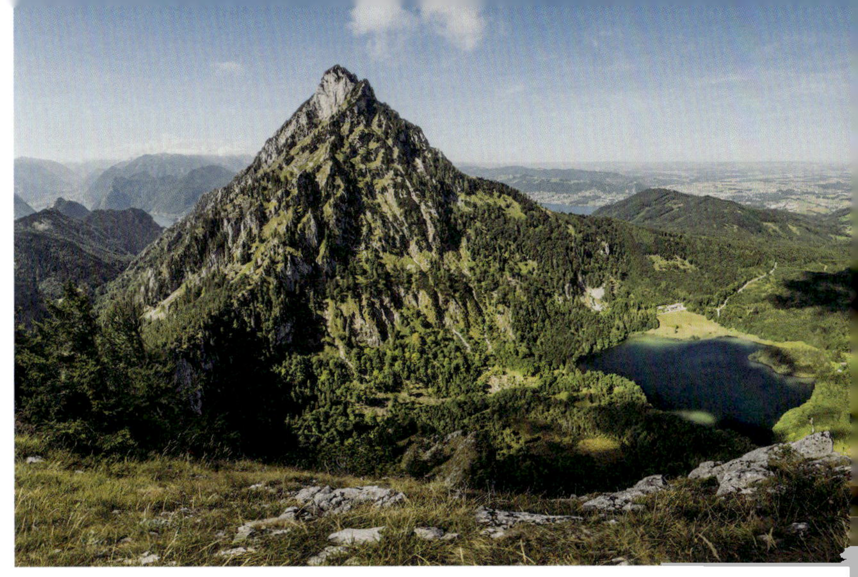

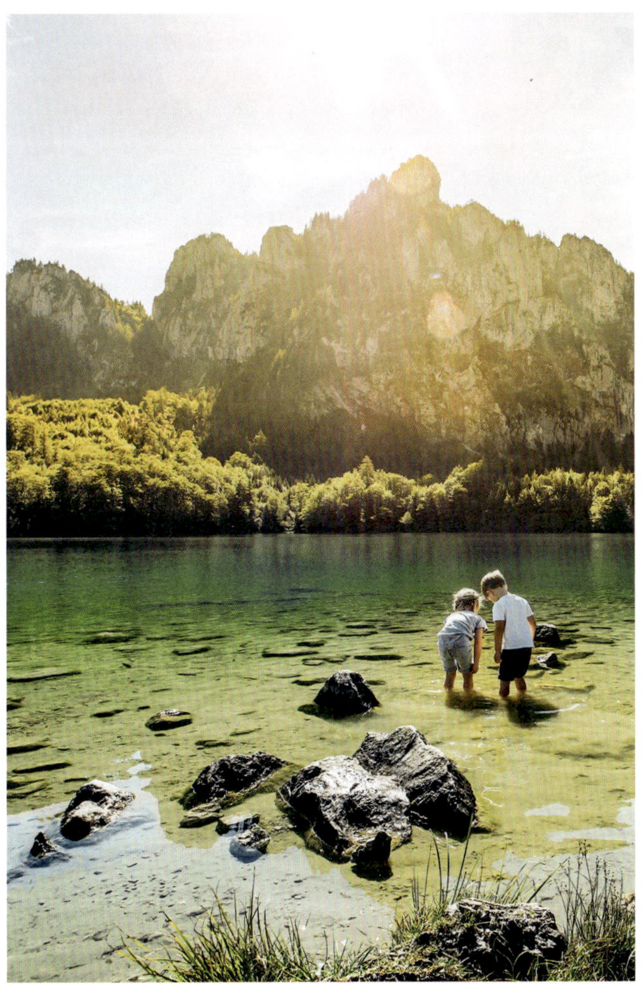

Der Laudachsee im Schatten des Traunsteins. Hier begann das Liebesglück der Nixe und des Riesen. Heute ist der See ein ideales Wanderziel für Familien.

Bergtour auf den Erlakogel

●●○
mittel

ca. 1160 Höhenmeter

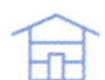
ca. 9 Kilometer

ca. 5,5 Stunden

unterwegs keine, Buffet am Badeplatz Rindbach

[AUSGANGSPUNKT] Ebensee, Ortsteil Rindbach, Wanderparkplatz (Parkplatz Freizeitanlage Rindbach), gebührenpflichtig

[ANFAHRT] Über die B145 nach Ebensee, im Ort folgt man der Beschilderung in den Ortsteil Rindbach zur Parkmöglichkeit an der Freizeitanlage. Öffi-Anbindung: Bushaltestelle Rindbach bei Ebensee Segelschule

[AUFSTIEG] Vom Wanderparkplatz führt der Weg ein kurzes Stück entlang des meist trockenen Rindbach-Bachbettes. Man folgt der Erlakogel-Wanderwegmarkierung Nr. 421 über eine Brücke und gelangt auf einem schmalen Pfad vorbei an Häusern zum Wandfuß. Im Wald windet sich der Weg in Serpentinen anhaltend steil nach oben. Vorbei am erfrischenden Aloisbründl erreicht man die Wiesen und das Almgebäude der Spitzelsteinalm.
Nach Verlassen der Spitzelsteinalm führt der Steig, mehrmals die Forststraße querend, dann über Stock und Stein und auch durch eine kurze Leiter gesichert, bergwärts. Im Jahr 2007 hat hier oben der Sturm Kyrill den Hochwald zerstört, der noch niedere Jungwald lässt uns auf der ganzen Strecke zum Erlakogel-Gipfel das Panorama der Umgebung bestaunen. Besondere Vorsicht bei Nässe ist am Kamm und beim letzten felsigen Aufschwung zum Gipfel geboten.
Am Erlakogel angekommen, lässt sich leicht erahnen, wie wehmütig der Riese Erla ins Tal auf sein Schloss geblickt haben mag ... Nicht wehmütig, sondern begeisternd ist für uns der Blick auf den Dachstein, das Tote Gebirge, den Traunsee und bei klarer Sicht weit ins oberösterreichische Flachland hinaus.

[ABSTIEG] Der Abstieg erfolgt auf gleicher Route.

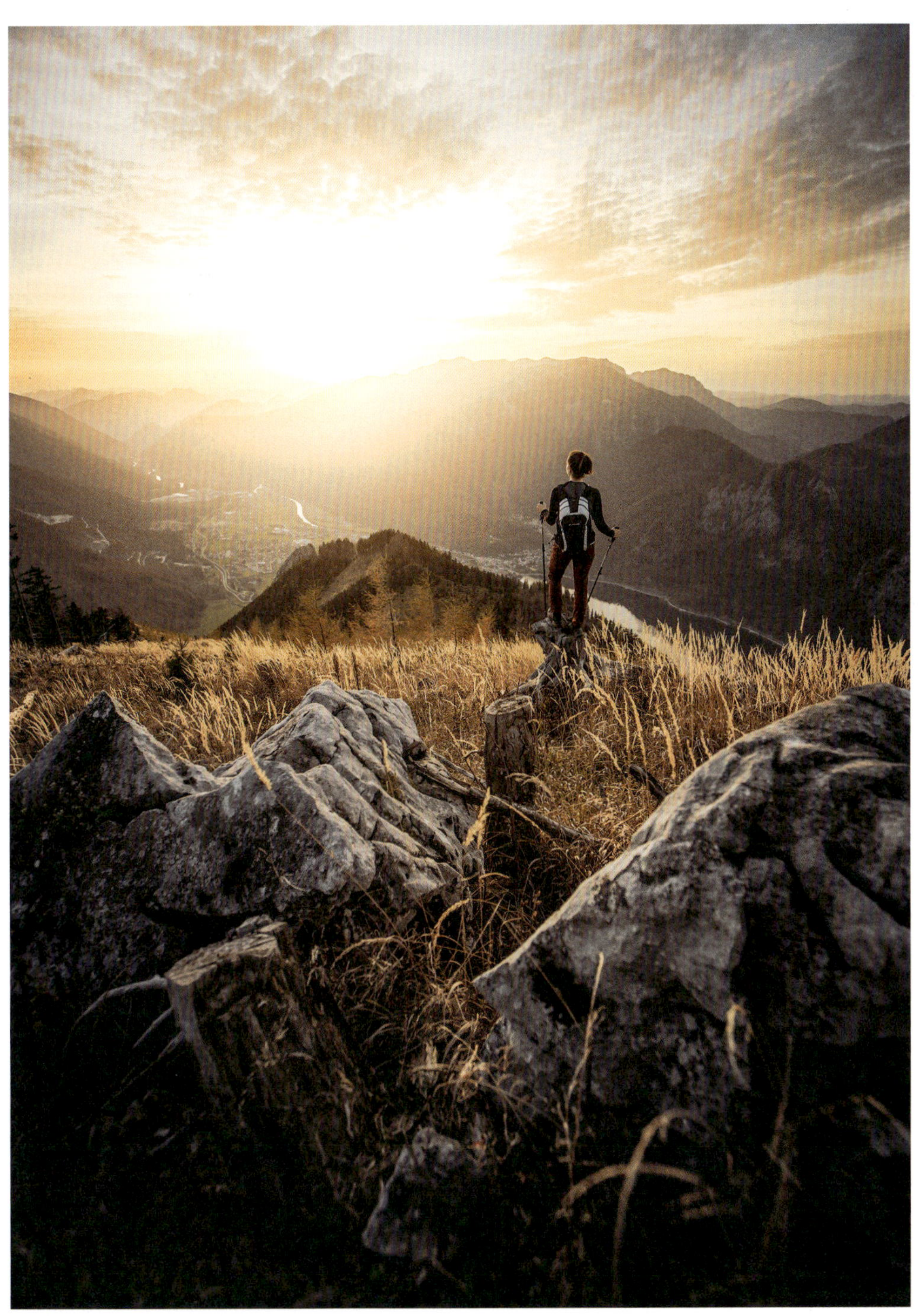

Sonnenuntergang über dem Höllengebirge.
Ebensee, die Traun und der Traunsee leuchten im letzten Licht.

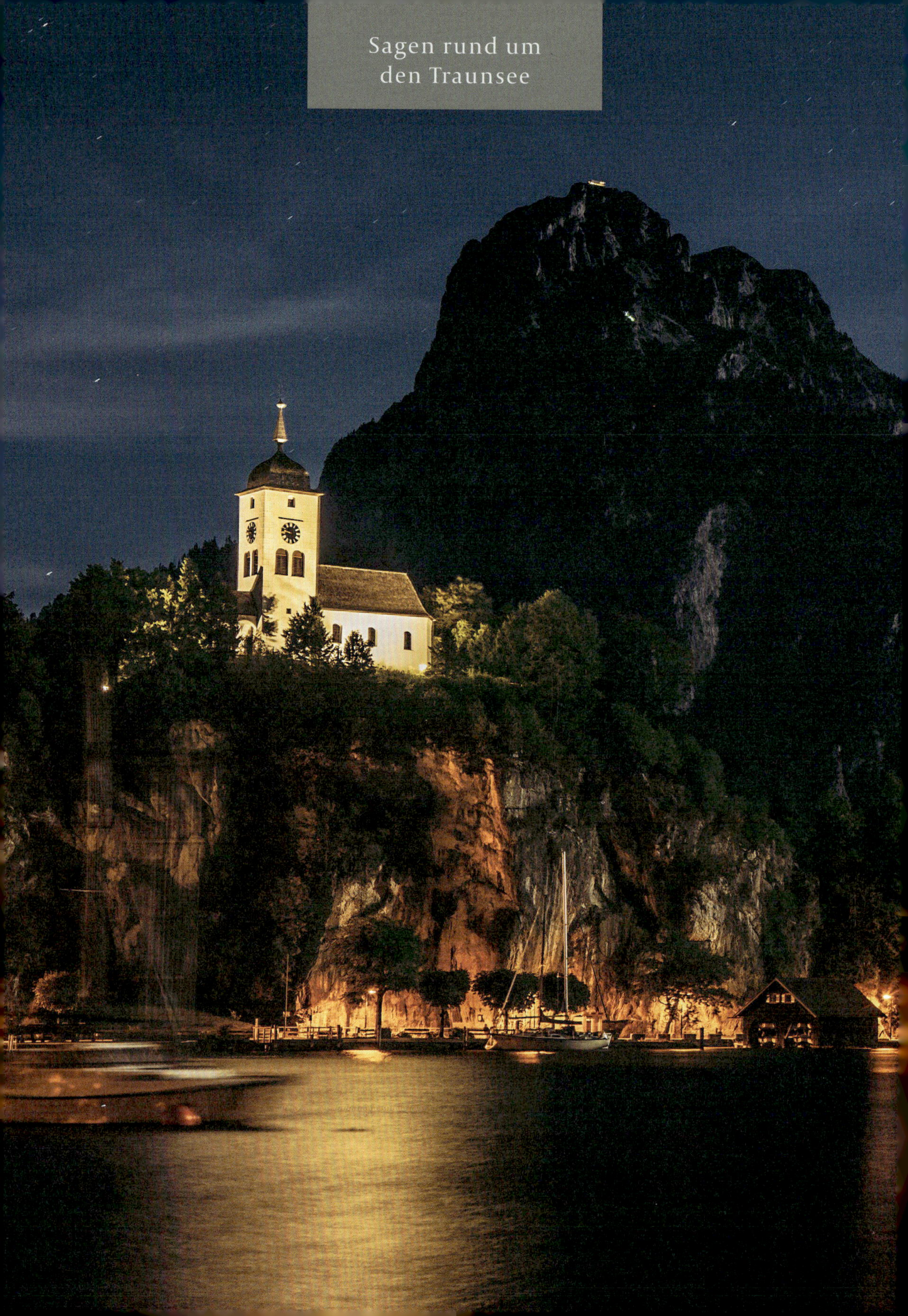
Sagen rund um
den Traunsee

TRAUNKIRCHEN

Von Riesen, die eine Kirche bauen

... und von zweien, die sich nicht finden – oder doch?

Von Riesen, die eine Kirche bauen

Odinstein, Baalstein, Hohenaugupf und Sonnstein: Die Berge rund um Traunkirchen tragen ihre vorzeitliche Geschichte schon im Namen.

Wenn's um die Verehrung von Gottheiten geht, hat Traunkirchen die Nase vorne. In keinem anderen Ort im Salzkammergut gab und gibt es so viele den Göttern geweihte Plätze nah beieinander: Am Johannesberg wurde Odin verehrt. Ein Stück oberhalb ist der Baalstein. Der oder dem Höchsten war der Gupf auf der hohen Au, also der Hohenaugupf, mit dem Hochstein geweiht. Das heilige Bründl bei der Kotlacke gleich unterhalb war für sein Wasser berühmt und der Wald dort ist der Glückshafenboden. Der Kreis schließt sich am Sonnstein mit seinem Sonnenheiligtum.

Als die vorchristlichen Heiden verteufelt und auch von dort vertrieben wurden, rissen sie der Sage nach eine Kluft vom Gipfel bis hinunter zum See – den Teufelsgraben. Man spürt: Rund um Traunkirchen hat sich schon vor Zeiten viel abgespielt.

Aber zurück zum Johannesberg. Diese kleine felsige Halbinsel ist das Wahrzeichen von Traunkirchen. Kaum dass die heidnischen Anbeterinnen und Anbeter von Odin vertrieben waren, begannen Riesen mit dem Bau der Johannesberg-Kapelle. Die Riesen stammten aus der Viechtau. Die liegt zwischen Altmünster und Traunkirchen. Freilich waren die Riesen nicht die Hellsten. Geisteskraft und Geschick gehörten nicht zu ihren Stärken. Wohl aber verfügten sie über gewaltige körperliche Kräfte.

Warum die Riesen die Kapelle bauten, ist nicht bekannt. Wohl aber, dass die Riesen aus dem Geschlecht derer »von Rüelpel« stammten. Ihre Kirche war samt einer lustigen Hochzeit in einem Tümpel in der Viechtau versunken. Mag sein, dass die Rüelpel daraufhin einfach eine Kirche auf festem Grund errichten wollten. Eine auf einem Felsen, die damit gewiss nicht versinken konnte.

Außen mauerten sie einen steinernen Kopf ein, und das in einer Höhe, die dem Kleinsten von den Rüelpeln entsprach: drei Meter über dem Boden.

Später wurde der Kopf in den Eingangsbereich der Johannesberg-Kapelle versetzt. Da ist er rechts oben immer noch zu sehen. Er erinnert frappant an einen Römer-Kopf.

Eine Turmuhr, der Pest wegen

Ein anderer trug auch seinen Teil zur Johannesberg-Kirche bei: ein Bursche aus Siegesbach.

Am Weg von Traunkirchen zum Sonnstein zieht sich unmittelbar vor dem Berg ein steiler, tiefer Graben in die Enge. Darin rauscht der Siegesbach. An seiner Mündung erlebte ums Jahr 1600 ein Bursche seine glückliche Kindheit, die jäh endete. Die Pest rottete Anfang des 17. Jahrhunderts ganz Traunkirchen aus. Alle starben. Auch die Familie des Burschen in Siegesbach. Alleine wollte er hier, nach allem, was geschehen war, nicht bleiben.

So zog er mit seinen 13 Jahren hinaus in die Welt. Irgendwie verschlug es ihn bis Rom. Dort erlernte er das Bäckerhandwerk und wurde sogar Meister. Offenbar hatte ihm sein hartes Schicksal viel beigebracht, denn als Bäckermeister war er sehr erfolgreich. So kam er schließlich wieder zurück nach Traunkirchen. Zum Dank für die wundersame Fügung, dass er – als Einziger – die furchtbare Pest überlebt hatte, spendete er die Turmuhr für die Johannesberg-Kapelle.

Liebe ... vom anderen Ufer!

Der Graf von Orth war ein grader Michel und streng, richtig streng – zu sich und zu anderen. Als er mit seinem Lehnsherrn in den Krieg ziehen musste, wollte er seine Tochter deshalb nicht ohne eine schützende Hand zurücklassen im Schloss am See. Die Tochter war jung und liebreizend. Der Graf wusste nur zu gut, was junge Burschen, die so dachten wie er selbst, im Sinn hatten mit einer jungen Frau. Deshalb brachte er sie zum Grafen von Wolfsegg. Der war sein Freund. In seiner Obhut war für sie nichts zu befürchten. Jetzt konnte der Graf von Orth in den Krieg ziehen, ohne um die Unschuld seiner Tochter fürchten zu müssen.

Ins Schloss Wolfsegg kam allerdings immer wieder der junge Ritter von der Wartenburg bei Vöcklabruck. Mit Argwohn sah der Graf von Wolfsegg, dass sich die zwei jungen Leute anfreundeten. Bald war nicht zu übersehen, dass sich da mehr entspann.

Jetzt war der Wolfsegger aber aus dem gleichen Holz geschnitzt wie der Graf von Orth. Als er sah, was sich da anbahnte, handelte er rasch und schnell. Bei Nacht und Nebel wurde die junge Frau in eine Kutsche gesteckt und ins Nonnenkloster von Traunkirchen verfrachtet. Da war sie jetzt – gut abgeschirmt gegen jede männliche Versuchung.

Für den Ritter von der Wartenburg war das eine böse Überraschung. Seine Liebste war plötzlich verschwunden – und niemand wusste wohin.

Aber wenn die Liebe richtig in Schwung kommt, ist sie wie das Wasser. Sie bahnt sich überall ihren Weg. Irgendwie erfuhr der Wartenburger, dass seine Liebste ins Nonnenkloster von Traunkirchen gebracht worden war. Also machte er sich auf den Weg dorthin. Dort angekommen, musste er feststellen, dass er als Mann nicht den Funken einer Chance hatte, hineinzukommen. Obendrein fiel es auf, wenn sich einer die ganze Zeit mit lauernden Blicken vor dem Kloster herumtrieb.

Also quartierte sich der Ritter auf der anderen Seite vom Traunsee in der Eisenau ein. Dort – genau gegenüber vom Kloster Traunkirchen – stand das Eisenauer Schlössl.

Ein junger Adeliger, der sich hier aufhielt, um im Hinterland zur Jagd zu gehen, das war nichts Außergewöhnliches. Die Jagdlust des jungen Ritters hatte aber ein ganz besonderes Ziel. Immer wieder stieg er nördlich vom Eisenauer Schlössl auf einen Felsen über dem See. Von hier schaute er hinüber zum Kloster. Seine Hoffnung war, irgendwo seine Liebste zu entdecken und herauszufinden, wie er zu ihr kommen könnte. Der Fels, auf den er kletterte und von dem er Ausschau hielt, heißt heute noch »Jungfernlueg«.

Das Herz vom Wartenburger schlug höher, als er die junge Frau eines Tages wirklich entdeckte. Bald stellte er fest, dass sie immer gegen Abend am schmalen Steig zwischen Kloster und See eine Runde spazieren ging. Mehr musste der Wartenburger nicht wissen.

Am nächsten Tag sprang er zeitig vor dem absehbaren Spaziergang seiner Liebsten in den See und schwamm auf die andere Seite. Die junge Frau war einigermaßen überrascht, als auf ihrem Weg entlang der Klostermauer plötzlich ein Mann aus dem Wasser stieg. Aber riesengroß war die Freude, als sie in dem patschwaschelnassen Kerl ihren Liebsten erkannte. Glückselig fielen sie sich in die Arme und nutzten die Zeit, die sie hatten, aufs Glücklichste.

Danach vereinbarten sie: Künftig würde er jeden Tag durch den See zu ihr schwimmen. Niemand rechnete damit, dass sie sich hier trafen. So waren sie ungestört. Was für ein Glück! Abend für Abend kamen die beiden jetzt zusammen. Die Liebe hatte sich ihren Weg durch die Wirrnisse und Umstände des Lebens gebahnt.

Einmal aber zog gegen Abend ein Unwetter auf. Der Wartenburger war schon weit draußen am See, als der von den Traunseefischern gefürchtete Viechtauer Wind einfiel. Stürmisch peitschte er die Wellen auf. Die Nonnen ließen die junge Frau nicht aus dem Haus. So stellte sie ihrem Liebsten eine Laterne ins Fenster. »Für die armen Seelen!«, sagte sie, und die Nonnen bekreuzigten sich.

Der Sturm wurde immer heftiger. So sehr der Wartenburger auch gegen die Wellen ankämpfte – sie waren stärker. Obendrein wehte der Wind die Laterne vom Fenster. Klirrend zerschellte sie am Boden. Und der Wartenburger? Der ging im Sturm unter und ertrank.

Bei Sonnenaufgang schwemmten die Wellen seinen Leichnam beim Kloster an. Als die junge Frau sah, dass ihr Liebster ertrunken war, wollte auch sie nicht mehr leben. Sie stürzte sich von der Klostermauer zu ihm ins Wasser und brach sich bei einem der vorstehenden Felsen das Genick.

So waren die zwei, die im Leben nicht zusammen sein durften, immerhin im Tod vereint.

Das Eck vom Kloster direkt am See, wo die zwei Leichname gefunden wurden, nennt man seither das »Antlass-Eck«. »Antlos« stammt aus dem Althochdeutschen und heißt »unbeseelt« oder auch »Leichnam«.

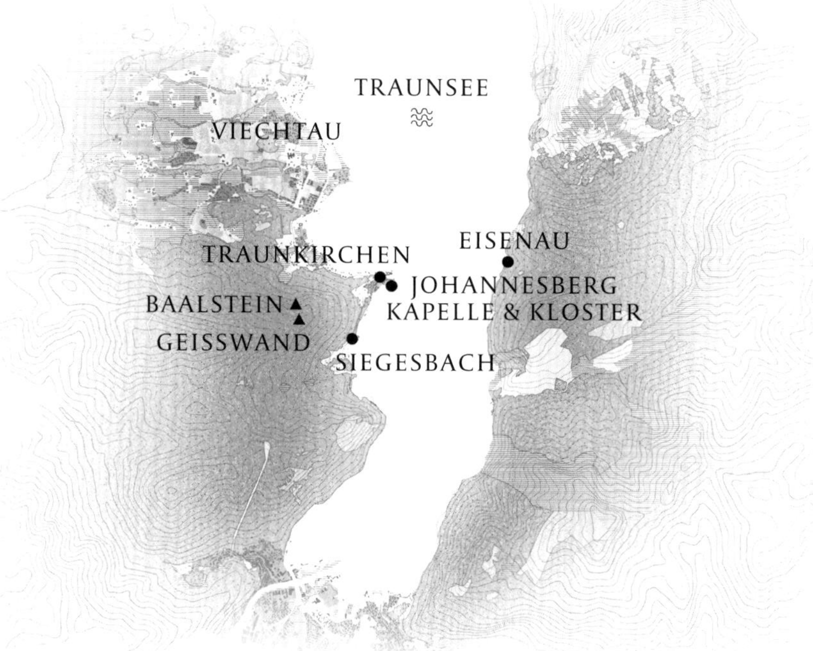

Malerischer Ort mit Geschichte

Auf einer lieblichen Halbinsel im Traunsee, auf halbem Weg zwischen Gmunden und Ebensee, liegt das malerische Traunkirchen. Es lohnt sich, hier haltzumachen und ein paar Stunden beim Spazieren oder Wandern, wenn nicht sogar ein paar Tage für einen ganzen Urlaub zu verbringen. Fährt man nicht durch den Umgehungstunnel in der Geißwand, sondern besucht den Ortskern, fallen einem dicht gedrängte Häuser auf, die sich an den See und die dahinterliegenden Bergrücken schmiegen. Die kleine, durch die sagenhaften Riesen erbaute Johanneskapelle am Johannesberg thront und wacht über Traunkirchen, umgeben von einem der letzten Eibenwälder Europas.

Prägend für das Ortsbild ist hier auch das ehemalige Nonnenkloster, zu dessen Füßen sich die Tragödie um das verliebte Paar abgespielt haben soll. Zum Kloster gehört die barocke Pfarrkirche Maria Krönung, die die berühmte Fischerkanzel eines unbekannten Holzbildhauers beherbergt. Im Gebäudekomplex des früheren Klosters finden auch ein Handarbeitsmuseum, die Räumlichkeiten der internationalen Akademie Traunkirchen (Wissenschaft) sowie der internationalen Sommerakademie (Kunst) Platz.

Traunkirchen bietet beliebte Wanderziele in der Umgebung, wie den Großen und den Kleinen Sonnstein oder die Hochsteinalm mit ihren vielen Almtieren.

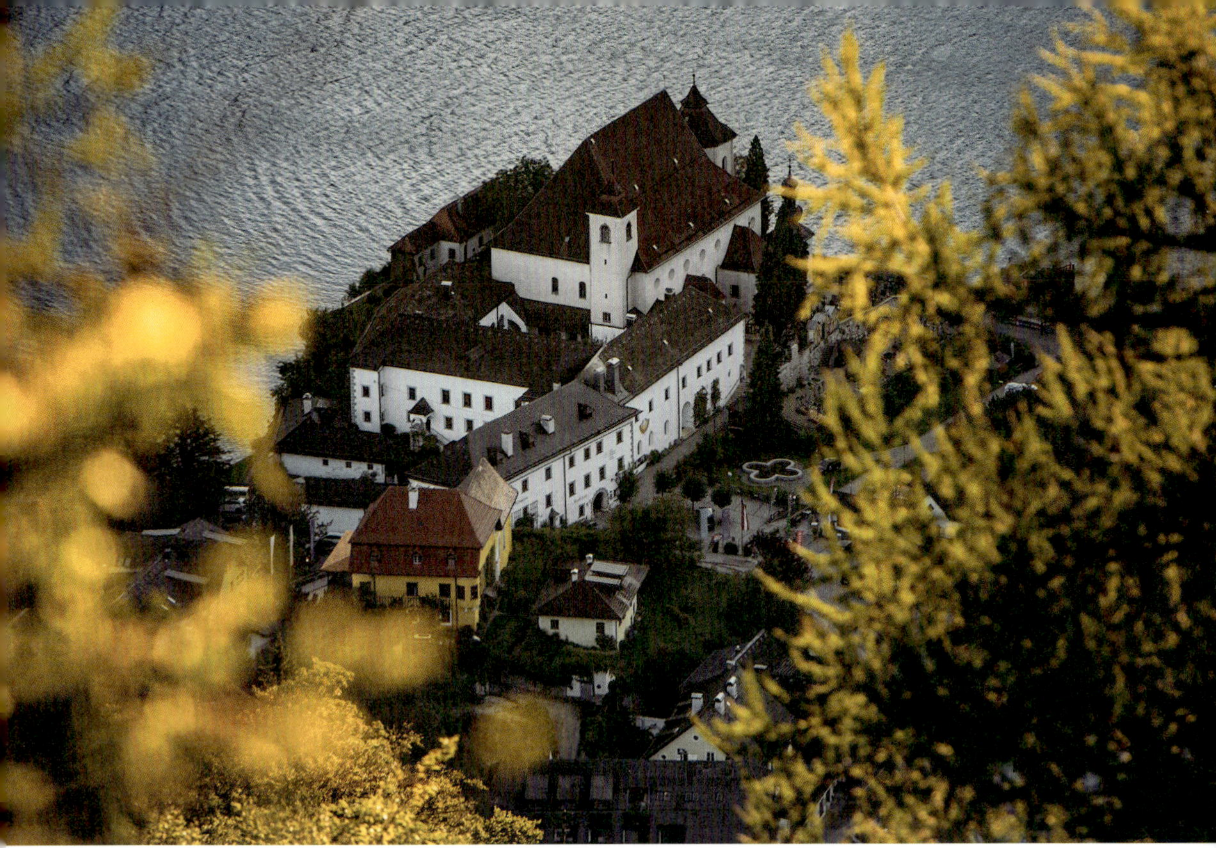

Heidnischer Kultplatz, Nonnenkloster, Stützpunkt der Jesuiten, Museum und Sitz der internationalen Akademie: Das Kloster Traunkirchen kann viele Geschichten erzählen.

Einkehren für Verliebte

Wenn es nur damals auch schon so einfach gewesen wäre ... Für lauschige Candle-Light-Dinner eigenen sich in Traunkirchen gleich mehrere Restaurants: die Poststube 1327 im Ortszentrum, das 's Paul in Mitterndorf oder die Spitzvilla mit ihrer Terrasse am Traunsee. Dort und auch noch in einigen erstklassigen Gaststätten mehr können sich Verliebte heute kulinarisch verwöhnen lassen und so romantische Stunden in Traunkirchen verleben – ganz ohne vorher Nonnen auszutricksen oder den Traunsee zu durchschwimmen ...

An den Tischen des Traditionsgasthauses Gruberwirt mit eigener Fleischhauerei im Ort oder auch bei der Hochsteinalm setzt man auf bodenständige und unkomplizierte Küche: Ein saftiges Bratl in der Rein, ein herzhaftes Gulasch oder kesselheiße Würstel lassen die Herzen von großen und kleinen Wanderern dort höherschlagen.

Spaziergang durch den Ort Traunkirchen

leicht

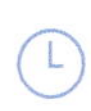

70 Höhenmeter

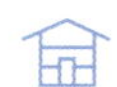

2,5 Kilometer

ca. 1 Stunde

Poststube 1327

[AUSGANGSPUNKT] Wanderparkplatz Traunkirchen

[ANFAHRT] Der Ort Traunkirchen liegt an der B145 zwischen Gmunden und Ebensee. Von Gmunden kommend, zweigt man vor dem Geißwand-Tunnel Richtung Traunkirchen-Ort ab, der kostenfreie Parkplatz befindet sich rechts am Hang kurz vor Traunkirchen.
Öffi-Anbindung: Bahnhaltestelle Traunkirchen-Ort, Bushaltestelle Traunkirchen-Ortsplatz

[RUNDWEG] Vom Parkplatz spaziert man zum am See und Ortseingang gelegenen Hotel Das Traunsee und direkt an diesem hinunter in den kleinen Park unterhalb des Hotel-Parkplatzes. Der Weg verläuft nun am Seeufer und den Mauern des ehemaligen Klosters entlang. Am Antlass-Eck ist die Lichtanlage für Sturmwarnungen angebracht, und immer wieder laden Bänke zum Verweilen ein. Von hier kann man auch am gegenüberliegen Seeufer die Kastanienbäume des ehemaligen Gasthauses zur Eisenau oder auch die dort immer wieder gerne anliegenden Boote erkennen. Über den Klosterplatz mit kleinem Spielplatz spaziert man weiter, bis man hinter dem Coffeeshop links den Weg auf den Johannesberg über einige Stufen zur Johannesberg-Kapelle hinaufsteigt. Im Eingangsbereich befindet sich ein Kopf – so groß sollen die Riesen in dieser Gegend gewesen sein. An der Kapelle und am Weg seeseitig durch den Eibenwald gibt es Aussichts- und Ruhebänke. Wieder am Ufer angekommen, führt der Weg rechts weiter, wenn man möchte, über eine Badeinsel – oder unterhalb der hoch aufragenden Felsenwände, vorbei an der Schiffsanlegestelle Traunkirchen zum Ortsplatz. Diesen überquert man und folgt der engen Hoffischergasse links bis zu ihrem Ende, dann führt rechts der Zellerlweg zu den letzten Häusern und anschließend ein schmaler Fußweg bergauf. Nach etwa 100 Metern wendet man sich wieder nach rechts und spaziert den Waldrand entlang. Am Kalvarienberg-Weg angelangt, wendet man sich erneut nach rechts und gelangt vorbei an der »Russenvilla« wieder hinunter zur Seestraße, die linker Hand zum Ausgangspunkt zurückführt.

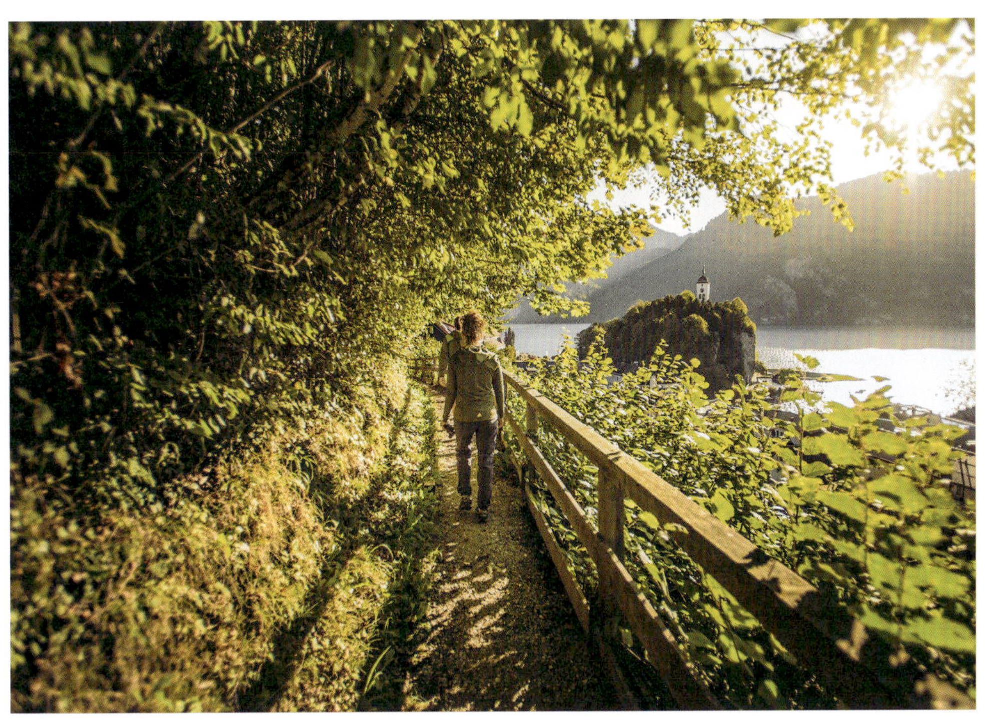

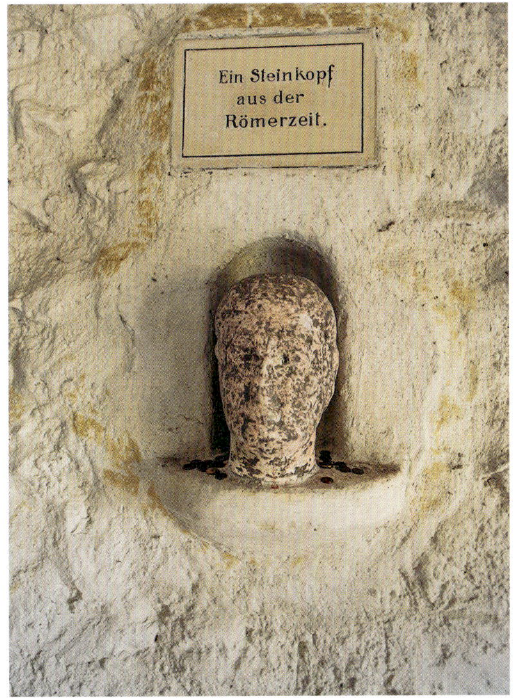

Oben: Blick vom Kalvarienberg zum Johannesberg – einst Odinstein.

Die Höhle, in der der römische Steinkopf steht, zeigt an, wie groß der kleinste von den Riesen war, die die Kapelle erbaut haben.

Bergtour auf die Geißwand und den Baalstein

mittel bis schwer

440 Höhenmeter

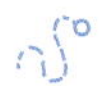

4,5 Kilometer

ca. 2 Stunden 15 Minuten

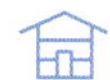

unterwegs keine

[AUSGANGSPUNKT] Wanderparkplatz Traunkirchen

[ANFAHRT] Der Ort Traunkirchen liegt an der B145 zwischen Gmunden und Ebensee. Von Gmunden kommend, zweigt man vor dem Geißwand-Tunnel Richtung Traunkirchen-Ort ab, der kostenfreie Parkplatz befindet sich rechts am Hang kurz vor Traunkirchen.
Öffi-Anbindung: Bahnhaltestelle Traunkirchen-Ort, Bushaltestelle Traunkirchen-Ortsplatz

[AUFSTIEG] Diese Wanderung führt vom Parkplatz die Seestraße entlang und den Kalvarienberg zur dortigen Kirche hinauf. An ihr vorbei mündet der Weg nach ein paar weiteren Wanderminuten über Stufen in den Zellerlweg, dem man rechts bergan folgt. Nach etwa 100 Metern, kurz bevor der Weg in eine breitere Forststraße übergeht, ist links an einem großen bemoosten Stein die Abzweigung zum aussichtsreichen, aber teilweise schmalen Jägersteig zu erkennen, für den nun Trittsicherheit und Schwindelfreiheit vonnöten sind. Dieser Anstieg zur Geißwand und zum Baalstein gilt als unmarkierter Weg, ist jedoch sporadisch mit blauen Punkten markiert. Durch den lichten Buchenwald sind immer wieder schöne Ausblicke auf Traunkirchen zu erhaschen und auch ein Steigbuch ist an einer Felsenwand zum Eintragen vorhanden. Nach etwa einer Stunde Gehzeit ist man am Sattel zwischen Geißwand und Baalstein angelangt und auch wieder am markierten Wanderweg Nr. 7. Links führt der Steig nun unterhalb der hoch aufragenden und von Kletterern geschätzten Geißwand vorbei, um von »hinten« in leichter und mit Seil gesicherter kurzer Kletterei diesen Gipfel mit herrlicher Aussicht zu erklimmen. Traunstein, Erlakogel und Sonnstein grüßen und der Traunsee glitzert zauberhaft in der Sonne. Um den Baalstein zu erreichen, wandert man auf gleichem Weg wieder zurück zum Sattel und hier entweder in leichter Kletterei über einen Felsen oder diesen links umgehend zum Baalstein. Ein improvisiertes Bankerl und der Blick in die Viechtau, weiter nach Altmünster und nach Gmunden sowie über den See begeistern auch hier.

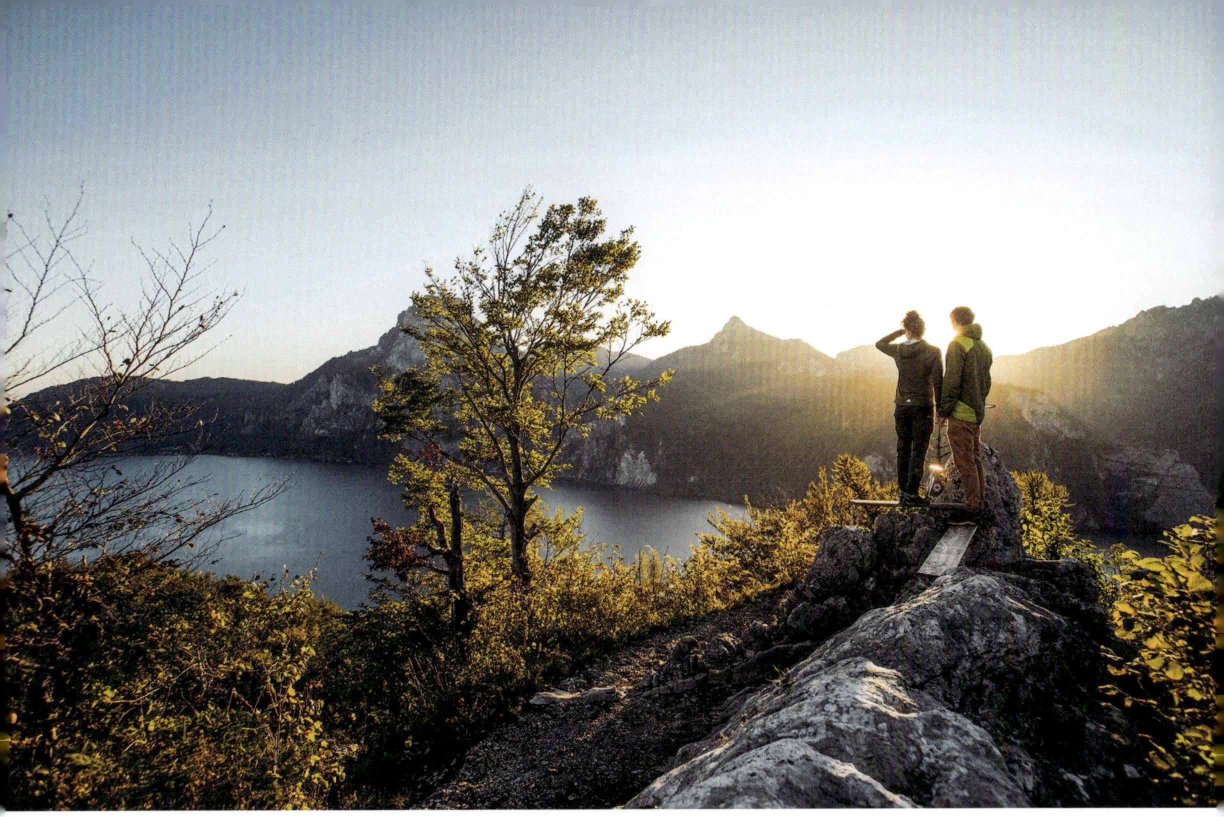

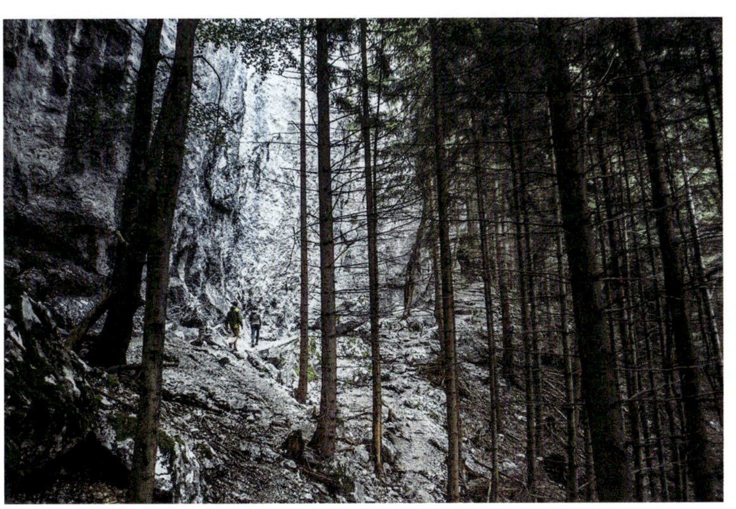

Weit ist der Blick von der Geißwand. Schattig und dunkel der Weg darunter durch den Wald.

[ABSTIEG] Wieder zurück am schon bekannten Sattel, führt nun der Wanderweg Nr. 7 schattenseitig in vielen Serpentinen zum Zellerlweg und zum uns bekannten Anstiegsweg zurück. Vorsicht, bei Nässe ist dieser Abschnitt sehr rutschig. Wanderstöcke sind für den Abstieg empfehlenswert.

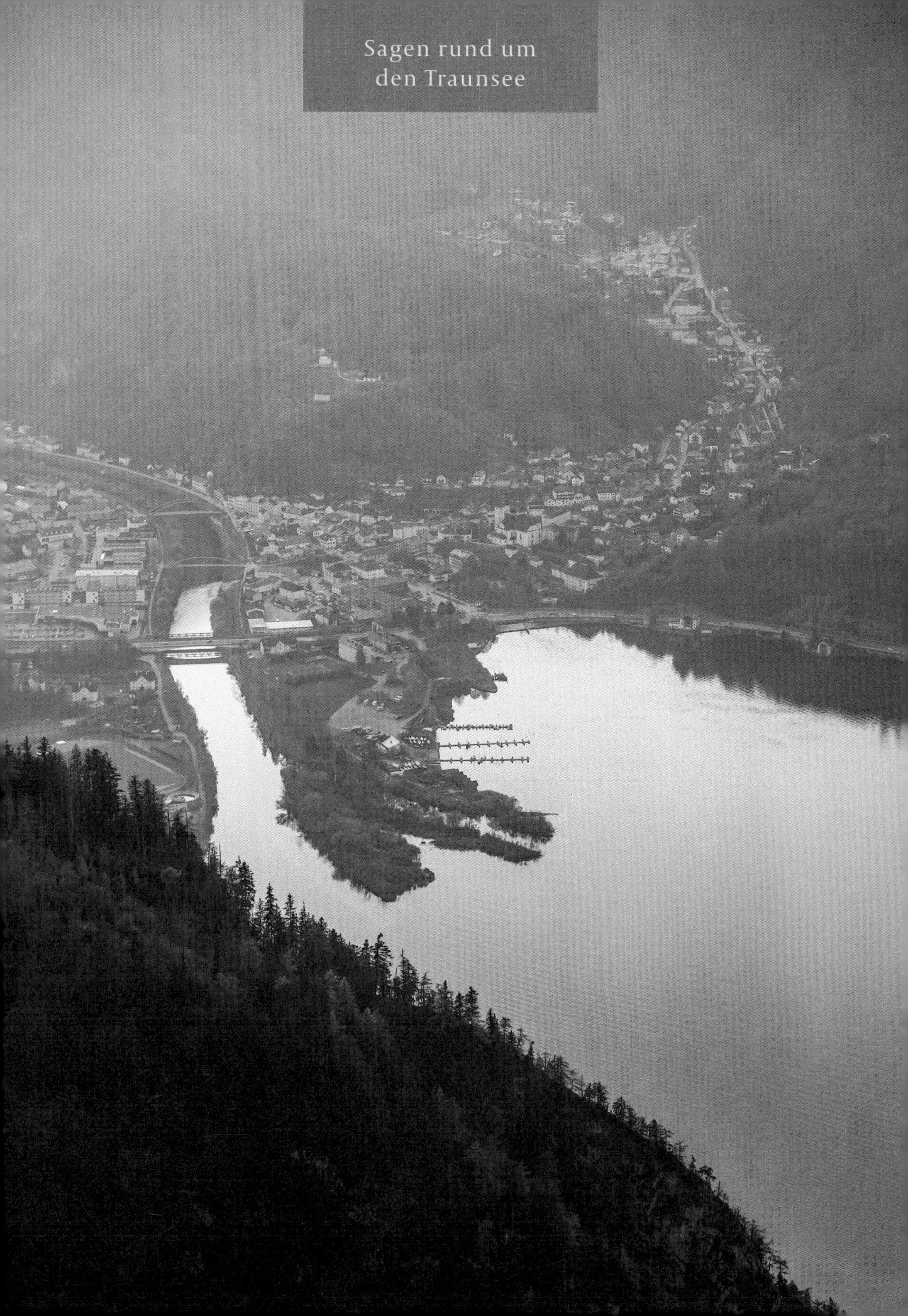
Sagen rund um
den Traunsee

EBENSEE

Schweigen ist Gold

... und Reden macht das Herz leicht

Schweigen ist Gold

Wer sich am Spitzelstein im richtigen Moment das Reden verkneift, kann zu großem Wohlstand kommen. Gibt's etwas, das man sich von der Seele reden möchte, dann ist man im nahen Rindbachtal besser aufgehoben. Dort waschen die wilden Beriweiberl ihre Wäsche.

Zur Zeit der Sommersonnwende rechte eine Frau aus Ebensee vor Zeiten am Abend der Johannisnacht, also am 23. Juni, auf der Spitzelsteinalm das letzte Heu zusammen. Ihr kleines Kind lag derweil in einem Steckpolster am Waldrand und schlief. Die Frau beeilte sich. Sie wollte vor Sonnenuntergang fertig werden. Der Abstieg hinunter nach Ebensee war ja auch noch ein Stück.

Da ging plötzlich die Felswand oberhalb von der Wiese auf. Ein Knabe kam zum Vorschein. Der hatte ein weißes Gewand an und hielt eine brennende Kerze in der Hand. »Komm herein!«, sagte er zu ihr, »du hast das Glück, zur rechten Zeit am rechten Ort zu sein. Hier warten große Schätze auf dich!«

Die Frau war baff. Von den Schätzen im Spitzelstein hatte sie schon gehört. Brauchen konnte sie den Reichtum auch. Gleich schaute sie nach dem Kind. Das schlief immer noch. Also schnell in den Berg. Der Knabe mit der Kerze hielt den Finger an den Mund. Ab jetzt hieß es also schweigen. Geschwind huschte sie durch den Spalt. Drinnen funkelte es von Gold und Edelsteinen. Gleich wollte sie mit den Händen eine Ladung zusammenschaufeln. Da hörte sie draußen ihr Kind aufschreien!

»Mein Kind!«, rief sie und stürzte hinaus, über die Wiese hin zum Waldrand. Das Kind schlummerte aber immer noch in seliger Ruhe. »Na, dann habe ich mich getäuscht«, meinte die Frau und wollte zurück in den Berg. Aber jetzt ragte der Felsen vor ihr auf, als ob da nie eine Öffnung gewesen wäre. Alles fest verschlossen. Nichts war's mit dem Reichtum. Hauptsache, das Kind war unversehrt. Immerhin hatte die Frau jetzt auch etwas zu erzählen. Der Schatz aber liegt vielleicht heute noch drin im Spitzelstein.

Ein Hut voller Laub – und was für eines!

Wer den steilen Anstieg auf den Spitzelstein scheut, kann auch bequem ins Rindbachtal wandern, um Sagenhaftes zu erleben. Immer wieder steigen dort beim Wasserfall die Nebel auf. Dann heißt es: »Heute waschen die Bergweiberl ihre Wäsche und hängen sie in den Bäumen auf.« »Bergweiberl« oder »Beriweiberl« werden im Salzkammergut übrigens Zwergenfrauen genannt.

Einmal ging eine Frau ins Rindbachtal. Sie war niedergeschlagen und verzweifelt. Ihr kleines Kind war gestorben. Da und dort pflückte sie Blumen. Bei der Beriweiberllucka, einer Höhle oberhalb vom Rindbach, setzte sie sich nieder. Sie war ganz schön ins Schwitzen gekommen. Deshalb nahm sie den Hut ab. Aus den Blumen wollte sie für ihr totes Kind einen Kranz flechten. Aber immer wieder überkam sie der Kummer – und sie weinte bitterlich.

Wie aus dem Nichts stand plötzlich ein Beriweiberl vor ihr und fragte: »Wås håst du denn?« Die Frau schilderte ihr schluchzend, was geschehen war. Da meinte das Bergweiberl: »Dei Kind kånn i dir nimmer gebn, åber a weng wås doch!«

Drauf warf die Zwergenfrau Laub in den Hut der Trauernden und befahl ihr: »Setz da den Huat auf und tua eam bis dahoam nimmer åba.« Das verwunderte die Frau: Den Hut sollte sie aufsetzen und bis zu Hause nicht mehr abnehmen? Eigenartig! Aber sie befolgte den Rat, so sonderbar er auch war. Als sie den Hut daheim wieder abnahm, war er voller Gold.

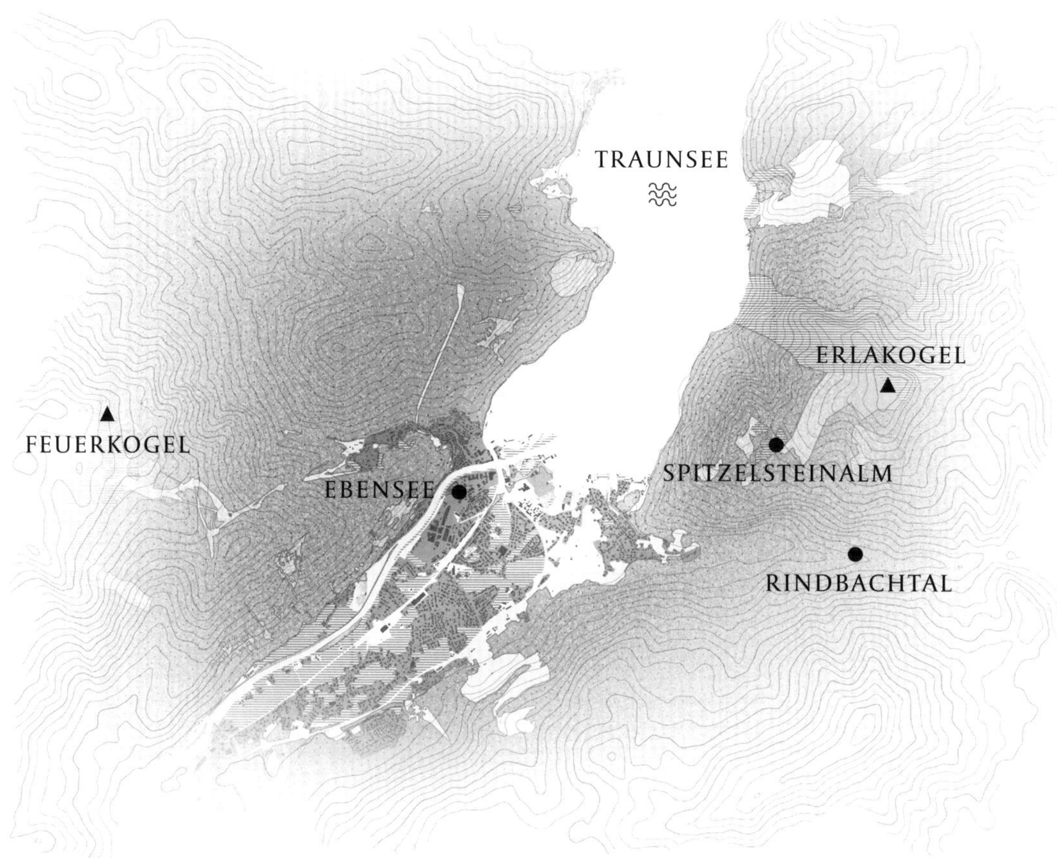

Gold für die Seele

Das Gold im Berg am Spitzelstein oder von den Beriweiberln findet man heute wie damals nicht so einfach, aber wie golden leuchtet das Blätterdach in den Wäldern im Rindbachtal und in Ebensee, wenn man diese Region an sonnigen Tagen im Herbst besucht.

Auch zu allen anderen Jahreszeiten hat Ebensee, am südlichen Ende des Traunsees gelegen, seinen Charme! Während sich im Tal entlang der Traun der Ort mit seinen Häusern ausbreitet, finden sich in den engen Seitentälern, aber auch auf luftigen Bergeshöhen rundum einige sagenhaft schöne Plätze, die es sich zu besuchen lohnt.

So wären die beiden Langbathseen im Westen und auch der Offensee im Südosten als besonders reizende Ziele zu nennen. Glasklar zeigen sich diese jeweils inmitten einer beeindruckenden Bergwelt und bieten auf Schritt und Tritt unvergleichlichen Naturgenuss. Ausflüge in solch herrlicher Landschaft können wahrlich Gold für die Seele bedeuten!

Der Feuerkogel und das Höllengebirge

Die Bergwelt rund um Ebensee bleibt im Übrigen nicht nur konditionsstarken Wanderern vorbehalten, denn im östlichen Teil des Höllengebirges bringt einen schon seit 1927 die Seilbahn hinauf auf den Feuerkogel, auf knapp 1600 Meter Seehöhe.

Oben erwarten die Besucher gemütliche Wanderungen zu zwei nahe gelegenen Gipfeln (Alberfeld- und Helmeskogel) genauso wie verschiedene Möglichkeiten zur kulinarischen Einkehr im Umkreis der Bergstation. Die Wildheit des Höllengebirges kann bei ausgedehnten Märschen zum Großen Höllkogel, zur Riederhütte und darüber hinaus erlebt werden, und im Winter bietet das Skigebiet am Feuerkogel neben dem Pistenspaß für die ganze Familie auch markierte Schneeschuh-Trails. Und wer weiß: Vielleicht läuft man ja auch der Hexe Kranawitha über den Weg

Ein Sprung ins kühle Nass gefällig?

Unweit der Ausgangspunkte für die sagenhaften Wanderungen befindet sich einer der beliebtesten Treffpunkte in Ebensee: das Strandbad am Traunsee-Südufer. Einheimische wie Gäste nutzen hier die ideal gelegene Freizeitanlage, um zu baden oder zu surfen. Wenn also im Sommer nach den Wanderungen zum Spitzelstein und zum Wasserfall das kühle Nass unwiderstehlich lockt, dann kann dem Drang getrost im Strandbad in Rindbach nachgegeben werden.

Zur Belohnung ein Eis!

Ein Muss nach jeder Wanderung in Ebensee: ein Eis bei der Eisdiele Giovanni beim Rathauspark am Landungsplatz! Was gibt es Schöneres, als sich nach einer langen Tour mit einem kühlen Leckerbissen zu belohnen. Die vielfältigen Eisspezialitäten werden täglich frisch zubereitet, und das schmeckt man sowohl beim einfachen »Kugerl in der Tüte« als auch beim üppigen Eisbecher, der reichlich mit frischen Früchten garniert serviert wird. Bleibt nur noch eine Frage: Vanille? Schoko? Kirsche? Zwetschke? Cookie? Banane? Apfel? Haselnuss? Zitrone?

Wanderung zur Spitzelsteinalm

mittel

700 Höhenmeter

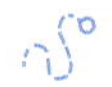

5,5 Kilometer

ca. 2,5 Stunden

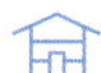

unterwegs keine, Buffet am Badeplatz in Rindbach

[AUSGANGSPUNKT] Ebensee, Ortsteil Rindbach, Wanderparkplatz, gebührenpflichtig

[ANFAHRT] Über die B145 nach Ebensee, im Ort folgt man der Beschilderung in den Ortsteil Rindbach zur Parkmöglichkeit an der Freizeitanlage.
Öffi-Anbindung: Bahnhaltestelle Ebensee-Landungsplatz (im Ort), Bushaltestelle Rindbach bei Ebensee-Segelschule

[AUFSTIEG] Vom Wanderparkplatz führt der Weg ein kurzes Stück die Strandbadstraße entlang am meist trockenen Bachbett des Rindbaches. Man folgt der Erlakogel-Wanderwegmarkierung Nr. 421 über eine Brücke. Der schmale Pfad leitet vorbei an Häusern zum Wandfuß, wo sich auch ein Gletscherschliff-Naturdenkmal mit Informationstafel befindet. Im Wald windet sich der Weg anhaltend steil in Serpentinen nach oben und gibt bald auch den Blick auf eine Felswand frei, die ebenfalls vom Gletscher der letzten Eiszeit geformt wurde. Auf einer Seehöhe von etwa 920 Metern, nach gut einer Stunde Gehzeit, befindet sich im Wald eine Lichtung. Hier lohnt es sich, wenn man morgens unterwegs ist, dem unermüdlichen Vogelkonzert zu lauschen! Der Großteil des Weges zur Spitzelsteinalm ist hier bereits geschafft und nur noch gut 150 Höhenmeter sind, vorbei am erfrischenden Aloisbründl, bis zur Alm zu überwinden. Oberhalb der nicht bewirtschafteten Almhütte befinden sich im Wald die Überreste eines alten Almgebäudes. Auch der kurze Anstieg zum Ende der Alm (Gatter geschlossen halten!) in Richtung Erlakogel ist lohnend, denn von dort aus bietet sich ein wunderbarer Blick über die Alm, hinüber zum namensgebenden Spitzelstein sowie auf die umliegenden Berge und ins Tal in Richtung Bad Ischl.

[ABSTIEG] Zurück ins Tal auf gleichem Weg.

[HINWEIS] Diese Wanderung kann bis zum Erlakogel fortgesetzt werden (siehe Seite 152), und auch das Weiterwandern über eine Forststraße zur Gasselhöhle ist möglich (Dauer ca. 1,5 Stunden).

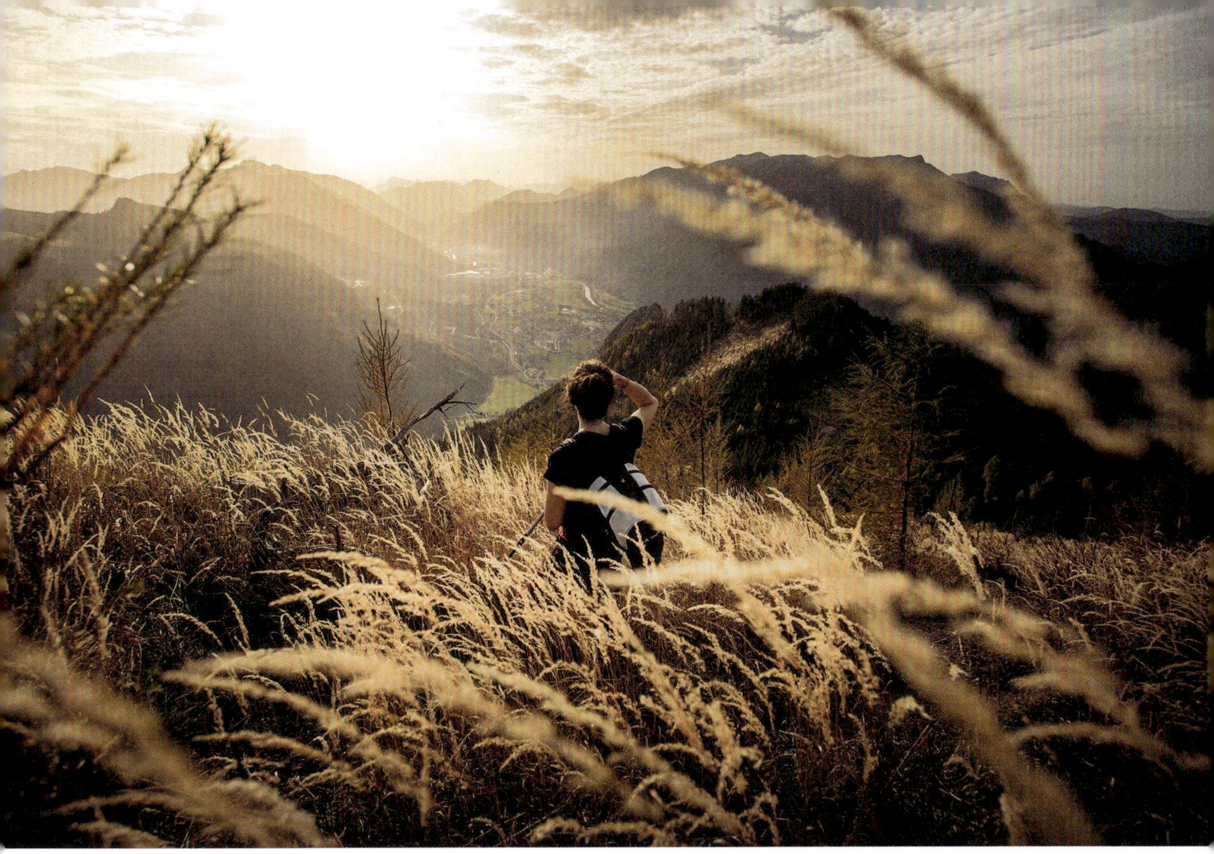

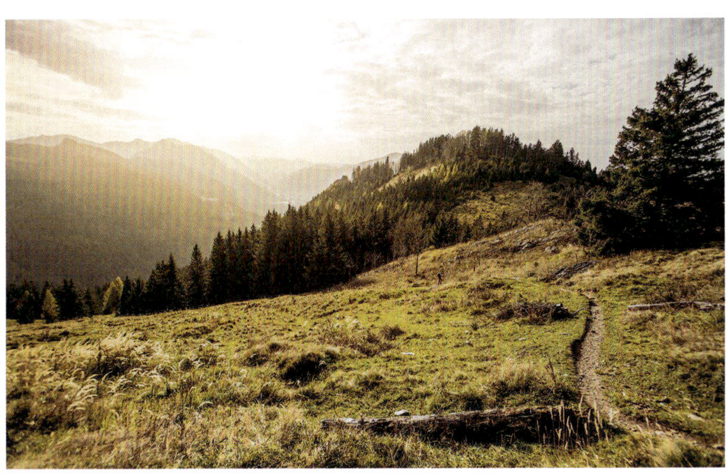

Der Blick vom Spitzelstein ins Tal der Traun nach Ebensee. Hier irgendwo geht zur Zeit der Sommersonnwende – vielleicht – der Fels auf.

Auf der Spitzelsteinalm weiden Hochlandrinder in Mutterkuhhaltung! Mit Hund soll die Alm deshalb auf der Forststraße und nicht über den Wanderweg begangen werden!

Spaziergang zum Rindbachwasserfall

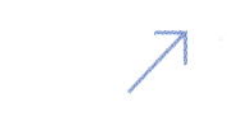
leicht

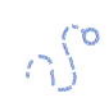
150 Höhenmeter

3,8 Kilometer

ca. 1 Stunde 15 Minuten

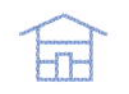
unterwegs keine

[AUSGANGSPUNKT] Wanderparkplatz bei der Schießstätte in der Rindbachstraße, gebührenpflichtig

[ANFAHRT] Über die B145 nach Ebensee, im Ort folgt man der Beschilderung in den Ortsteil Rindbach, hier weiter in Richtung Talschluss zum Wanderparkplatz an der Schießstätte
Öffi-Anbindung: Bahnhaltestelle Ebensee-Landungsplatz (im Ort), Bushaltestelle Rindbach bei Ebensee-Segelschule

[RUNDWEG] Der Rindbachstraße folgend, erreicht man bald die Abzweigung zum Rindbachwasserfall. Hier führt der Fußweg über Stufen aufwärts zur kleinen Brücke über den Rindbach. Der Wasserfall ist hier in seiner ganzen Kraft zu erleben, und die feuchte Luft bietet gerade an heißen Tagen eine angenehme Kühle! Weiter geht der Weg über in die Felsen geschlagene Stufen aufwärts zur Forststraße, über die man gemütlich, mit dem ein oder anderen Ausblick auf Ebensee, zum Ausgangspunkt zurückwandert.

Wenn am Rindbachfall Nebel aufsteigen, hängen die Wildfrauen ihre Wäsche auf, sagen die Leute – und achten darauf, was im Augenwinkel passiert.

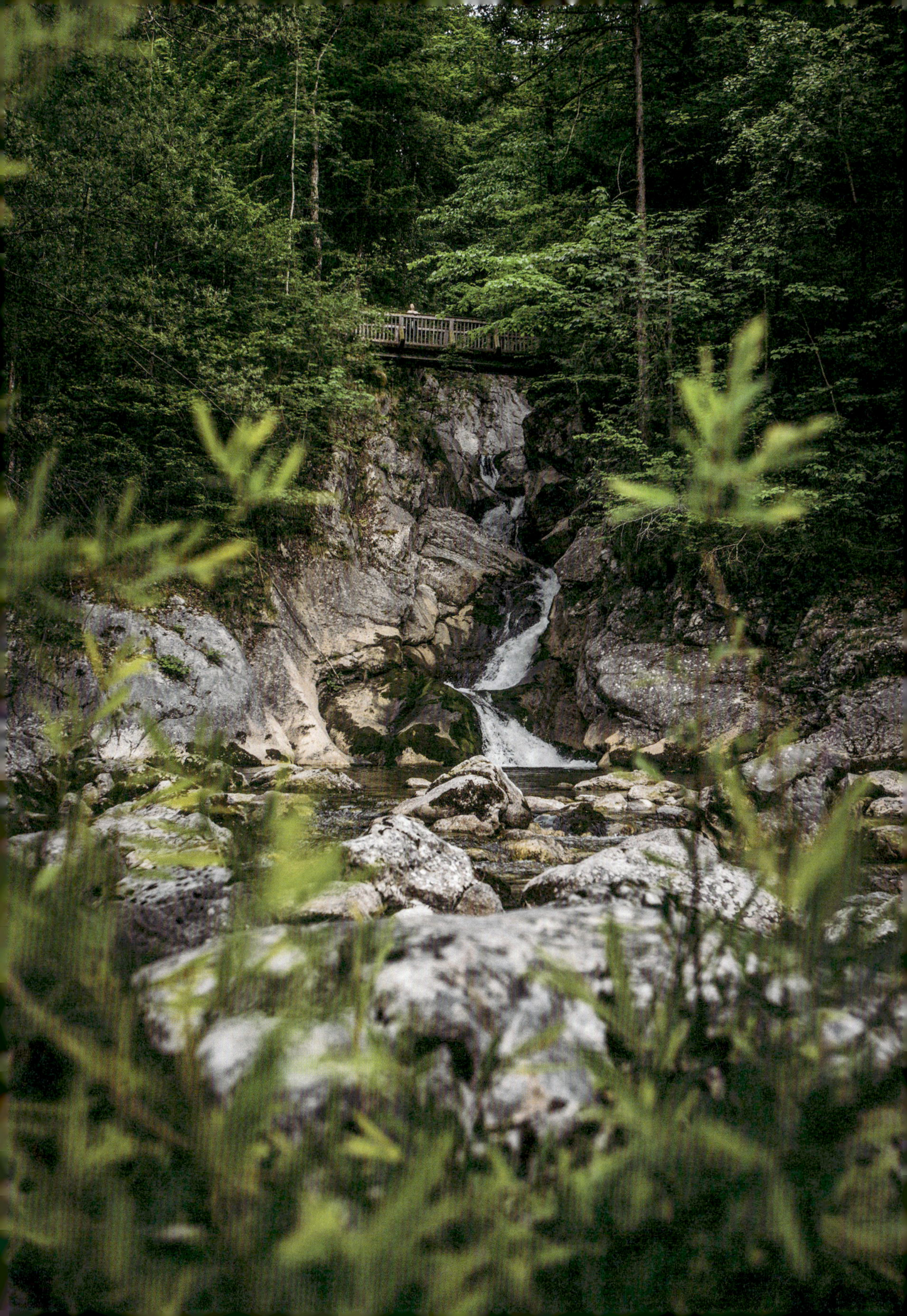

Sagen rund um den Traunsee

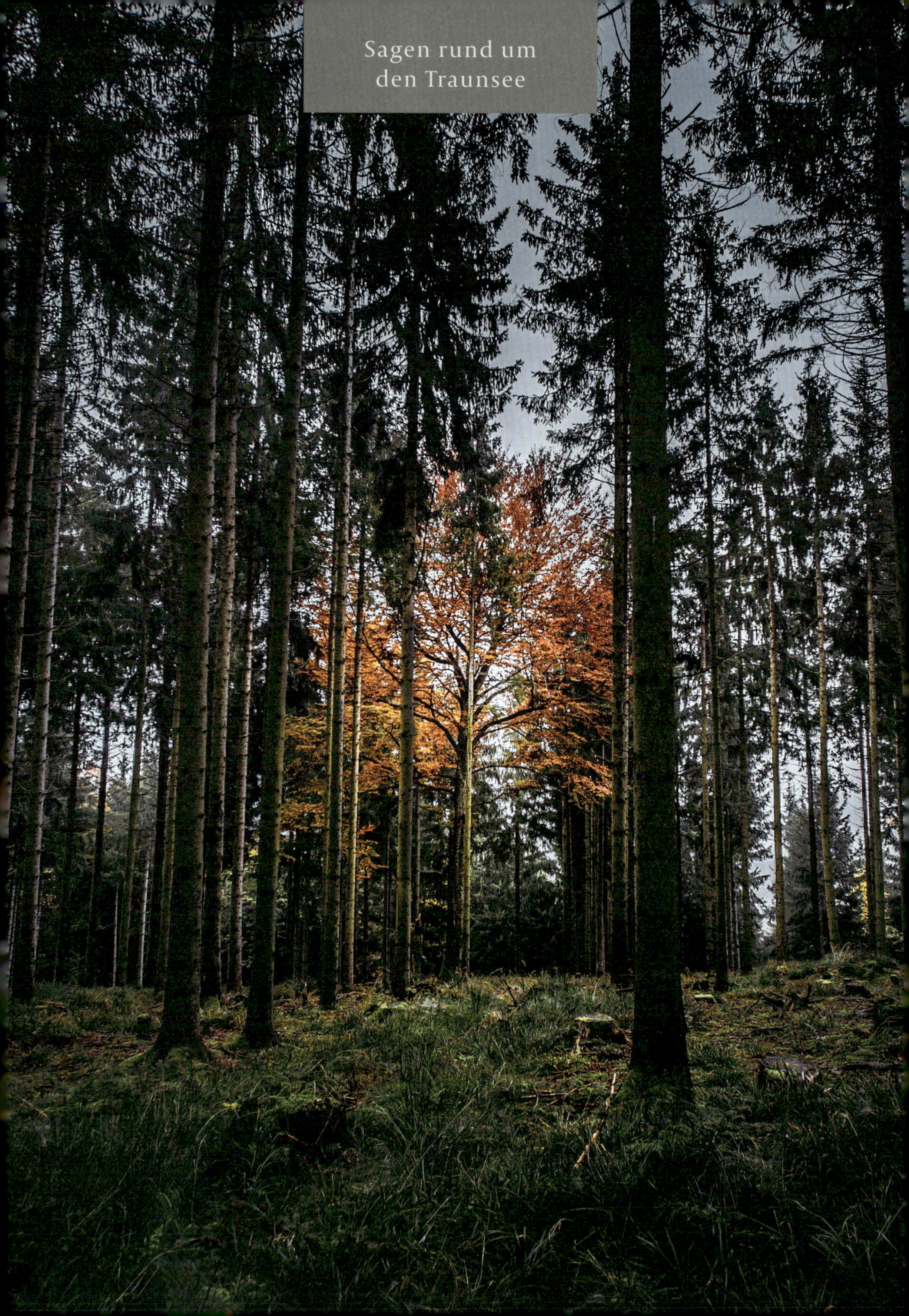

NEUKIRCHEN BEI ALTMÜNSTER

Vom klingenden Wunderbaum und einem Drachen in Gottes Namen

Rund ums Richtbergtaferl
ist viel Wald – und das
ist längst nicht alles …

Vom klingenden Wunderbaum und einem Drachen in Gottes Namen

Herausragend, imposant, eindrucksvoll – nein, das alles gilt für das Richtberg-Taferl nicht. Eine Waldandacht kommt einem in den Sinn. Genau das macht seinen Zauber aus.

In der Gegend von Reindlmühl nahe Altmünster lebte vor Zeiten droben am Richtberg ein armer Hirte mit seiner Frau und einem Schübel Kinder. Die Not war Dauergast in ihrer armseligen Hütte. Trotzdem ließen sich der Mann, die Frau und die Kinder das Leben nicht verdrießen. Mit Freude und Fleiß taten sie, was sie tun konnten, um ein besseres Leben zu haben. Voller Dankbarkeit langten sie zu, wenn wieder einmal genug Essen auf den Tisch kam. Das war freilich selten der Fall. Oft war Schmalhans Küchenmeister.

Das jüngste der Kinder, der Franzl, war ein ruhiger Bursche – einer, der nicht viel redete. Lieber betrachtete er in aller Seelenruhe die Leute und die Natur. Oft saß er still da und ließ den wachen Blick schweifen. Die anderen sagten sich: Der Franzl ist doch ein sonderbarer Kerl. Sie nahmen ihn nicht für voll. Nein, dazu benahm er sich zu eigenartig.

Deshalb bekam er auch die einfachste Arbeit zugeteilt, eine Arbeit, die jedem Deppen zuzutrauen war – als Schafhirt. »Då kånnst du lång genug ins Nårrnkastl schaun!«, lachten die Brüder. »Ins Narrenkastl schauen« sagt man, wenn jemand mit starrem Blick vor sich hin schaut, ohne ein erkennbares Ziel zu fixieren. Ja, »ins Nårrnkastl« schaute der Franzl oft und gerne. Und wer weiß, ob ihm dabei nicht sehr viel mehr aufging als manchen, die mit scharfem Blick ein Ziel anvisieren und dabei doch an der Oberfläche hängen bleiben.

»Aber gib åcht, dass koa Schåf verlorn geht!«, meinten die anderen noch. Nein, verloren sollte ihm keines von den Schafen gehen. Darauf würde er schon achten, der Franzl. Irgendwie waren ihm die ruhigen Tiere ans Herz gewachsen.

Schafhirte zu sein, gefiel ihm ganz gut. Da hatte er reichlich Zeit, die Dinge in Ruhe zu betrachten und über Gott und die Welt nachzudenken. Nur am Sonntag wäre er lieber unter die Leute und in die Kirche gegangen, statt droben am Berg die Herde zu hüten.

Aber die Schafe brauchten ihren Hirten. So war's eben nichts mit dem Kirchgang und dem Austausch mit den Leuten im Dorf.

An einem hohen Feiertag war es wieder so weit. Die Familie machte sich in der Festtagstracht auf hinunter ins Dorf. Nur der Franzl durfte nicht mit. Einer musste eben auf die Tiere schauen. Dabei wäre er heute besonders gern mit den anderen hinuntergezogen ins Dorf. Aber was half es? Er musste eben mit den Tieren auf die Weide am Berg. Verdrossen zottelte er den Schafen nach. Die zogen in den Wald und dort auf eine kreisrunde Lichtung.

Hier wuchs das Gras hoch und saftig. Der Duft der Kräuter stieg einem von Weitem in die Nase. Mitten auf der Lichtung stand eine imposante Buche. Um sie scharten sich die Schafe. Sonderbar. Neugierig ging der Hirt auf den Baum zu. Was war das? Er traute kaum seinen Ohren. Eine himmlische Musik war vom Baum her zu hören. Verzückt lauschte er dem Klang. Da fingen die Blätter am Baum zu leuchten an. Was für eine Pracht! Zaghaft begann sich der Franzl im Rhythmus der Musik zu bewegen. Schließlich tanzte er selig um den Baum herum – und mit ihm die Schafe. Jetzt hatte auch er seinen Gottesdienst – und das in freier Natur.

Wie es zum Richtberg-Taferl kam

Auch der Hochleitner-Bauer sah auf einem Baum am Richtberg die Lichter glänzen. Ob es dieselbe Buche war – wer weiß? Obendrein hörte er eine Orgel spielen. Fassungslos betrachtete er das Naturwunder und spitzte die Ohren, um nichts von dem wundersamen Klang zu überhören. Da befahl ihm eine Stimme, am Baum ein Marienbild anzubringen.

Das tat er, der Hochleitner, und das mit großer Freude. Immer wieder pilgerte er nun hinauf auf den Richtberg zu dem Baum. Hier verbrachte er eine Zeit in stiller Andacht.

Das mit dem Marienbild sprach sich herum. Leute taten es ihm nach und suchten es auch auf. Vor allem waren es Menschen, die ein hartes Leben hatten und aus ihrer Bedrängnis heraus auf eine Wende hofften. Bald erzählten die Leute weitum von kleinen und großen Wundern, die da geschahen. Um das Bild zu schützen, wurde eine Kapelle erbaut. Die steht heute noch dort – das sogenannte Richtberg-Taferl.

Und jetzt zum Drachen

Eine alte Frau hatte sich im wilden Zausengraben am Richtberg derart verirrt, dass sie nicht mehr aus noch ein wusste. Irgendwie fand sie schließlich zum Richtberg-Taferl. Von hier war es ein kurzes Stück zum Gipfel.

Jetzt wurde ihr so richtig bewusst, wie weit der Weg war, der noch vor ihr lag – hinunter zum Attersee.

Aber auch ein Weg von tausend Meilen beginnt bekanntlich mit dem ersten Schritt. So schleppte sie sich mühsam weiter. Dabei war ihr, als ob sie Blei in den Knochen hätte. Bald war es stockfinster. Weder Weg noch Steg waren auszumachen. Erschöpft sank sie schließlich nieder.

In ihrer Not flehte sie aus tiefster Seele zum Himmel: »Oh, Gott, ich bitte dich! Steh mir bei! Ich kann nicht mehr weiter. Es geht einfach nimmer!«

Da hörte sie plötzlich ein Krachen in den Ästen und drauf ein Rauschen. Nicht weit von ihr regte sich etwas im Wald: Ein feuriger Drache flog auf!

Der Anblick war furchterregend. Aber eines wusste die Frau auch: Dem musste sie nach! Auf der Stelle war ihre Müdigkeit verflogen. Mit frischer Kraft stapfte die alte Frau dem Untier im Schein seines Feuers nach. Stunde um Stunde ging es durch den Wald. Endlich! Vor ihr leuchteten die ersten Lichter auf! Das war Weyregg am Attersee. Jetzt war ihr leichter. Glückselig schickte sie ein Dankgebet zum Himmel. Der Drache aber flog steil in die Höhe und über dem Schafberg auf und davon.

Im Blick nach oben tut sich die Kathedrale der Bäume auf.

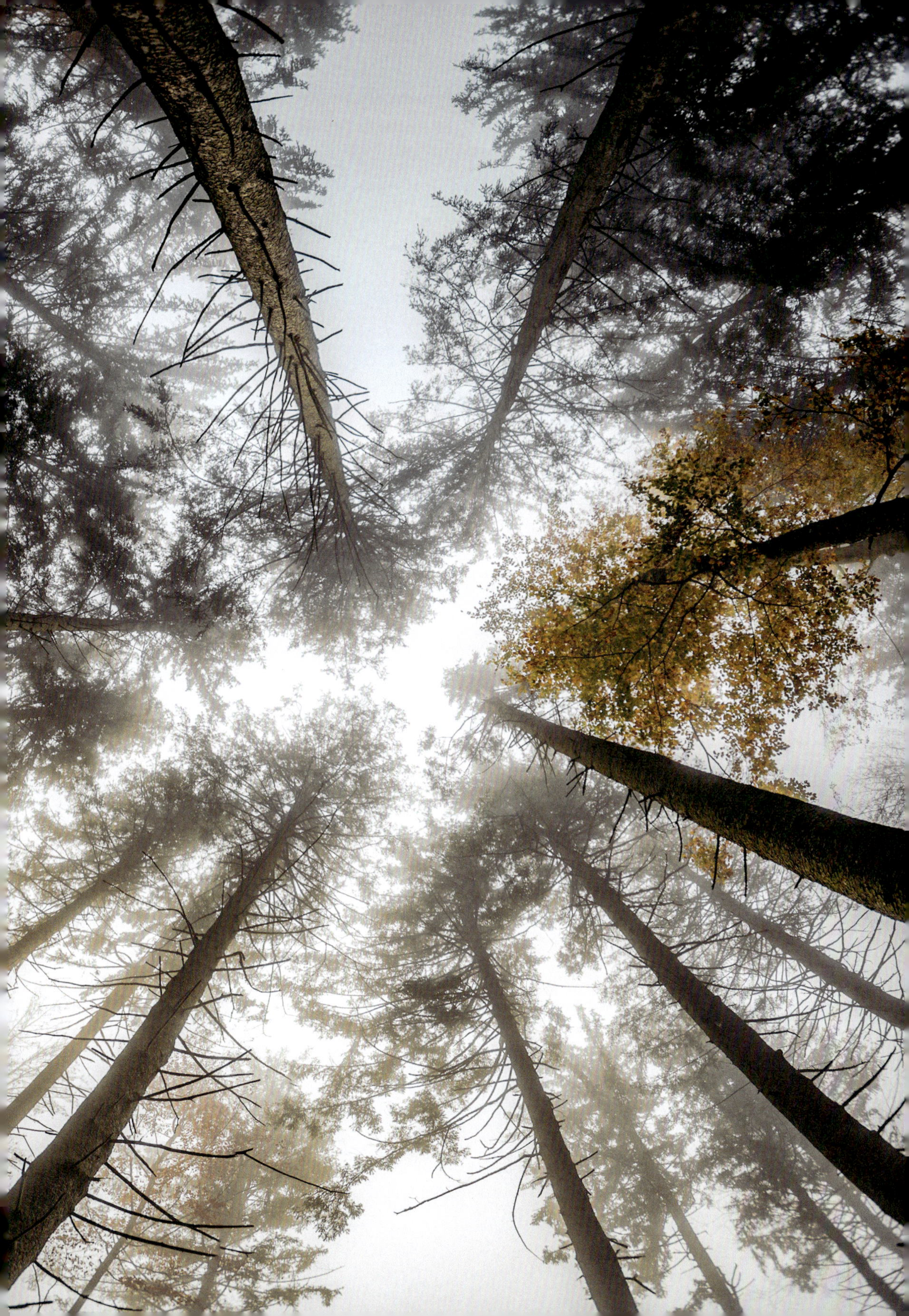

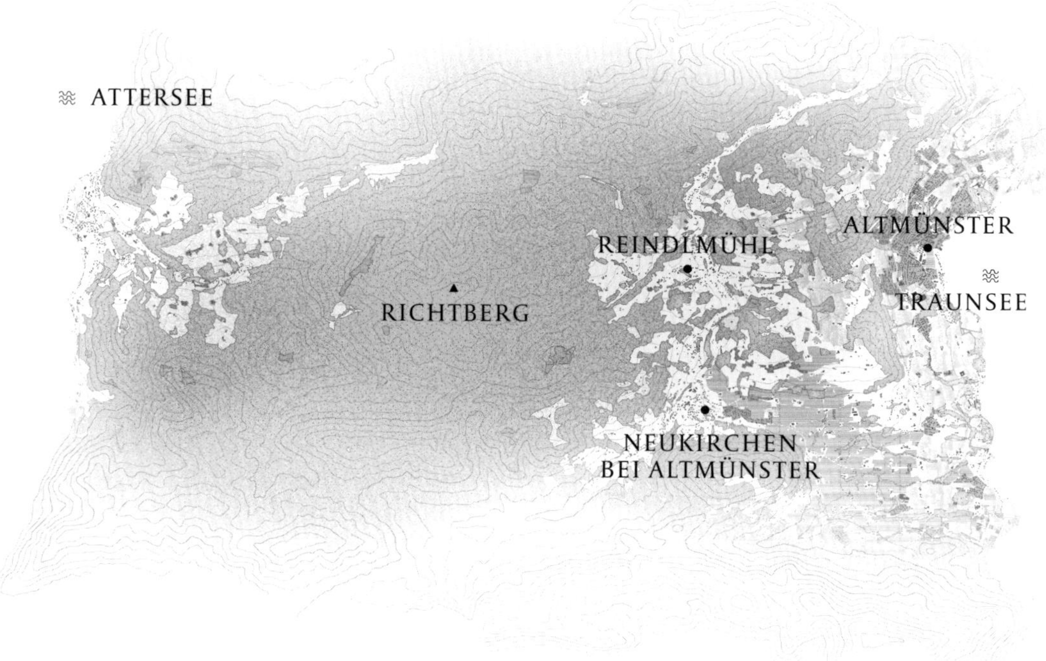

Eine neue Kirche für die Gegend

Unendlich grün, sanft hügelig, mit bewaldeten Bergrücken und dazwischen murmelnden Bächen: So zeigt sich die friedliche Gegend um Neukirchen bei Altmünster. Wiesen, so weit das Auge reicht, dort und da auch mit Kühen auf der Weide sind hier zu sehen. Die Kirchen von Altmünster und Traunkirchen sind aber weit entfernt. Darum wurde ab 1750 ein eigenes Gotteshaus für die dortige Bevölkerung erbaut und der Name »Neukirchen« begann sich durchzusetzen.

Zuvor war die Gegend rund um Neukirchen, Reindlmühl, den Gras- und Gmundnerberg hinaus bis an den Traunsee bekannt als »Viechtau«. Die Viechtauer sollen vor Zeiten sagenhaft große Menschen, also Riesen, gewesen sein und dazu noch unglaublich stark. Unglaublich geschickt obendrein waren und sind die Leute dieser Gegend bis heute, was im Viechtauer Heimathaus anschaulich dargestellt wird.

Der mystische Platz beim Richtberg-Taferl befindet sich am regional bekannten Josef-Pilgerweg, knapp unterhalb des höchsten Punktes am Richtberg. Große Linden beschatten die Wiese vor der ab 1862 erbauten Kapelle und die Rast mit Blick ins Land tut an diesem herrlichen Ort einfach gut. Ein Stück unterhalb der Kapelle befindet sich eine Quelle, die Körper und Geist erfrischt!

Der Richtberg und die weiten Waldungen herum sind Teil des Naturparks Attersee-Traunsee, einem Landschaftsschutzgebiet, in dem die typische Kultur- und Naturlandschaft nachhaltig erhalten wird, aber auch Wissensvermittlung und Erholung bedeutsam sind. 2022 wurde er besonders ausgezeichnet und in Österreich zum »Naturpark des Jahres« gekürt.

Viechtauer Heimathaus

Löffelmacher, Drechsler, Wagenschmiede und Vogelschnitzer waren oder sind bis heute in der Gegend um Neukirchen beheimatet. Viele mit Holz verbundene handwerkliche Tätigkeiten wurden hier noch bis zum Anfang des 20. Jahrhunderts beinahe in jedem Haus verrichtet. Die »Viechtauer Hausindustrie« fertigte so beispielsweise Holzspielwaren und Gegenstände des täglichen Gebrauchs, die weit über die Landesgrenzen hinaus verkauft wurden.

Das Viechtauer Heimathaus mit seinem Betreiber-Verein zeigt in der »Rabenwies«, einem der ältesten Häuser der Gegend, das Leben und Arbeiten vor gut 100 Jahren. Das Haus »lebt« auch heute noch – Handwerksnachmittage, sehenswerte Führungen und kulturelle Veranstaltungen lassen überliefertes Wissen und Brauchtum weiterhin lebendig sein.

Unter Einheimischen

Die Sägemühle zählt nicht zu den bekanntesten Gasthäusern am Traunsee, ist aber in Neukirchen der Treffpunkt für die Einheimischen. Und wenn diese dort gerne einkehren, ist das Gasthaus erst recht auch für Gäste der Region eine gute Adresse. Frisch gekocht kommen die Gerichte auf den Tisch, und bei der Auswahl in der Speisekarte bleiben Wanderern oder Pilgern sicherlich keine Wünsche offen!

Wanderung zum Richtberg-Taferl

●●○
mittel

800 Höhenmeter

17,5 Kilometer

ca. 5,5 Stunden

unterwegs keine, Gasthaus Sägemühle

[AUSGANGSPUNKT] Neukirchen bei Altmünster, Parkplätze am Vorplatz der Kirche

[ANFAHRT] Neukirchen bei Altmünster ist über die Großalmstraße L544 von Steinbach am Attersee sowie von Altmünster aus erreichbar. Die Parkmöglichkeiten befinden sich in der Ortsmitte. Öffi-Anbindung: Bushaltestelle Neukirchen bei Altmünster-Kirche

[AUFSTIEG] In Neukirchen startet man in südwestlicher Richtung zuerst entlang der Großalmstraße, dann zweigt man Richtung Reindlmühl ab und folgt den Wanderwegschildern links in eine Siedlung hinein. Gemütlich eben über Nebenstraßen und Wiesenwege geht es vorbei an einer ersten Aufstiegsmöglichkeit nach Hochkreut, bis zum Anstieg über den Zöhrergraben, der direkt am Hochkreut mündet. In Serpentinen schlängelt sich der Weg bergwärts, bis er im Wald auf Wander- und Forstwegen, manchmal durchaus steil, sein Ziel am Parkplatz des ehemaligen Wildparks Hochkreut erreicht (hier auch Parkmöglichkeit für eine verkürzte Wanderung). Weiter geht es am schönen Wanderweg, der nun auch durchgängig als Josefweg bis Reindlmühl bezeichnet ist, entlang eines Kreuzweges durch den Wald mit großem Tannen-Anteil, hinunter zum Schwarzenbachsattel (ca. 30 Minuten) und von dort, wieder etwa 200 Höhenmeter ansteigend, zum Richtberg-Taferl, der Wallfahrtskirche am Richtberg, welche bereits 1862 erbaut wurde. Unterhalb der Kapelle befindet sich übrigens auch eine Quelle.

[ABSTIEG] Hinunter folgt man dem Kreuzweg nach Reindlmühl, abwechselnd auf Forst- und Wanderwegen. Bei der kleinen Spalmooskapelle wird eine Nebenstraße erreicht, der man bis zu den Häusern Rumpling und weiter nach Reindlmühl in die Ortsmitte folgt. Entlang des Flusses Aurach und der L1302 (Aurachtalstraße) geht es gemütlich etwa 3 Kilometer beinahe eben wieder dem Ausgangspunkt in Neukirchen entgegen.
Die letzte Etappe zwischen Reindlmühl und Neukirchen kann auch mit dem Traunstein-Taxi auf der Route 21 zurückgelegt werden.

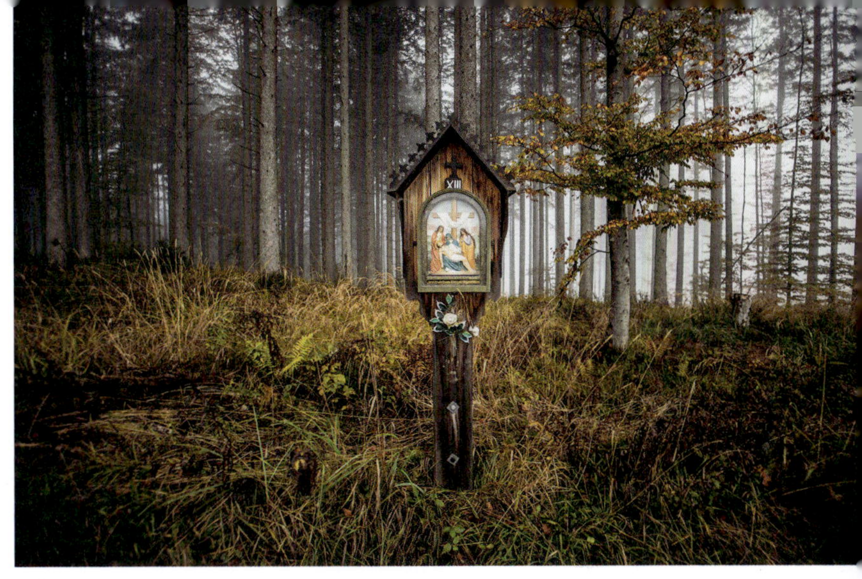

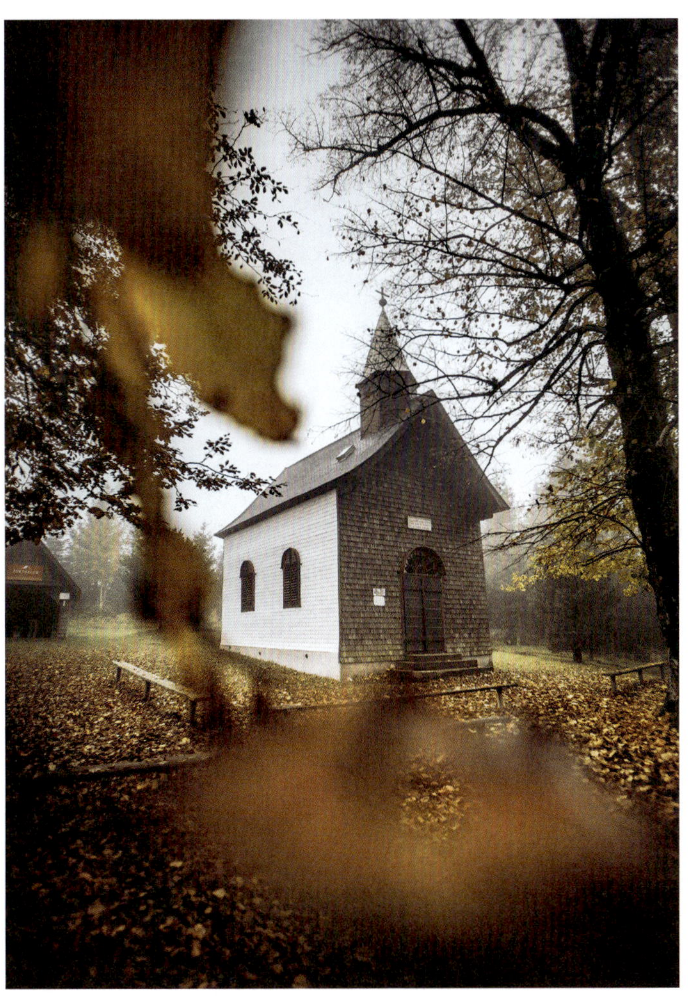

Alles begann der Sage nach mit dem Leuchten von Lichtern und himmlischer Musik: Wer weiß, was Zeit und Muße heute bewirken!

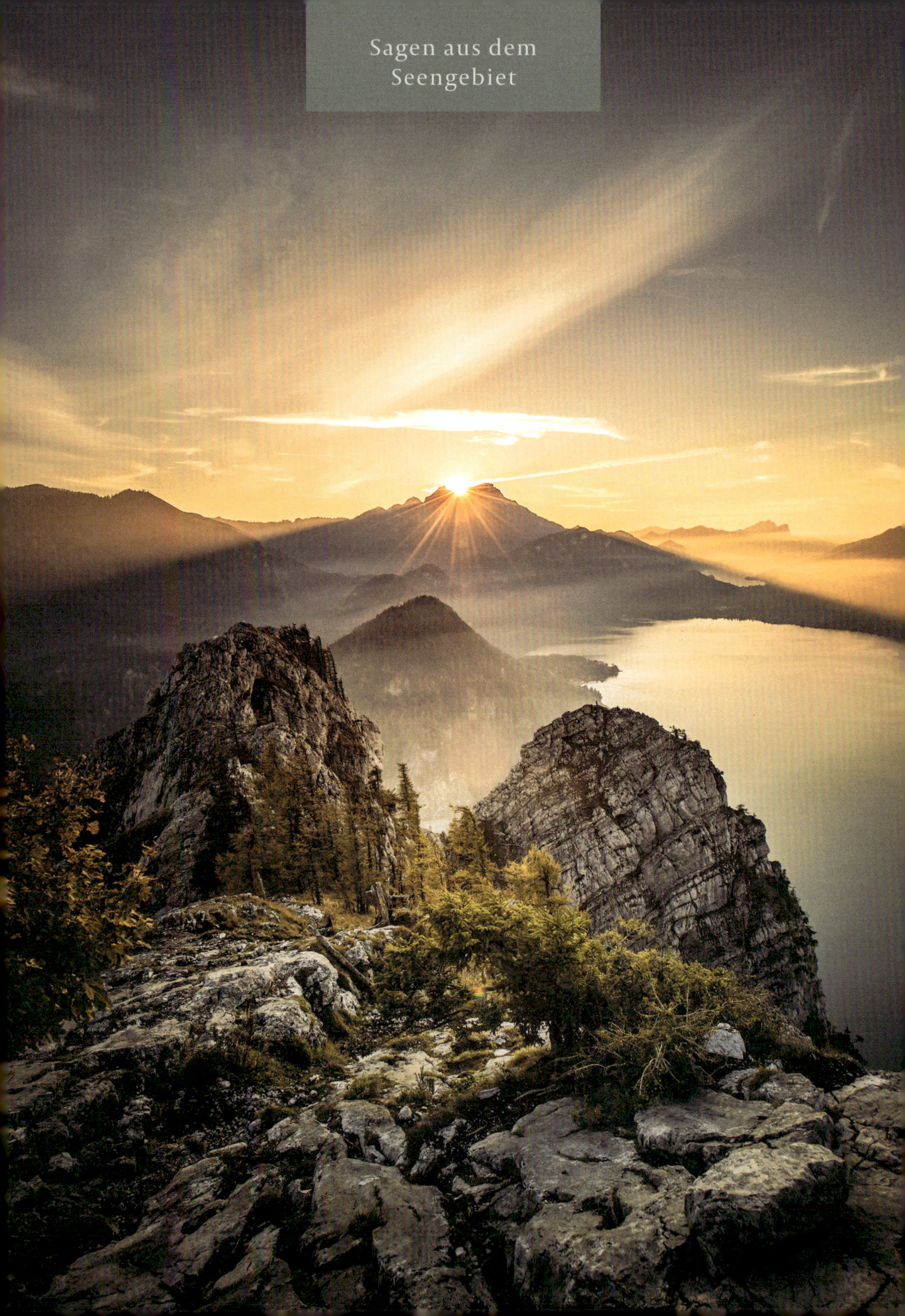

Sagen aus dem Seengebiet

ATTERSEE

Vom Glanz der Nixe im Attersee

... und den Lockungen
des Goldenen Gatterls
im Hochlecken

Vom Glanz der Nixe im Attersee

Wer sich über das geheimnisvolle Leuchten des Attersees wundert, bekommt hier sagenweise die Antwort. Und wer auf die Schätze des Goldenen Gatterls scharf ist, erfährt, warum es besser ist, die Finger davon zu lassen.

Im Attersee lebte – wie in vielen anderen Gewässern auch – eine Nixe. Das wäre an sich nichts Besonderes. Die Nixe im Attersee aber war den Menschen seit jeher wohl vertraut. Ihr Name lautete Adhara. Ob sie immer noch im Attersee lebt? Wer weiß – gesehen hat man sie schon lange nicht mehr.

Das war vor Zeiten anders. Immer wieder sonnte sie sich am Ufer. Das gefiel den Menschen. Immerhin war sie nicht nur eine beeindruckende Schönheit. Sie brachte aus der Tiefe des Sees auch Gold und Edelsteine mit. Diese Kostbarkeiten verteilte sie großzügig unter den Menschen.

Mit der Zeit bemerkte sie aber, dass sich die Leute immer gieriger auf ihre Geschenke stürzten. Zank und Streit entstanden. Das gefiel der Nixe gar nicht. Als sie erkannte, dass die Habsucht und die Gier immer schlimmer wurden, kam sie immer seltener zum Vorschein. Schließlich zog sie sich ganz in ihr Reich unter dem Wasser zurück. Manche behaupten, dass sie übersiedelte – zum Nixenfall im Weißenbachtal.

Ein Geschenk machte sie den Menschen aber doch: das geheimnisvolle Funkeln und Leuchten im See. Diese Pracht hat einen ganz besonderen Zauber.

Menschen, deren Sinn durch Gier nach Besitz und Geld getrübt ist, nehmen diesen Zauber nicht wahr. Je klarer und reiner das Herz aber ist, desto größer ist die Freude an diesem geheimnisvollen Funkeln und Leuchten. Das gilt wohl nicht nur am Attersee.

Am Weg zum Goldenen Gatterl

Zu einem Holzknecht, der unterhalb vom Hochlecken auf der Scherhaufwiese unweit von Neukirchen bei Altmünster lebte, kam Jahr für Jahr ein Mann aus Italien. Sie nannten ihn einfach »das wälsche Mandl«. Der Fremde bat den ältesten Sohn des Holzknechts, ihn auf die Griesalm am Hochlecken zu führen. Dort wusste er eine Höhle, in der Gold zu finden war. Natürlich wurde der Bursche für seine Dienste reichlich entlohnt. Die Familie des Holzknechts kam mit dem, was der Wälsche gab, ein ganzes Jahr lang über die Runden. Dem Holzknecht war das aber zu wenig. Bei dem Gedanken an die Schätze im Berg hatte er ein Leben in Saus und Braus vor Augen. Deshalb bat er den Fremden, ihn doch einmal mitzunehmen. Der hatte damit keine Freude. Aber der Holzknecht ließ nicht locker. Immer und immer wieder lag er dem Fremden mit seiner Bitte in den Ohren. Irgendwann hatte der genug von dem lästigen Singsang und willigte ein. So stiegen sie also zu zweit hinauf auf den Hochlecken. Bei der Höhle angekommen, ließ der Wälsche den Holzknecht an einem Seil herunter. Der sah im Schein der Fackel, dass rundum alles golden leuchtete. Jetzt überkam ihn die Gier. Gleich wollte er an sich raffen, was er nur irgendwie erwischen konnte.

Wer weiß, was dem Wälschen währenddessen durch den Kopf ging. Vielleicht hatte er es einfach satt, noch länger auf den Gierschlund zu warten. Irgendwann ließ er das Seil hinunterfallen und war auf und davon.

Der Holzknecht war jetzt also gefangen im Berg. Immerhin hatte er in seinem Rucksack reichlich zu essen und zu trinken. So grub er sich mit bloßen Händen durch den Rabenstein ins Freie. Als er zum Vorschein kam, waren seine Hände durch das mühsame Graben allerdings bis zu den Armgelenken verschwunden. Und er selbst war dem Wahnsinn verfallen. In lichten Momenten erzählte der Holzknecht, dass in der Tiefe vom Berg ein goldenes Gatterl wäre. Davor stünde ein steinerner Tisch. Darauf würden ein Hammer und ein Schlägel liegen. Durch das goldene Gatterl aber käme man in eine Kammer. In der wäre Gold über Gold. Nur – wer weiß, was vom Gerede eines wahnsinnigen Holzknechts zu halten ist.

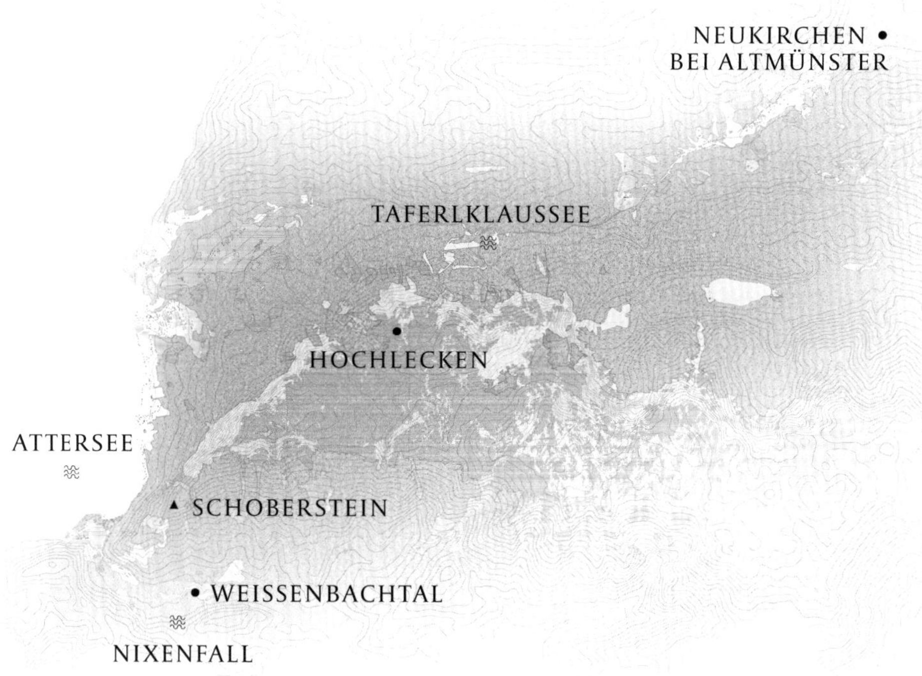

Vom Zauber des Attersees

Der Attersee, die größte Wasserfläche des Salzkammergutes, war einst die ruhige und nur von mutigen Fischern und Flößern befahrene Heimat der hilfsbereiten Nixe Adhara.

Heute tummeln sich am See allerlei Wassersportler: Surfer, Segler und Taucher haben die Vorzüge des Attersees für sich entdeckt, und so bietet er in den Sommermonaten immer einen besonders bunten Anblick. Ebenso bunt und lebendig zeigen sich auch die schönen Strandbäder, die in der warmen Jahreszeit von Urlaubern wie Einheimischen gerne besucht werden.

Werden die Nächte länger und die Tage kürzer, wird es am See auch wieder stiller, nur noch die Fischer fahren hinaus, um ihre Netze auszulegen.

Blickt man bei einer Bootsfahrt am Attersee nach Süden, entdeckt man die markante Gipfelform des Schafbergs, hinter dem sich noch weiter südlich der Wolfgangsee erstreckt, und auch im

Osten sieht man die schroffe, felsige Seite des von Höhlen durchzogenen Höllengebirges. In nördlicher und westlicher Richtung zeigt sich die Landschaft um den Attersee friedfertiger – die Silhouette wird sanfter und die Region ist dort von Wiesen, Wäldern sowie größeren und kleineren Siedlungen dominiert.

Und das Funkeln der Nixe Adhara im See? Das ist zu jeder Jahres- und Tageszeit ein anderes – ein besonderes und magisches Funkeln mit dem Glanz einer ganz anderen Zeit!

Sternenpark Attersee-Traunsee

Während den aufmerksamen Betrachter das Glitzern des Wassers im See entzückt, begeistert nicht nur Astronomen in Weyregg und Steinbach am Attersee der Blick in den Himmel. Dort, im Naturpark Attersee-Traunsee, befindet sich seit 2021 Österreichs erster Sternenpark, das heißt, dass die natürliche Nachtlandschaft mit ihrer Dunkelheit als schützenswert angesehen und vor Lichtverschmutzung geschützt wird.

Der Park bietet so neben Naturführungen am Tag auch spezielle Angebote am Abend und in der Nacht an, um über Lichtverschmutzung aufzuklären und den Gästen ein besonderes Sternen- oder Vollmond-Erlebnis bieten zu können. Auch werden gegen Voranmeldung zu bestimmten Zeiten Führungen in der Sternwarte am Gahberg im Gemeindegebiet von Weyregg angeboten.

Bio am Berg

Den hochwertigen und biologischen Lebensmitteln hat sich die Pächterfamilie am 1572 Meter hoch gelegenen Hochleckenhaus unweit des Goldenen Gatterls verschrieben. Aus Bio-Produkten zaubert der gelernte Koch neben Hütten-Klassikern wie Kaiserschmarrn und Gröstl immer wieder auch besondere Kreationen. Natürlich sind nicht nur die Speisen bio, auch die Getränke und die selbst gemachte »Hochlecken-Kräuter-Limo« bestehen nur aus den besten Zutaten!

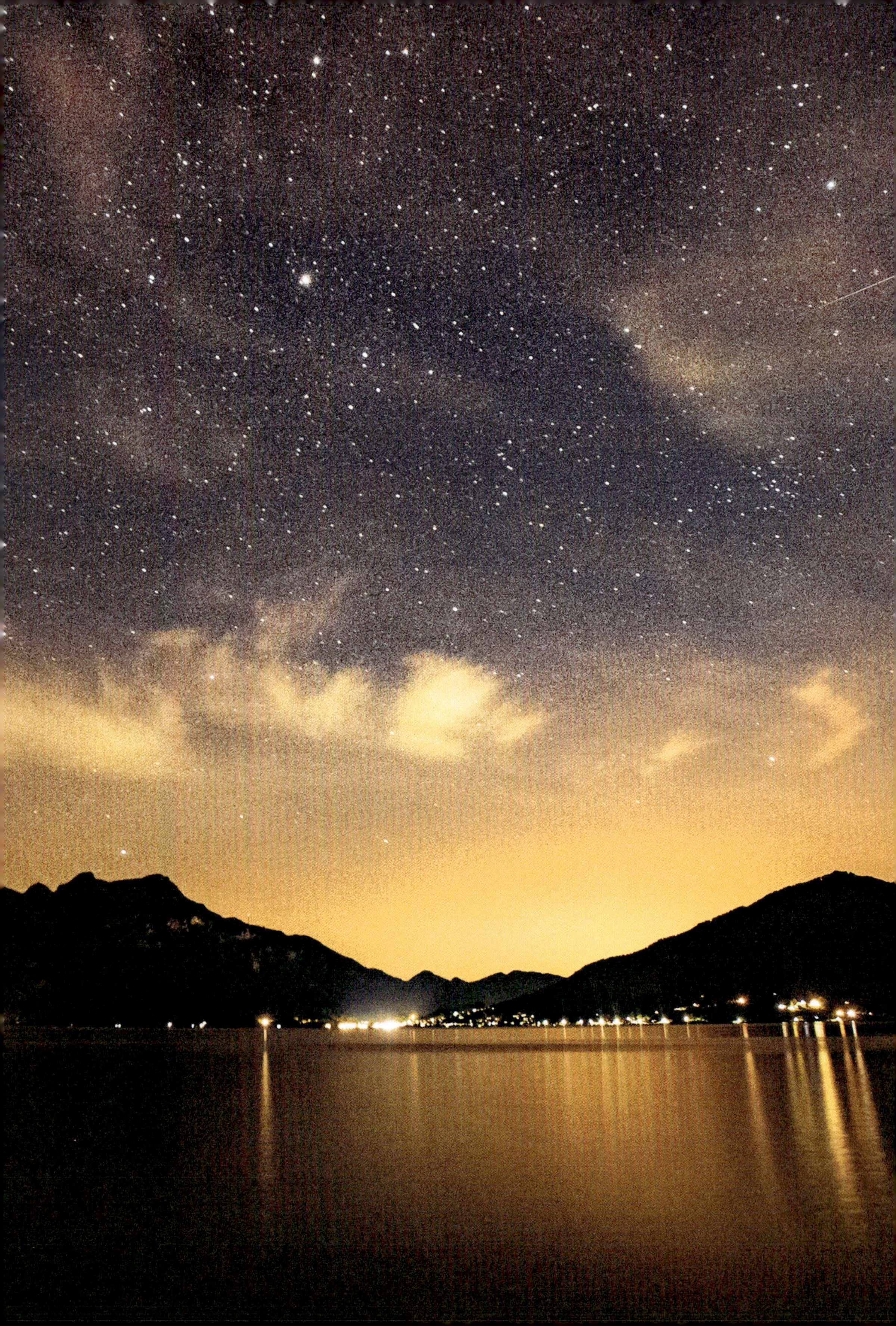

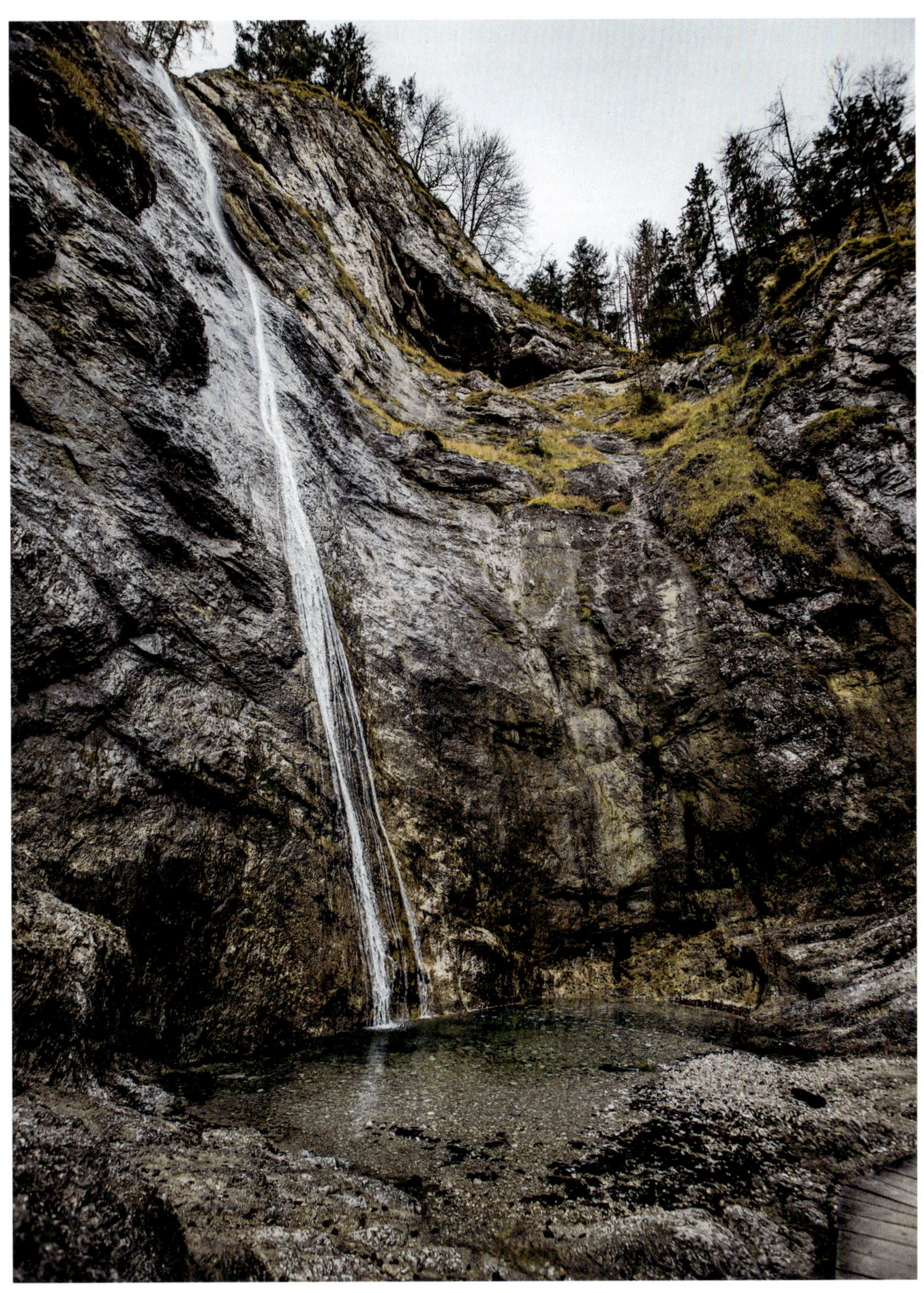

Beim Nixenfall ist der Zauber für alle spürbar.
Links: Lichterflut um den Attersee, Funkeln und Leuchten über und im See:
Schnell zeigt sich, wer auf das eine und wer auf das andere achtet.

Spaziergang zum Nixenfall

leicht

40 Höhenmeter

4 Kilometer

ca. 1 Stunde

Gasthaus zur Nixe

[AUSGANGSPUNKT] Wanderparkplatz Nixenfall im Weißenbachtal in Weißenbach am Attersee

[ANFAHRT] Entlang des Attersees über die B152 nach Weißenbach am Attersee oder über die Weißenbachtalstraße B153, von Bad Ischl oder Ebensee kommend. Die Parkmöglichkeiten befinden sich entlang der Weißenbachtalstraße oder über die Fachbergbrücke am Beginn des Nixenfall-Weges.
Öffi-Anbindung: Bushaltestelle Weißenbach am Attersee-Ort

[AUFSTIEG] Der Weg verläuft (bis auf die letzten Meter) kinderwagentauglich, bestens markiert und als Erlebnisweg für Kinder gestaltet, entlang von Forststraßen und Wanderwegen zum nur 30 Minuten entfernten Nixenfall. Kurzweilig erreicht man so durch den Hochwald diesen etwa 50 Meter hohen Wasserfall. Bänke laden dort zur Rast und zum Nachsinnen über die Sage ein.

[ABSTIEG] Zurück geht es auf gleichem Weg.

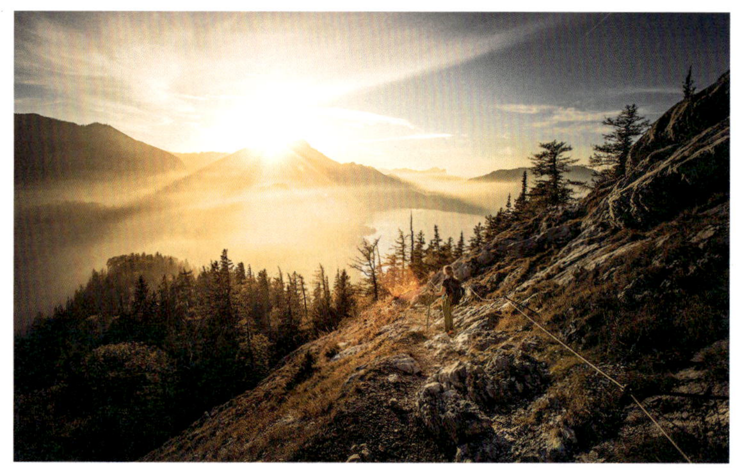

Im Sonnenuntergang am Weg vom Schoberstein … und von unten glitzert der Attersee!

Bergtour auf den Schoberstein

schwer

550 Höhenmeter

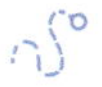

7 Kilometer

ca. 2 Stunden 45 Minuten

Hotel & Restaurant Post, Steckerlfisch in Weißenbach am Attersee

[AUSGANGSPUNKT] Wanderparkplatz Weißenbach am Attersee entlang der Weißenbachtalstraße

[ANFAHRT] Entlang des Attersees über die B152 nach Weißenbach am Attersee oder über die Weißenbachtalstraße B153, von Bad Ischl oder Ebensee kommend. Die Parkmöglichkeiten befinden sich entlang der Weißenbachtalstraße oder über die Fachbergbrücke am Beginn des Nixenfall-Weges.
Öffi-Anbindung: Bushaltestelle Weißenbach am Attersee-Ort

[AUFSTIEG] Der Schoberstein bietet eine wunderschöne, gerne und häufig begangene Bergtour mit grandioser Aussicht auf den Attersee. Anhand der oftmals sehr verspurten Hänge ist dies eindeutig zu erkennen, umso wichtiger ist es für die Natur, am markierten Weg zu bleiben und so der Bodenerosion entgegenzuwirken!
Am Wanderweg Nr. 820 spaziert man vorerst oberhalb der Ischler Straße am Nikoloweg in Richtung Norden zur Nikolokapelle, wo der Weg nun rechts den Berg hinauf abzweigt. Zunächst über Wurzeln und Steine, später über Leitern und felsige Passagen, gewinnt man rasch an Höhe und erreicht immer wieder wunderschöne Aussichtsplätze.
Auf einer Seehöhe von etwa 900 Metern tritt man aus dem Wald heraus und ist nun entlang von Seilversicherungen, vorbei an einer Unterstandshöhle, Richtung Gipfel unterwegs. Diese Passagen über abschüssiges, freies Gelände erfordern Trittsicherheit und Schwindelfreiheit, belohnen aber auch mit einer fantastischen Aussicht! Sind diese Stellen gemeistert, steigt man die letzten Meter in lichtem Baumbestand höher zur Weggabelung, wo links die Markierung zum Gipfelkreuz des Großen Schobersteins auf 1035 Meter weist und rechts die Übergänge zu weiteren Gipfeln des Höllengebirges ausgewiesen sind. Besonders im goldenen Herbstlicht ist hier oben das Glitzern im Attersee zu erkennen.

[ABSTIEG] Der Abstieg verläuft über den gleichen Weg. Bitte auch hier keine Wegabschneider verwenden, diese begünstigen das Auswaschen des dünnen Erdbodens!

Wanderung zum Goldenen Gatterl und zum Hochleckenhaus

mittel

820 Höhenmeter

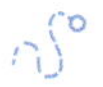

8 Kilometer

ca. 3,5 Stunden

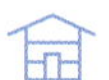

Hochleckenhaus, Taferlklausstub'n

[AUSGANGSPUNKT] Wanderparkplätze am Taferlklaussee

[ANFAHRT] Der Taferlklaussee mit den Wanderparkplätzen befindet sich an der Großalmstraße L544 zwischen Steinbach am Attersee und Neukirchen bei Altmünster.
Öffi-Anbindung: Rufbus Traunstein-Taxi, Route 21 zwischen Gmunden und Steinbach am Attersee, Haltestelle Taferlklaussee

[AUFSTIEG] Zum Goldenen Gatterl und zum Hochleckenhaus steigt man über den Wanderweg Nr. 826 über das Vordere Aurachkar auf. Vorbei am Taferlklaussee wandert man entlang der Forststraße bis zum Aurach-Ursprung (Holz-Brunnen) und geht nun am Rand einer Geröllrinne den sehr oft schottrigen Steig, der auch immer wieder mit Tritthilfen und Seilen gesichert ist, höher.
In den Sommermonaten wird es trotz des nordseitigen Anstiegs in den Felsen und Latschengassen schnell warm, und so empfiehlt es sich, morgens zu dieser Wanderung aufzubrechen.
Nach dem großen Schotterfeld im Vorderen Aurachkar erreicht man in wenigen Minuten den Jausenstein – einen kleinen, mit einem Gipfelkreuz markierten Felszacken, wo nach einer Gehzeit von etwa 1,5 Stunden schon einmal eine kleine Jause guttut.
In diesem Bereich zeigt das Höllengebirge auch etwas von seinem Inneren: Größere und kleinere Felsöffnungen, Schächte oder Dolinen sind sichtbar.
Auf etwa 1520 Meter Seehöhe wendet sich der markierte Steig in einem leichten Linksbogen dem Hochleckenhaus zu und deutlich erkennbare Steigspuren leiten rechts den Berg höher. Diesen folgend, entdeckt man bald alte verwitterte Markierungen und wandert schließlich nach nur wenigen Metern direkt am links des Weges liegenden Eingang der Höhle beim Goldenen Gatterl vorbei. Bitte nicht in die enge Höhle klettern – Lebensgefahr!
Unter der Materialseilbahn hindurch, über Wiesen und durch ein kleines Latschenfeld erreicht man schließlich nach einer Gehzeit von gut 2 Stunden den einladenden Gastgarten des Hochleckenhauses.

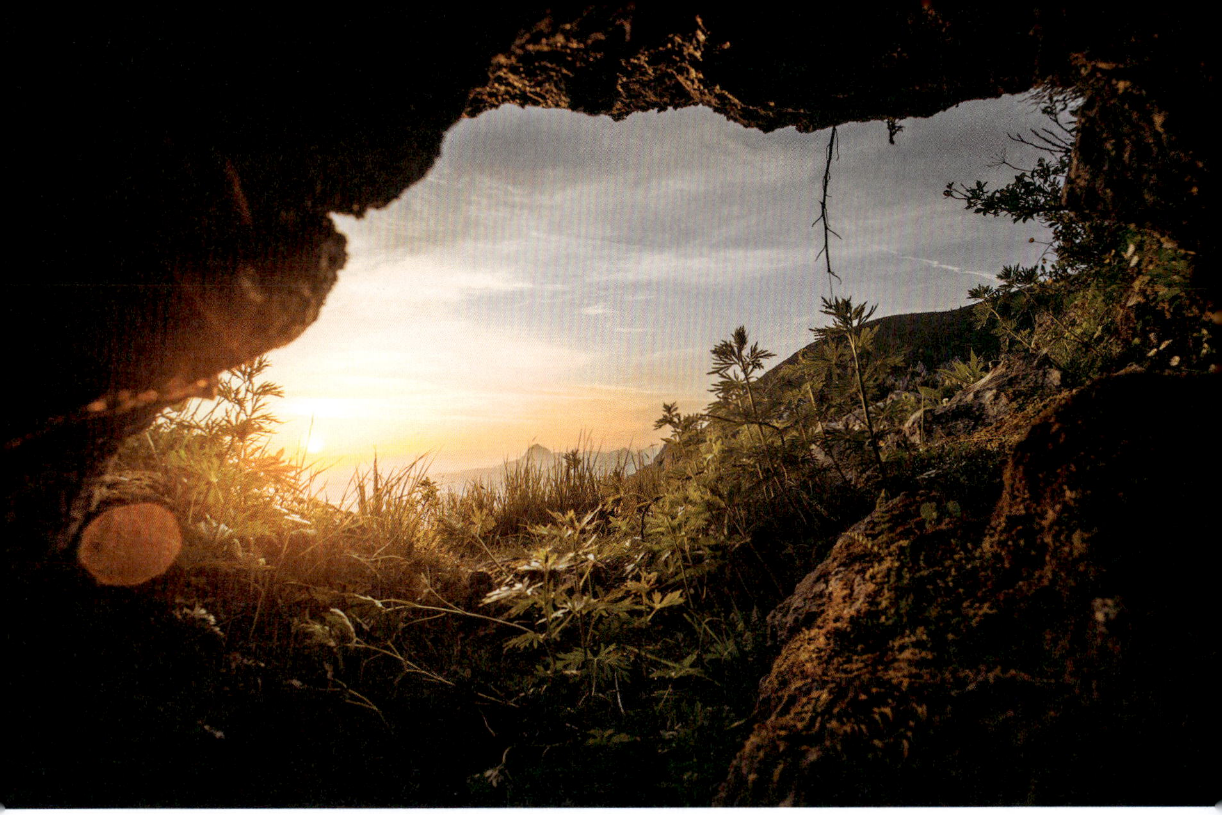

Oben: Das Goldene Gatterl ist klein und unscheinbar – aber der Ausblick … Der ist auch beim Hochleckenhaus (rechts) beeindruckend!

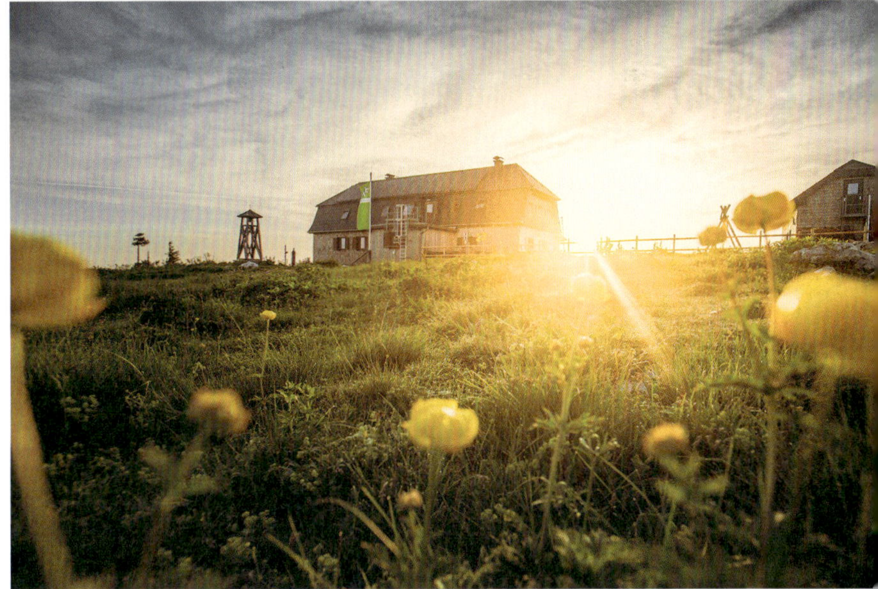

[ABSTIEG] Der Abstieg verläuft auf gleichem Weg zurück zum Ausgangspunkt.

Sagen aus dem Seengebiet

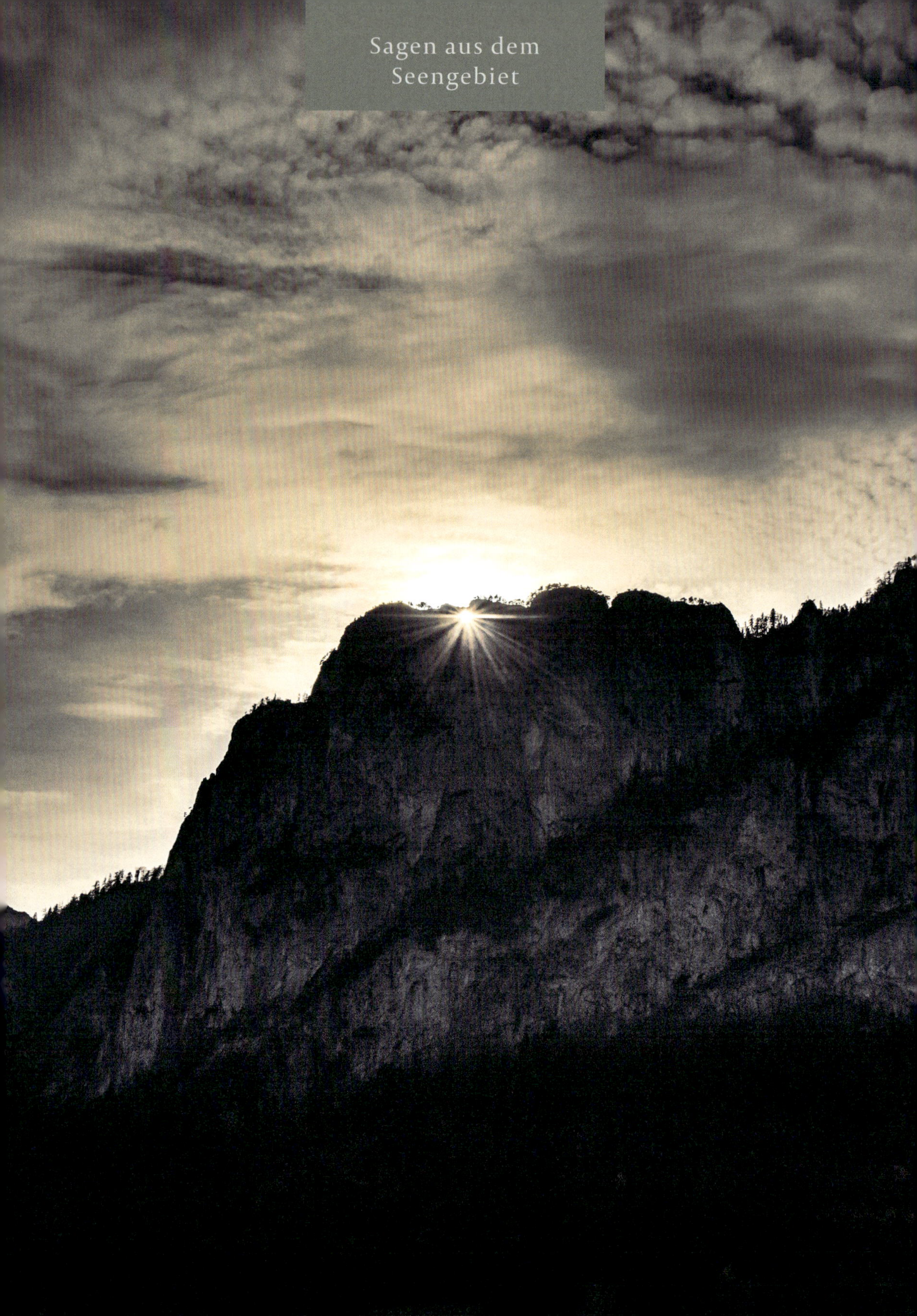

MONDSEE

Vom Drachen und den Nixen

Und dann ist da noch das Loch
in der Wand, durch das der Teufel
mit der Pfarrersköchin fuhr.
Nur ein einziges Mal im Jahr
blinzelt da die Sonne durch!

Vom Drachen und den Nixen

Markant und weithin sichtbar schaut die Drachenwand ins Land. Schon der Name lässt die Fantasie aufblühen. Wen wundert's, dass sich gleich etliche ganz unterschiedliche Sagen um die imposante Felswand ranken.

Was hilft's, wenn man in einer herrlichen Seenlandschaft lebt und arbeitet, wenn die Gegend immer wieder von einem furchtbaren Untier heimgesucht wird?

So erging's vor Zeiten den Leuten im Mondseeland. Immer wieder stürzte sich ein Drache auf ihre Herden. Er riss nicht nur Kühe und Schafe. Mitunter mussten sogar Menschen dran glauben. Versuchte ein Tier in den Stall zu entkommen, dann steckte er mit seinem feurigen Atem die Stallung mitsamt dem Hof in Brand. Kurz: Der Drache war eine Plage, wie sie schlimmer kaum hätte sein können.

Einmal war es wieder so weit. Das Untier hatte es auf eine tragende Kuh abgesehen. Die war brüllend von der Weide zum nahen Hof gerannt. Ihr folgte ein wildes Pfauchen des Drachen – und schon stand das Gehöft in Flammen. Übrig blieben nur rauchende Pfosten. Balken, die die Mauern des Hofes seit Jahrhunderten getragen hatten, ragten verkohlt in den Himmel. Der Bauer verfluchte den Drachen in ohnmächtiger Wut – aber was half es!?

Da kam ein fahrender Ritter des Weges. Der fragte, was denn geschehen sei. So erzählten ihm die Bauern von dem verfluchten Drachenvieh. »Gibt es denn keinen, der es mit dem Untier aufnehmen will?«, fragte der Ritter. »Wie denn?«, lachte ein Bauer bitter. »Der Drache stürzt sich aus heiterem Himmel auf seine Opfer und ist gleich wieder auf und davon. Wir wissen wohl, dass er oben in den Felsklüften am Berg haust, aber wo genau, das wissen wir nicht. Und selbst wenn: Was sollen wir mit Sensen und Gabeln gegen so ein Ungeheuer ausrichten? Sein Feuer versengt uns, bevor wir in seine Nähe kommen!« – »Ja«, meinte ein anderer Bauer, »ein Kampf mit einem solchen Untier ist etwas für einen wie Euch, Herr. Wenn Ihr den Drachen besiegt, dann ist Euch reicher Lohn gewiss. Denn der Schaden, den das Scheusal anrichtet, wird jeden Tag schlimmer!«

Da überlegte der Ritter. In der Rüstung auf den Berg zu steigen, um den Drachen zu besiegen, das wäre ein Unding. Eine List war gefragt.

»Wenn ihr für mich dort oben auf dem Felsen eine Behausung errichtet, dann will ich's wagen«, sagte der Ritter. »Von dem Felsen aus ist die Wand gut einsehbar. Wenn ich genau weiß, wo der Drache haust, folgt der nächste Schritt.«

Die Bauern spürten: Der Mann hatte nicht nur Mut, sondern auch Grips im Kopf. So sagten sie gerne zu. »Die rauchenden, spitzen Pfosten legt ihr beiseite«, sprach der Ritter, »die können wir noch brauchen.«

Von weitum halfen jetzt Frauen und Männer zusammen. Sie errichteten oben am Felsen ein Gebäude, das eines Ritters würdig war. Von hier aus hielt der Ritter jetzt Tag für Tag Ausschau nach dem Untier. Es hieß warten und schauen. Das brauchte Geduld. Aber bald wusste der Ritter, wo genau die Drachenhöhle sein musste. Jetzt überlegte er weiter: Wie könnte er dem Ungeheuer beikommen?

Schließlich stieg er mit ein paar Bauern zeitig in der Früh noch vor Sonnenaufgang auf den Berg. Ein Stück unterhalb der Drachenhöhle begannen sie zu graben. Die angekohlten spitzen Pfosten wurden in der Erde versenkt. Ein gutes Stück ragten sie allerdings hervor und zeigten schräg den Berg hinauf. Darüber kamen Buschwerk und Laub. Von den Pfosten war dadurch nichts mehr zu sehen.

Jetzt war es Zeit, sich zu rüsten. Die Bauern halfen dem Ritter in seine Rüstung und wünschten ihm viel, viel Glück für sein Vorhaben. Was sie tun konnten, war getan. So stiegen sie ab ins Tal.

Langsam ging die Sonne auf. Bald würde sich zeigen, ob der Plan des Ritters aufging. Kaum,dass ihn die ersten Sonnenstrahlen erreichten, packte er das Schwert und schlug mit aller Kraft gegen den Schild. Das tat er immer und immer wieder. Weitum dröhnte es von den Felsen zurück. Bald war aus der Drachenhöhle ein Schnaufen und Grunzen zu hören. Jetzt kam das Ungeheuer zum Vorschein. Der Lärm gefiel ihm gar nicht. Als der Drache den Ritter sah, begann er zu pfauchen. Der Ritter aber hielt den silbernen Schild gegen die Sonne. Jetzt sah es grad so aus, als ob da ein funkelnder Edelstein leuchten würde. Der blendete das Untier – und zugleich erwachte im Drachen die Gier. Den Edelstein musste er haben. Und was immer den Lärm machte, das würde er vernichten – und zwar schnell: Der Lärm dröhnte schon viel zu lange in seinen Ohren. Nein, das gefiel dem Drachen gar nicht.

Mit einem Satz schnellte er nach vorne. Wie der Blitz ging's den Hang hinunter auf das funkelnde Ding zu. Das bisschen Gestrüpp würde ihn nicht aufhalten.

Aber da bohrten sich die spitzen Balken schon in den weichen Unterleib des Untiers. Brüllend vor Schmerz richtete es sich auf. Gleich fuhren die verkohlten Pfosten noch tiefer in seinen Leib und Blut schoss heraus. Nun war es Zeit für den Ritter, einzugreifen. Mit heftigen Schwertschlägen ging er auf das Untier los. Der Drache wehrte sich und versuchte, den Ritter mit seinen Pranken zu fassen. Bei jeder Bewegung bohrten sich die hölzernen Spitzen aber noch tiefer in seinen Leib. Behend duckte sich der Ritter unter den Prankenschlägen weg. Immer wieder stach er mit dem Schwert auf den weichen Bauch des Drachen ein. Wenn er im Eifer des Gefechts doch einen Prankenhieb abbekam, dann verhinderte seine Rüstung das Schlimmste. Der Drache brüllte, dass es dem Ritter schier die Ohren verschlug. Das Untier wollte ihn mit seinem feurigen Atem versengen. Aber statt Feuer kam ein Schwall Blut aus seinem Schlund.

Endlich ließen die Kräfte des Drachen nach. Jetzt konnte ihm der Ritter den Garaus machen.

Es dauerte eine Weile, bis der Ritter die Kraft hatte, ins Tal abzusteigen. Selbst hier hatten die Leute das Brüllen vom Drachen gehört.

Als sie erfuhren, dass das Scheusal besiegt war, war der Jubel groß. Der kühne Held wurde auf Händen getragen. Bier, Suppe, Braten, Wein und Strudel sorgten dafür, dass er wieder zu Kräften kam. Mehr als eine junge Bauerntochter machte ihm schöne Augen. Endlich konnten die Leute wieder ohne Angst vor dem Untier Wiesen und Felder bewirtschaften.

Aus dem Unterstand für den Ritter aber wurde Burg Wartenfels. Denn hier hatte er ja auf das Erscheinen des Drachen gewartet.

Zum Nixengold

Unweit vom Westgipfel ist auf der Fuschl zugewandten Seite der Drachenwand das Nixloch zu finden. Diese Höhle ist nur um die 60 Meter lang und zieht sich der Überlieferung nach doch quer durch die Drachenwand bis zur Roithbauernalm in

St. Lorenz. Ein Stück weit unterhalb liegt auf der Fuschler Seite der Eibensee. Dort war ein junger Jäger in einer Vollmondnacht auf der Pirsch. Und was sah er da? Frauengestalten! Beim genauen Hinschauen waren es Nixen, die bei Mondenschein im klaren, windstillen Wasser des Eibensees badeten.

Die waren eine lieblicher als die andere! Dazu ihr Gesang! Der klang so zart und so fein, dass der Jäger gar nicht anders konnte, als verzückt zuzuhören. Er musste sich gewaltig am Riemen reißen, um nicht jauchzend zu den Nixen hinunterzustürmen. Aber das hätte den Zauber des Augenblicks zerstört. Das wusste er. Also lieber abwarten und mit Bedacht handeln.

Gegen Mitternacht huschten die Nixen zurück in ihre Höhle. Durch einen Felsspalt schlich ihnen der Jäger nach. Tiefer und tiefer ging es hinein in den Berg. Feiner Sand rieselte auf ihn herab. Das war freilich unangenehm, aber wer würde sich deshalb davon abhalten lassen, den holden Gestalten weiter nachzupirschen? Tief drinnen im Berg war alles hell erleuchtet. Der Gesang und das Lachen der Wasserfrauen hallten herauf. Wenn da nur der unangenehme Sand nicht gewesen wäre. Mehr und mehr rieselte herunter. Überall war der jetzt zu spüren – im Hemd, in der Hose, in den Schuhen. Schließlich gab es für den Jäger kein Weiterkommen mehr. Der Durchschlupf war einfach zu eng. Was sollte er tun? Die Nixen waren weg. Verschwunden – irgendwo im Berg. Es blieb ihm nichts anderes übrig, als umzudrehen. Immerhin kam er glücklich wieder heraus.

Vor der Höhle nahm der Jäger den Hut ab und schüttelte den Sand aus dem Gewand. Überall der Sand. Der war einfach nicht herauszubekommen. Beim Abstieg spürte er, wie die Körner seine Haut aufrieben. Zu Hause angekommen, wusch er sich so gründlich wie selten. Die Nixen gingen ihm nicht mehr aus dem Sinn, aber vom Sand hatte er fürs Erste genug.

Am anderen Tag traute er beim Aufstehen seinen Augen nicht. Da und dort glitzerte es hell auf. Der Sand war über Nacht zu Gold geworden. Oder war er es immer schon gewesen?

Gleich machte er sich wieder auf zum Nixloch. So viel er aber auch suchte: Den Felsspalt fand er nicht wieder. Auch die Nixen hat seither kein Mensch mehr gesehen. Oder vielleicht doch? Wenn, dann hat niemand etwas davon erzählt. Das wiederum ist nur gescheit, oder?

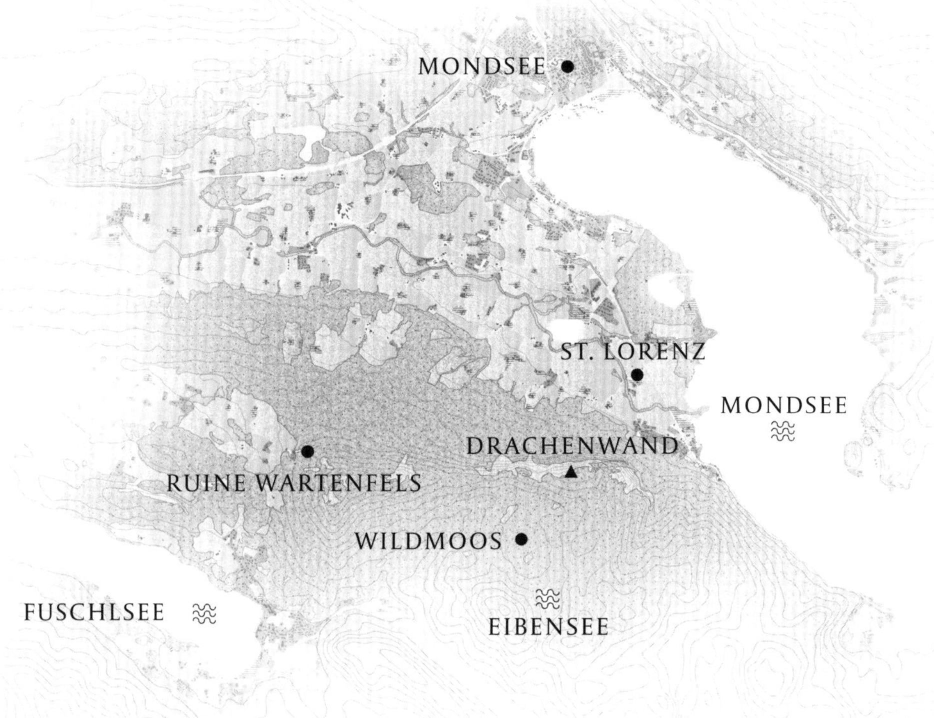

Zahm ist die Drachenwand bis heute nicht

Schon von Weitem sind bei der Anreise zum Mondsee die hoch aufragenden Felsen der Drachenwand sichtbar. Ebenfalls vom Tal aus sichtbar, in Kammnähe, befindet sich das mystische Drachenloch, an dem man bei der fordernden Bergtour auf die Drachenwand am Weg zum Gipfelkreuz vorbeiwandert.

In früheren Kulturen wurden übrigens Plätze, auf die die Sonne im Jahreslauf durch ein solches Loch ins Tal scheint, auch als Kultplätze genutzt. Heute steht die kleine Kirche von St. Lorenz wohl auf solch einem Platz, denn Ende Oktober wirft die Sonne für wenige Minuten ihr Licht durch das Drachenloch hinunter auf das Gotteshaus.

Die Region am Mondsee wurde schon in der Jungsteinzeit besiedelt, Funde von Pfahlbauten in Scharfling und anderen Orten bestätigen die frühe Nutzung dieses Lebensraumes im Salzkammergut. Vielleicht haben Reste der heute unter der Wasseroberfläche liegenden Pfahlbauten die Entstehung der Sagenwelt um die Drachenwand beeinflusst.

Im weiteren Kammverlauf, hinüber zum westlich gelegenen Schober, befinden sich zwischen der Drachenwand und der unzugänglichen Schatzwand auf deren Rückseite der lieblich in den Wald eingebettete Eibensee sowie das angrenzende Wildmoos-Moorgebiet. Ein ruhiger, beschaulicher Naturschatz im Gegensatz zur durch den Klettersteig viel besuchten Drachenwand. Und irgendwo muss sich noch immer in diesen Wänden auch der von der Eibensee-Nixe gehütete Schatz befinden …

Alter Siedlungsraum – Pfahlbaumuseum Mondsee

Neben den geschichtlich wertvollen Ausgrabungen in Hallstatt wurden im letzten Jahrhundert auch bedeutende Funde aus der Jungsteinzeit am Pfahlbaufeld am Mondsee gemacht, die den Begriff »Mondseekultur« geprägt haben. 6500 Fundstücke beherbergt das Pfahlbaumuseum, wovon die schönsten und interessantesten in der Ausstellung zu bewundern sind.

Neben den bis zu 6000 Jahre alten Exponaten wird auch die Geschichte des Mondseer Benediktinerklosters, dem ältesten in Österreich, von seiner Gründung über die Blütezeit bis zur Aufhebung im späten 18. Jahrhundert nachgezeichnet.

Einkehr im 500 Jahre alten Gasthof Drachenwand

Sehr sympathisch macht den Gasthof Drachenwand nicht nur die Tatsache, dass er schon eine so lange Tradition hat, sondern auch, dass er in seiner Speisekarte gleich auf der ersten Seite seine Lieferanten aus der Umgebung anführt.

Seien es die herzhafte Rindsuppe mit Frittaten, das pikante Lammcurry, die mit Mondseer Käse überbackene vegetarische Lasagne oder die frisch geschupften Marmelade-Palatschinken: Die Qualität aus der Region schmeckt man einfach.

Bergtour zum Drachenwand-Gipfel

schwer

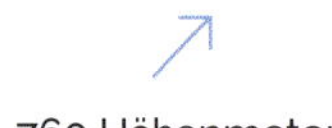

760 Höhenmeter

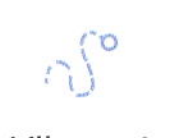

6 Kilometer

ca. 4 Stunden

unterwegs keine,
Gasthof Drachenwand

AUSGANGSPUNKT] Wanderparkplatz in St. Lorenz beim Gasthof Drachenwand

[ANFAHRT] St. Lorenz befindet sich am Mondsee-Westufer an der B154 zwischen Mondsee und Scharfling. In der Ortschaft Gries liegt der Wanderparkplatz in der Nähe des Gasthofs Drachenwand. Öffi-Anbindung: Bushaltestelle St. Lorenz am Mondsee-Gries

[AUFSTIEG] Der Normal-Anstieg zur Drachenwand ist als schwarze Wanderung markiert, was Trittsicherheit, Schwindelfreiheit und Bergerfahrung voraussetzt, da der Steig in absturzgefährlichem Terrain verläuft und mehrere Abschnitte durch Seile und Leitern gesichert sind!
Der Weg verläuft vom Parkplatz vorbei am Gasthof Drachenwand und führt danach rechts dem Wald sowie dem Wandfuß der Drachenwand zu. Die Markierungen mit der Nr. 12a leiten nun zur Theklakapelle im Wald, an ihr rechts vorbei und bergwärts einen Graben hinauf. Hier zweigt auch der mit Schwierigkeit C/D ausgewiesene Klettersteig (Klettersteigerfahrung und Klettersteigset nötig) ab.
Diesen lässt man aber »rechts liegen« und folgt weiter dem Normalweg durch ein Quellschutzgebiet zur Drachenwand. Kurz steigt man durch ein zumeist trockenes Bachbett, bevor der Steig sich rechts an den Felswänden höher windet. Der Weg ist steil, ausgesetzt und an vielen Stellen mit Stahlseilen, Leitern und Stiegen mit teilweise sehr hohen Stufen versehen, welche auch im Abstieg wieder überwunden werden wollen. Rasch gewinnt man zumeist schön schattig unter Bäumen an Höhe und gelangt, vorbei an »Hildes Rast« – einem Aussichtsplatz mit Blick auf den Mondsee –, auf ein kleines Plateau auf etwa 920 Meter Seehöhe. Hier geben die Bäume den Blick auf die Drachenwand, das schon nahe Gipfelkreuz sowie den dort angebrachten Klettersteigs frei. An schönen Tagen fädeln sich die Kletterer wie Perlen auf die Schnur bzw. das Stahlseil des Klettersteigs. Hier oben kann man bereits das Murmeln und Gluckern des tief eingeschnittenen Klausbaches hören, zu dem der Steig nun steil wieder gut 80 Hö-

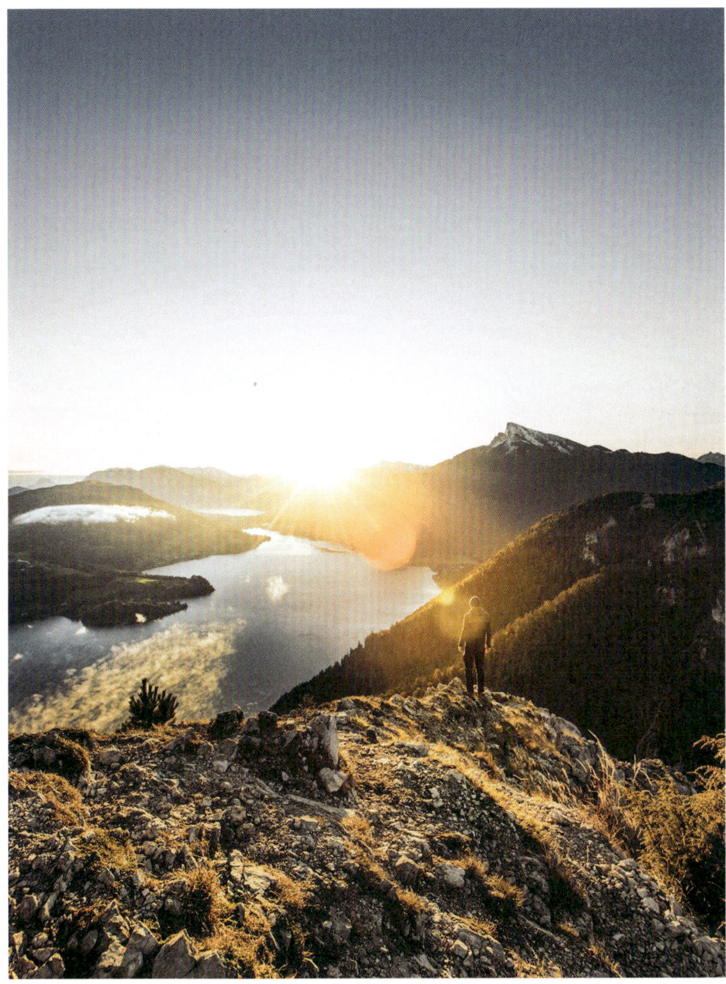

Blick bei Sonnenaufgang von der Drachenwand auf den Mondsee, rechts die Kante vom Schafberg, links hinten der Attersee.

henmeter hinunterführt. Auf der anderen Seite wandert man über Serpentinen diese Höhenmeter wieder im Schatten von Buchen und Fichten hinauf, ehe die letzten Höhenmeter von lockerem Kiefernbestand gesäumt werden. Kurz vor dem Gipfelkreuz, das übrigens nicht an der höchsten Stelle aufgestellt wurde, gelangt man am Drachenwand-Fenster oder Drachenloch vorbei, welches vom Tal aus weitum zu sehen ist.

[ABSTIEG] Der Abstieg verläuft auf gleicher Route. Vorsicht ist bei Nässe geboten: Viele Abschnitte sind schattig, erdig oder der Fels von den vielen Besteigungen glattgeschliffen – hier ist es vor allem im Abstieg oft rutschig!

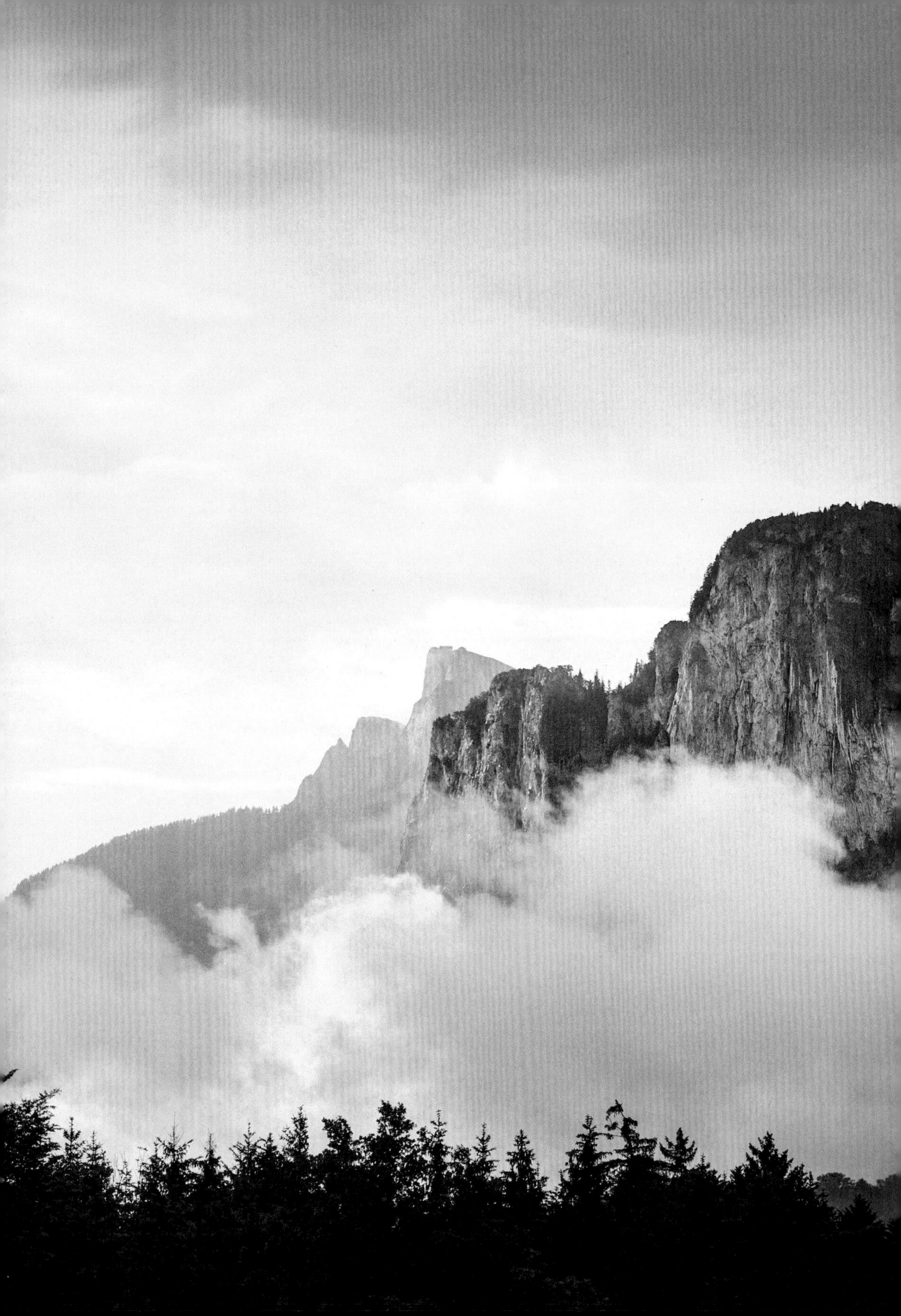

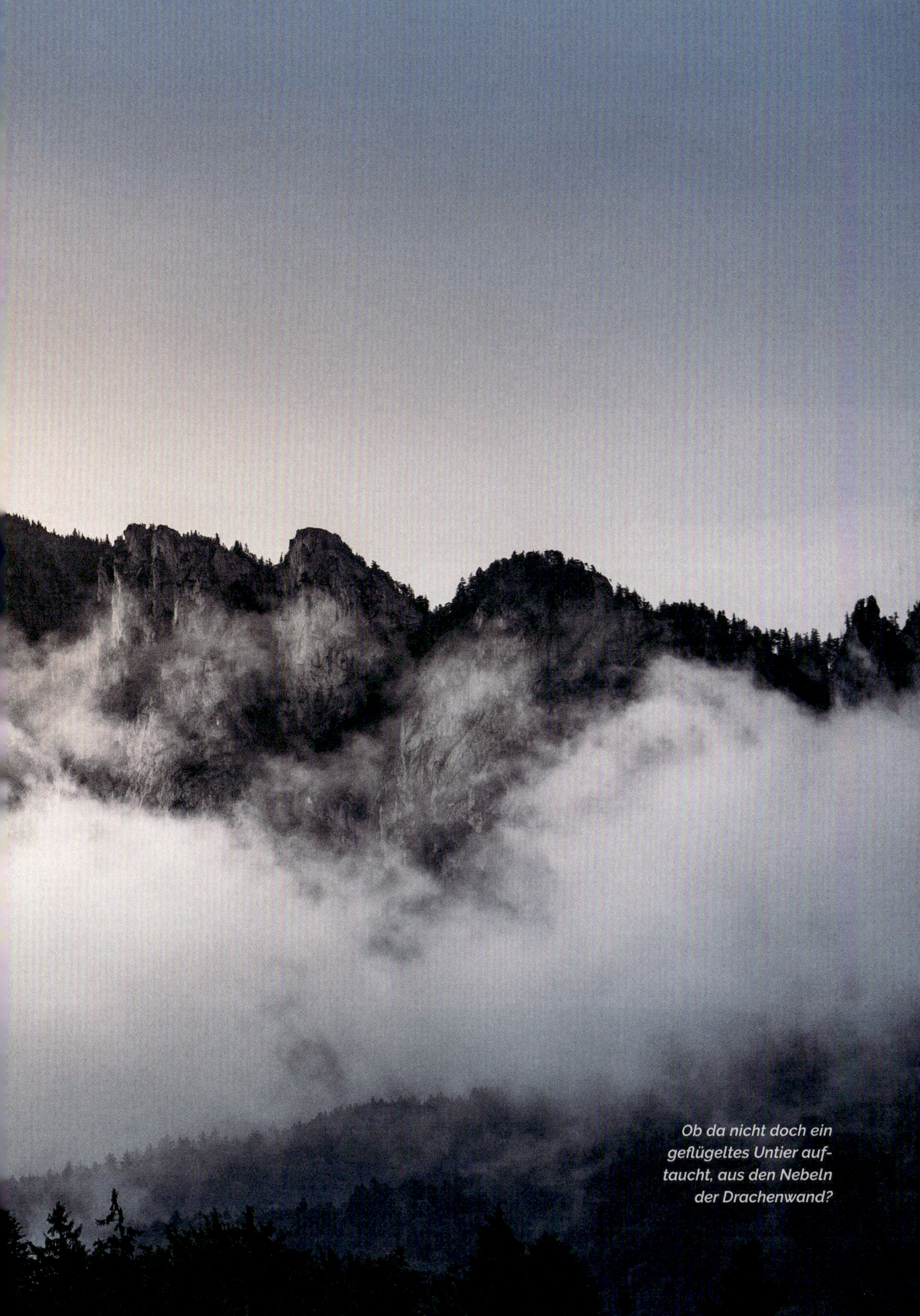

Ob da nicht doch ein geflügeltes Untier auftaucht, aus den Nebeln der Drachenwand?

Wanderung zum Almkogel, dem Eibensee und zum sagenhaften Wildmoos

●●○
mittel

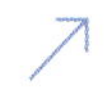

900 Höhenmeter

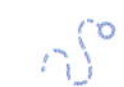

13 Kilometer

ca. 5,5 Stunden

unterwegs keine, Gasthof Drachenwand

[AUSGANGSPUNKT] Wanderparkplatz in St. Lorenz beim Gasthof Drachenwand

[ANFAHRT] St. Lorenz befindet sich am Mondsee-Westufer an der B154 zwischen Mondsee und Scharfling. In der Ortschaft Gries liegt der Wanderparkplatz in der Nähe des Gasthofs Drachenwand. Öffi-Anbindung: Bushaltestelle St. Lorenz am Mondsee-Gries

[AUFSTIEG] Vorbei am Gasthof Drachenwand führt der blau markierte Wanderweg Nr. 12 zum Almkogel. Hier ist der Weg bis kurz nach der Theklakapelle identisch mit dem Aufstieg zur Drachenwand. Man wendet sich dann aber am gelben Wanderwegschild nach links und kommt auf gut angelegtem Steig im Mischwald höher. An manchen Stellen ist der Weg bereits ausgewaschen und somit sind auch immer wieder hohe Stufen oder »Wurzeltreppen« zu überwinden. (Bitte trotzdem am Weg bleiben, wird daneben ein »neuer Weg« begangen, fördert das die Erosion noch mehr!) Schon nach 1,5 Stunden steht man dann am felsigen Gipfel des Almkogels auf 1030 Meter – hier genießt man den Blick auf die Drachenwand, den Mondsee, den dahinterliegenden Irrsee und auch hinüber zum Attersee mit den wilden Abstürzen des Höllengebirges sowie zum Schafberg mit dem Wolfgangsee.
Gleich unterhalb des Gipfels weist die Markierung Nr. 13c weiter zum wunderschön gelegenen Eibensee, der großteils über Schotterwege nach ungefähr einer Stunde Gehzeit erreicht wird. Gemütlich wandert es sich so mal schattig im Wald, mal sonnig bis zu einer Abzweigung, welche auf den Aussichtspunkt »Marienköpfl« hindeutet. Diesen Gipfel kann man in nur wenigen Minuten »mitnehmen«, und es lohnt sich, denn der Ausblick auf den Eibensee, das Wildmoos und die Mauern zwischen Schober, Schatz- und Drachenwand ist zauberhaft! Von hier steigt man flugs zum See ab und genießt die Ruhe am eiszeitlichen Eibensee. Folgt man hier für etwa einen Kilometer dem Wanderweg Nr. 13 nach Norden Richtung Fuschl, gelangt man zu Rastbänken oberhalb des Wildmooses. Dieses ist ein Hochmoor mit lockerem

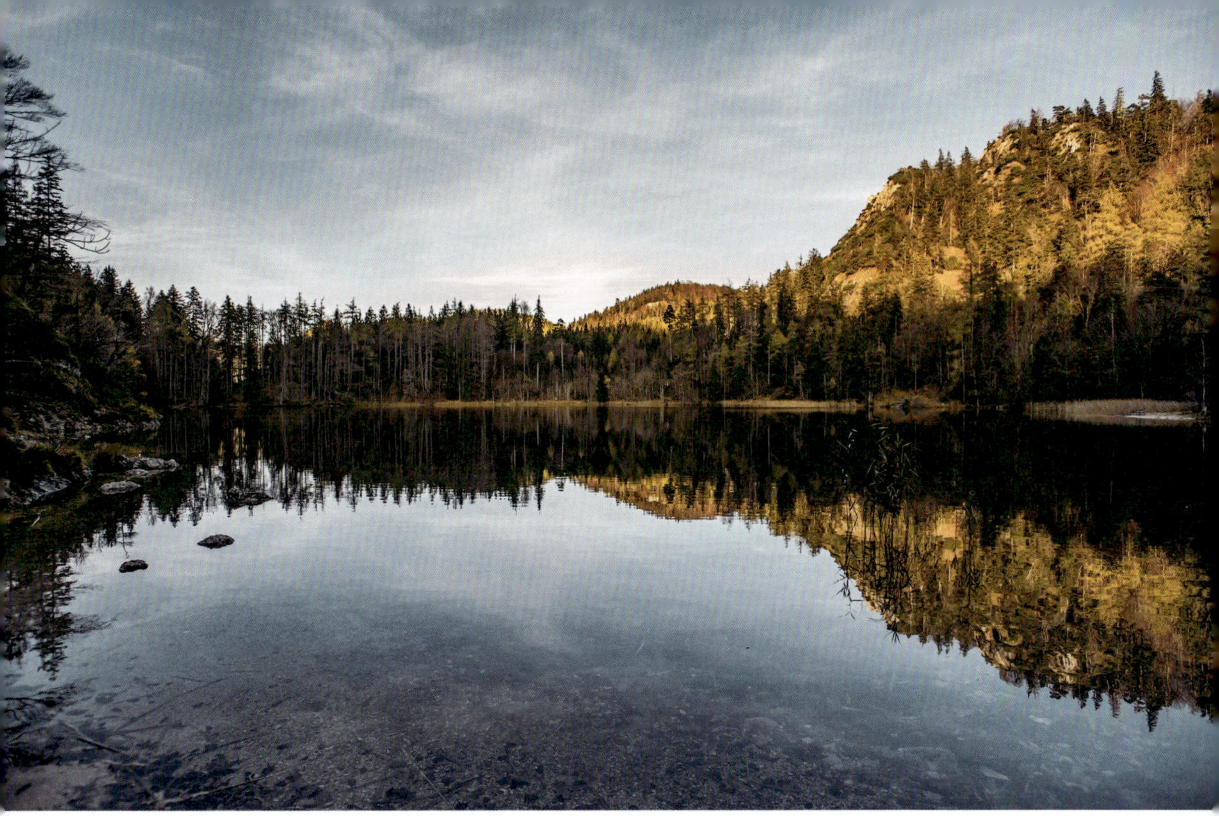

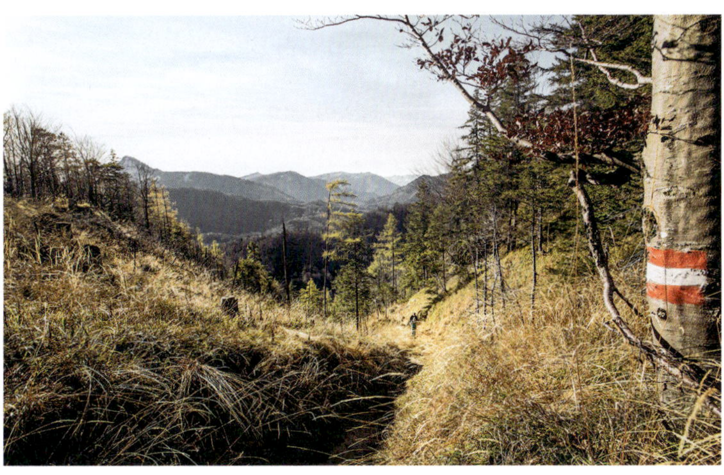

Hier überraschte der Jäger die Nixen beim Baden im Eibensee – und das zu Vollmond!

Baumbewuchs und typischer Moorvegetation. In alten Karten ist hier die »Willmoosalm« eingezeichnet, und oberhalb in den Felsen der Drachenwand befindet sich das sagenhafte Nixloch.

[ABSTIEG] Zurück zum Ausgangspunkt gelangt man über den Anstiegsweg und wandert diesen einfach wieder in etwa 2 Stunden 15 Minuten zurück.

Sagen aus dem Seengebiet

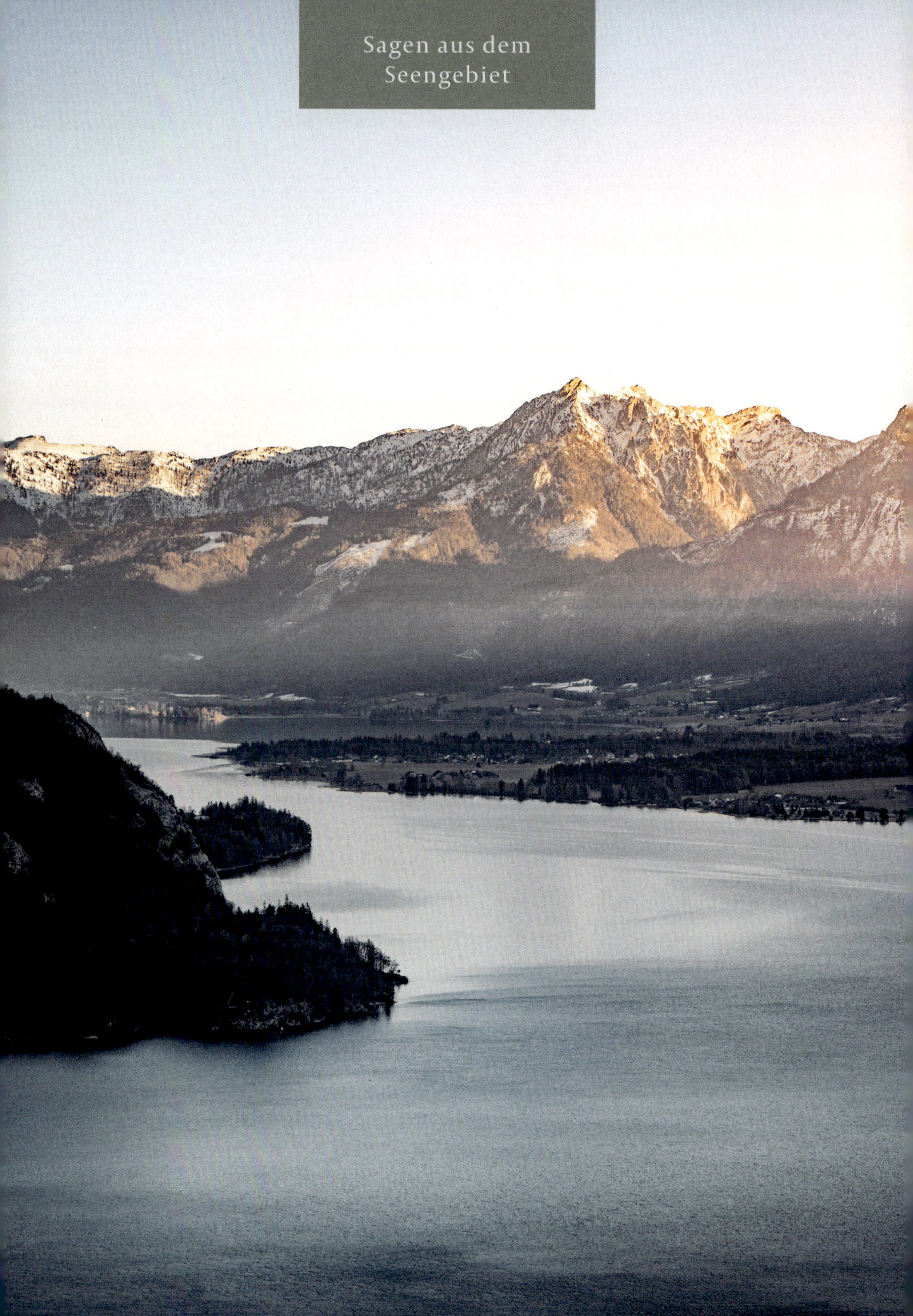

WOLFGANGSEE

Vom heiligen Wolfgang

Der will seinen Frieden haben – mit Gott, aber auch mit dem Teufel!

Vom heiligen Wolfgang

Was veranlasst den Bischof von Regensburg, den Prunk und die Glorie eines Kirchenfürsten hinter sich zu lassen, um als Einsiedler in der damaligen Wildnis des Salzkammergutes zu leben?
Der heilige Wolfgang könnte uns darauf eine Antwort geben.

Mag sein, dass er die politischen Ränkespiele und Intrigen an einem mittelalterlichen Fürstenhof einfach satthatte, der heilige Wolfgang. Mag sein, dass er Manns genug war, zu entdecken, dass es im Leben etwas Wichtigeres gibt als Macht, Einfluss und Reichtum. Vielleicht aber wollte er sich einfach dem widmen, was für ihn wirklich zählte: Der Verbindung mit dem Göttlichen, dem Leben in und mit der Natur und dem Dienst an den Menschen.

Denn Wolfgang zog sich hier nicht bloß zurück ins Gebirge, um abgeschieden von der Welt nur für sich zu leben. Nein, er wirkte auch als Heiler, kurierte durch Handauflegen Menschen und Tiere. Kurz, er lebte so, wie unser Herr Jesus Christus es in der Bibel vorgezeigt hatte.

Einmal fütterte Wolfgang am Krottensee oberhalb von St. Gilgen Kröten. Das sah ein Bauernmädchen. Es wunderte sich, dass der Heilige sich um so unansehnliche Tiere wie Kröten kümmerte. Aber offenbar lagen ihm die Kröten am Herzen. »Bitte hilf mir«, meinte er freundlich, »es sind noch viele zu füttern und vor Sonnenuntergang sollte ich fertig sein.«

Da überwand das Mädchen seine Abscheu vor den Kröten und half fleißig mit. Vergnügt hüpften die Kröten dann zurück ins Wasser. Wolfgang brachte das Mädchen danach zum Dank persönlich durch den finsteren Wald nach Hause. Der elterliche Hof aber war von da an mit Glück gesegnet.

Ein anderes Mal herrschte in der Gegend eine große Dürre. Die Leute waren verzweifelt. Sie brauchten das Wasser – für sich und für das Vieh. Da schlug Wolfgang am Falkenstein mit einem Stab gegen den Felsen – und sogleich sprudelte eine Quelle hervor. Die Leute merkten sehr schnell, dass das nicht irgendein Wasser war. Nein, es war heilsam bei Augenleiden. Und so kamen auch nach der Dürre viele Menschen, um beim »Augenbründl« ihre Leiden zu kurieren.

Das Leben in der Wildnis am Falkenstein war für jemanden wie Wolfgang, der das Leben an einem Fürstenhof gewohnt war, natürlich alles andere als einfach. Ein Mitbruder, der aus Regensburg mitgekommen war, hielt das harte Leben in einer Höhle im Wald nicht lange aus. Auf sich allein gestellt musste Wolfgang für das sorgen, was sonst andere für ihn erledigten. Immerhin bekam er immer wieder Besuch – allerdings vom Teufel.

Der ärgerte sich furchtbar, dass der heilige Wolfgang in der Gegend so segensreich wirkte. Einmal, als der Heilige am Weg vom Falkenstein hinunter zum See war, packte der Teufel einen Felsen und warf ihn im gachen, jähen Zorn nach ihm. Wolfgang aber schickte ein Stoßgebet zum Himmel. Entschlossen stemmte er dann Rücken und Hände gegen den Stein. Da gab der Fels nach wie Butter. Heute noch sind droben am Pilgerweg vom Falkenstein die Abdrücke der Hände und des Kopfes des Heiligen im Felsen zu sehen.

Ein anderes Mal suchte der Teufel Wolfgang sogar in seiner Höhle heim und trieb ihn in die Enge. Da ging der Fels vor ihm plötzlich ein Stück weit auf – und der Heilige konnte durch den Spalt auf und davon schlüpfen. In der Falkensteinkirche ist der Durchkriechstein heute noch zu sehen – und auch das Durchschlüpfen fällt nicht allzu schwer.

Aus Freude und Dankbarkeit dafür, dass er immer wieder wundersam errettet wurde, beschloss Wolfgang, Gott zu Ehren eine Kirche zu bauen. Aber wo? Das sollte Gott entscheiden.

Wolfgang nahm das nächstliegende Werkzeug. Das war eine Hacke. Die schwang er durch die Luft und warf sie in hohem Bogen ins Tal. Der Wind aber nahm die schwere Hacke auf und trug sie weiter und weiter bis fast hinunter zum See. Der hieß damals Abersee. Heute kennen wir ihn als Wolfgangsee. Dort, wo die Hacke liegen blieb, sollte die Kirche erbaut werden.

Jetzt war Wolfgang aber ein geistlicher Herr und weder Zimmerer noch Maurer. Zum Fällen der Bäume für den Platz zum Kirchenbau hätte er auch noch Holzknecht sein müssen. Nein, die schwere

Arbeit war nichts für den einstigen Kirchenfürsten. Bald musste er einsehen, dass diese Schinderei für ihn einfach zu anstrengend war. Obendrein fehlte ihm auch das handwerkliche Geschick für einen solchen Bau.

In seiner Not machte er das, was ein frommer Einsiedler am besten kann: Er betete zu Gott und bat um Hilfe. Die kam auch gleich – in Gestalt des Teufels!

Da war der Heilige dann doch überrascht.

»Na, ist's aus mit der Kraft? Geht's nicht mehr?«, fragte der Leibhaftige höhnisch. »Hast du dich übernommen?« – »Ja«, meinte Wolfgang müde, »leider Gottes: Es geht beim besten Willen nicht mehr weiter!« – Bei »leider Gottes« zuckte der Teufel zusammen. Dann aber sprach er: »Also ich bin noch frisch. Meine Kräfte würde das nicht übersteigen!« – »Was?«, fragte Wolfgang verdutzt, »Du, Teufel, willst eine Kirche bauen?« – »Wenn man mich schön bittet«, erwiderte der Leibhaftige, »und ganz umsonst ist's natürlich nicht.« – »Aha«, sagte der Heilige, »jetzt kommt die Krux. Was willst du denn für den Bau?« – »Nicht viel«, beschwichtigte der Teufel, »grad halt eine Seele.« – »Eine Seele?«, jetzt war Wolfgang hellhörig, »Von wem?« – »Von der ersten Besucherin oder vom ersten Besucher der Kirche.« Wolfgang überlegte: Das war ein gewagtes Spiel. Er wollte nicht daran schuld sein, dass jemand in die Fänge des Teufels geriet, nur weil er oder sie seine Kirche besuchte. Also ging er in sich und flehte zum Himmel: Wenn schon Gott zu Ehren eine Kirche gebaut werden sollte, dann sollte auch niemand dadurch ins Unglück gestoßen werden.

Erst als er tief in sich spürte, dass alles gut werden würde, war er mit der Abmachung einverstanden.

War das ein Bild: Der Teufel und der heilige Wolfgang schlugen ein! Die Abmachung galt.

Unverzüglich machte sich der Leibhaftige ans Werk: Er rodete den Platz für die Kirche, grub die Fundamente, schleppte die Steine für den Bau herbei, schnitt und hobelte die Balken, rührte den Mörtel an, fügte eins zum anderen. Nimmermüde war der Teufel am Werk. Wolfgang aber betete zu Gott um eine glückliche Fügung.

Endlich war der Bau fertig. Abgekämpft, aber mit geschwellter Brust inspizierte der Teufel sein Werk. »Na, gefällt's dir?«, fragte er Wolfgang mit unverhohlenem Stolz. »Respekt!«, sagte der, sichtlich beeindruckt. »Es ist wirklich ein prächtiger Bau geworden!« –

»Gut«, meinte der Leibhaftige drauf, »mein Teil der Abmachung ist erfüllt. Zeit für meinen Lohn.« – »Nur Geduld«, sprach der Heilige, »Der kommt schon. Wer weiß, wen so ein imposanter Bau alles anzieht.«

Dem Teufel ging das freilich viel zu langsam. Er konnte es kaum erwarten, dass endlich jemand auftauchte.

Die erste, die kam, war eine alte Frau. Sie schleppte frisch gesammeltes Holz. Das war für sie anstrengend genug und brauchte ihre ganze Kraft und Aufmerksamkeit. Verwundert sah sie die Kirche. Dann schlurfte sie weiter.

Der Teufel hielt es vor lauter Ungeduld kaum mehr aus. So ein herrlicher Bau. Der müsste doch die Leute anziehen wie der Honig die Fliegen!

Der Nächste war ein Reiter. Der kam am See entlanggeritten. Offenbar war er in Eile. Bei der Kirche machte er nur kurz ein Kreuzzeichen – und weiter ging's.

Wieder nichts. Der Teufel war schon ganz aus dem Häuschen.

Gegen Abend trabte ein alter, grauer Wolf an. Der schnupperte ein wenig an der Kirchentür. Dann lief er hinein.

»Als dann«, sagte Wolfgang, »mein lieber Teufel: Das ist dein Lohn!«

Ein alter grauer Wolf!? – »Soll das der Lohn sein für einen, der hart gearbeitet hat!«, schrie der Teufel. »Nein, mein frommer Bruder, so haben wir nicht gewettet!« Wutentbrannt fuhr er mit einem mächtigen Satz durch ein Loch in der Kirchendecke hinunter in die Hölle.

Der heilige Wolfgang aber dankte Gott für die glückliche Fügung. Fortan lebte er in einer Zelle gleich neben der Kirche, heilte Menschen und Tiere. Dabei vollbrachte er vielerlei Wunder.

Nach einigen Jahren kam eine Abordnung aus Regensburg. Sie bat Wolfgang eindringlich, wieder nach Regensburg zu kommen. Und wirklich gelang es den Gesandten, ihn zu überreden. Leicht fiel ihm der Abschied vom Leben in der Einsamkeit nicht. Der Kirche ging es nicht anders. Es heißt, dass sie ihm deshalb sogar ein Stück nachlief. Schließlich drehte sich Wolfgang um und befahl ihr, an ihrem Platz zu bleiben. Dort – das kann man sehen – steht sie heute noch.

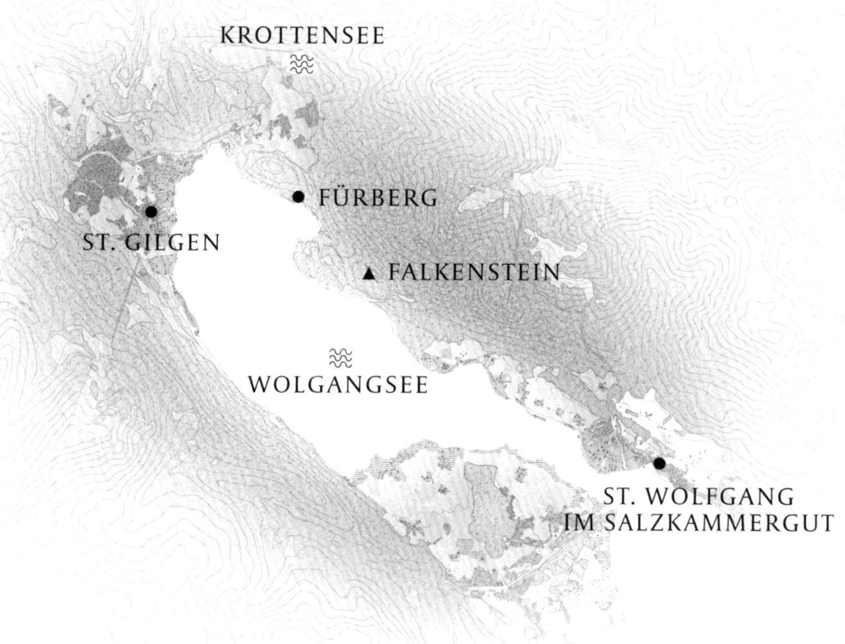

Blau, blauer, Wolfgangsee

Einer der blauesten Salzkammergutseen überhaupt ist der Wolfgangsee. Sein Wasser scheint das ganze Jahr über in den schönsten Blau- oder Blaugrüntönen zu leuchten. Das erfreut einerseits das Auge des Betrachters, andererseits aber auch die unter Wasser lebende Flora und Fauna – das strahlende Blau bedeutet nämlich auch, dass die Wasserqualität hier besonders hoch ist.

Der Name »Wolfgangsee« hat sich übrigens erst mit dem aufkommenden Tourismus nach dem Zweiten Weltkrieg durchgesetzt. Davor wurde der See auf Karten als »Abersee« oder lange Zeit auch unter beiden Bezeichnungen angeführt.

Um ihn herum befinden sich bekannte Ausflugsberge wie Schafberg und Zwölferhorn, welche mit Zahnradbahn bzw. Seilbahn einfach erklommen werden können. Auch das beliebte, ausgedehnte Wandergebiet auf der Postalm liegt in Reichweite.

Vor über tausend Jahren aber hat sich der heilige Wolfgang den damals sehr unzugänglichen Falkenstein und das spätere St. Wolfgang für sein Wirken ausgesucht. Mit heutigen Augen betrachtet, hätte sich der fromme Mann kaum einen schöneren Platz im Salzkammergut aussuchen können.

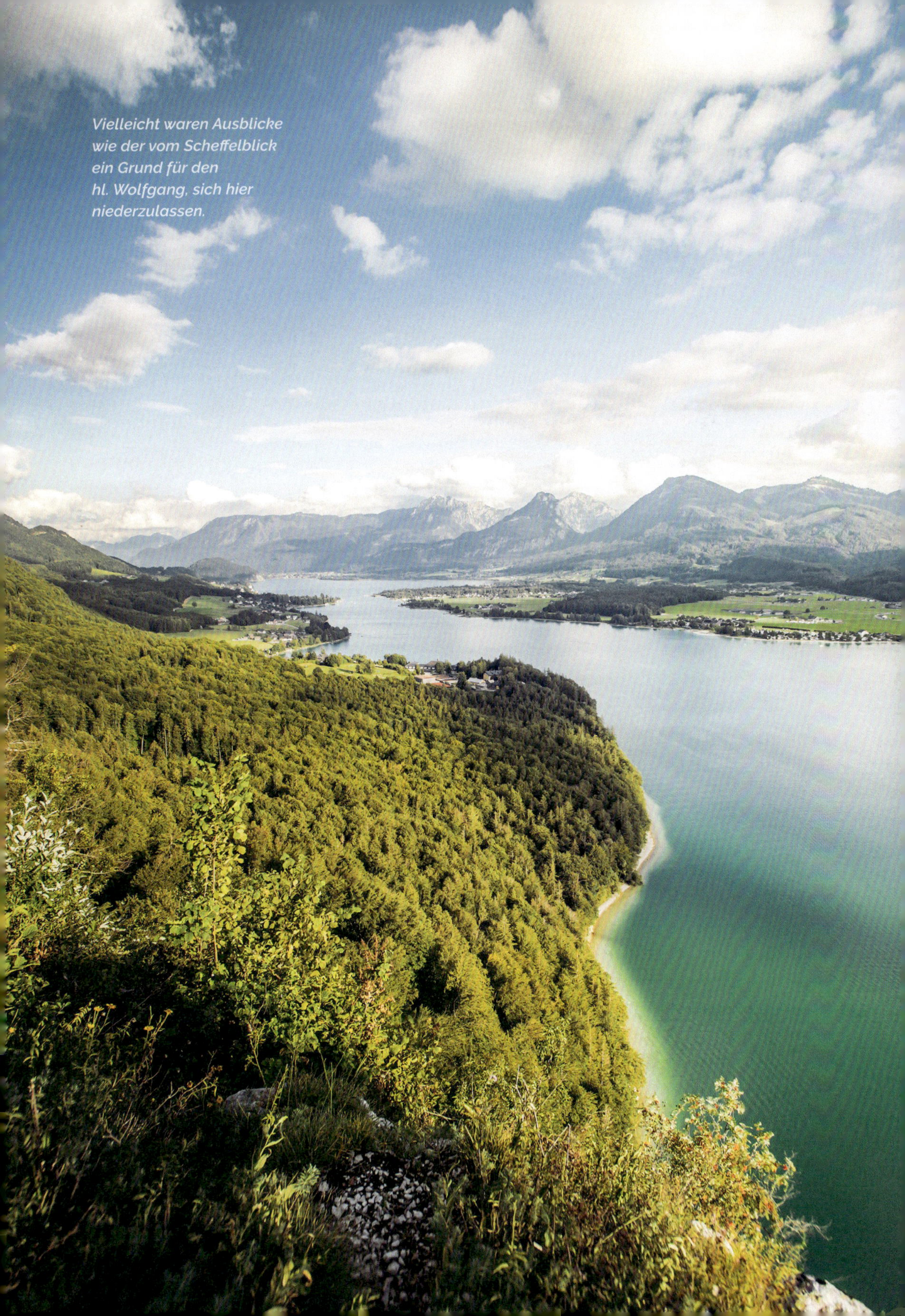

Vielleicht waren Ausblicke wie der vom Scheffelblick ein Grund für den hl. Wolfgang, sich hier niederzulassen.

Die bequemste Art, am Wolfgangsee unterwegs zu sein

Wenn die Sonne den See zum Glitzern bringt, taucht man an warmen Sommertagen entweder gleich in ihn ein oder genießt den Blick auf die umliegenden Berge und den See vom Schiff aus! Praktisch dabei ist, dass dies auch gut mit einer Wanderung auf den Spuren des heiligen Wolfgangs verbunden werden kann: Je nach Kondition lässt man sich so vom Schiff entweder nach St. Gilgen oder Fürberg bringen und besteigt es nach dem Falkenstein bereits wieder an der Anlegestelle Ried-Falkenstein, um gemütlich St. Wolfgang entgegenzuschippern.

Ebenfalls praktisch, dass sich mit solch einer Schifffahrt auch die wunderschönen Orte am Wolfgangsee einfach bereisen lassen: Idealerweise startet man in Gschwendt und nutzt dort den weniger überlaufenen Parkplatz, um Strobl, St. Wolfgang und St. Gilgen einen Besuch abzustatten.

Für Leib und Seele

Nicht nur im immer noch viel besungenen Weißen Rössl kann man in St. Wolfgang fabelhaft speisen. Auch viele andere Gasthäuser, Restaurants und Jausenstationen rund um den See bieten vorzügliche, vorrangig österreichische Küche an. Einen besonderen Leckerbissen sollte man sich allerdings zu allen Jahreszeiten nicht entgehen lassen – den St. Wolfganger Lebkuchen! Für die Pilger der vergangenen Jahrhunderte war er die Verpflegung für die beschwerliche Heimreise. Da St. Wolfgang im Mittelalter einer der wichtigsten Pilgerorte Europas war, ist auch hier bereits früh die Herstellung des Lebkuchens dokumentiert. Die Lebzeltereien Wallner und Gandl stellen seit 500 bzw. 200 Jahren diese besonderen Lab-Kuchen her, die auch heute noch Bauch, Herz, Seele und Gaumen erfreuen!

Gleich ob die Wanderung in St. Gilgen oder in St. Wolfgang beginnt: Zum Auftakt oder zum Abschluss empfiehlt sich eine Fahrt über den See.

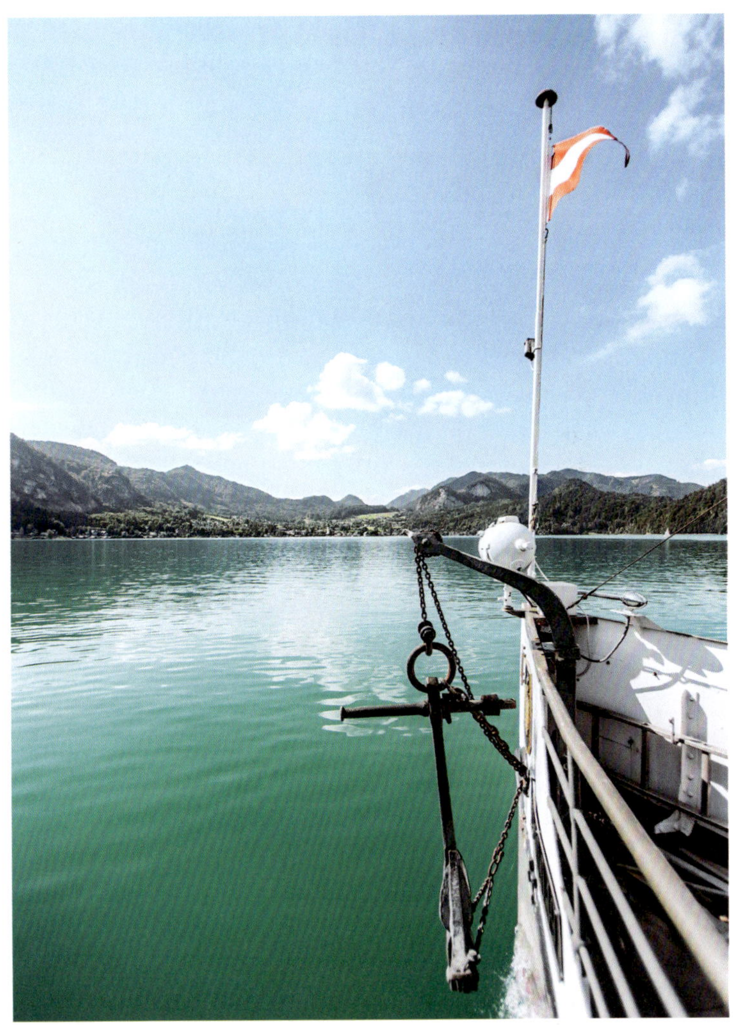

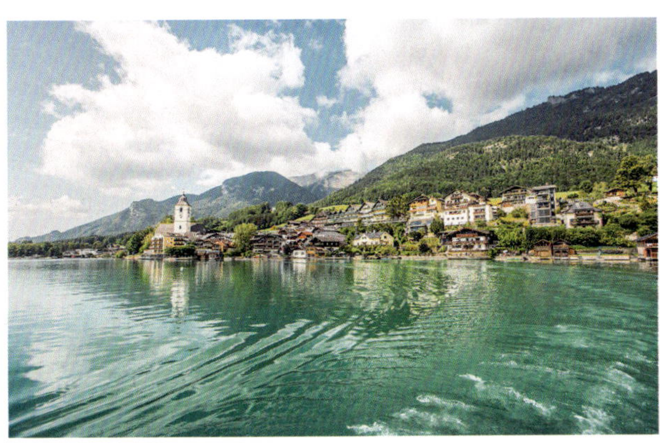

Wanderung über den Falkenstein nach St. Wolfgang

●◐○
leicht bis mittel

ca. 300 Höhenmeter

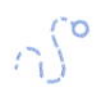
ca. 12 Kilometer

ca. 4 Stunden

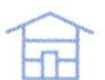
Gasthof Fürberg, Leopoldhof in Ried bei St. Wolfgang

[AUSGANGSPUNKT] Schiffsanlegestelle St. Gilgen

[ANFAHRT] Entweder nach St. Wolfgang zu einem der Besucher-Parkplätze und mit dem Schiff nach St. Gilgen oder direkt nach St. Gilgen, über die B158 aus Richtung St. Wolfgang oder aus Richtung Fuschlsee bzw. über die B154 aus Richtung Mondsee, und am Ende der Wanderung von St. Wolfgang mit dem Schiff zurück nach St. Gilgen. Öffi-Anbindung: Bushaltestelle St. Gilgen Busbahnhof, Bushaltestelle St. Wolfgang im Salzk. Markt

[WEG] In St. Gilgen führt der gut ausgeschilderte Weg Nr. 28 vorbei am Mozarthaus, zunächst über den Lienbacherweg zum Strandbad. An diesem vorbei spaziert man gemütlich über die wenig befahrene Mondseestraße in den Brunnwinkel mit seinen hübschen Häusern. Ab dort verläuft die nun geschotterte Trasse direkt am Ufer des Wolfgangsees nach Fürberg (Hotel-Restaurant & Schiffsanlegestelle). Vorbei am Waldbad in Fürberg gelangt man in einer Schleife rechts den See entlang zu den beiden wunderbaren Aussichtsplätzen am Ochsen- und Hochzeitskreuz. Entweder den gleichen Weg zurück oder im Wald über einen schmalen Forstweg erreicht man nun wieder den Falkensteinweg, der beim Waldbad in Fürberg rechts in den Wald emporführt. Ein steiler, breiter Weg, den Pilger hier schon seit Jahrhunderten hinaufschnaufen. Etwa die Hälfte der gesamten Strecke liegt hinter einem, sobald man die Kapelle mit den von Pilgern abgelegten Steinen erreicht. Danach ist es auch nicht mehr ganz so steil, bis man nach weiteren 500 Metern an der Falkensteinkirche mit dem Durchschlupfstein unterhalb des Falkensteins ankommt. Auf der Bank vor der Kapelle lässt es sich gut rasten und vielleicht auch erahnen, wie es zu St. Wolfgangs Zeiten hier gewesen sein muss, in der Wildnis zu leben. In Sichtweite liegt hier bereits die Brunnkapelle mit dem Quellwasser, und davor führt ein Steig über Stock und Stein zum Scheffelblick hinauf und hinunter. Dort ist es zumeist etwas ruhiger und es lässt sich wunderbar die Aussicht auf den Wolfgangsee genießen. Am Weg wieder 100 Meter zurück,

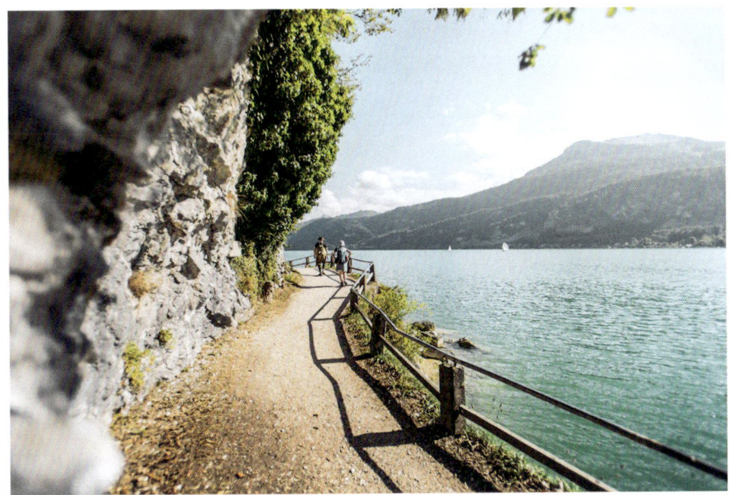

Von Fürberg bei St. Gilgen führt der Weg zum Falkenstein flach am See entlang.

wandert man nun über viele Wurzeln vorbei an ausdrucksvollen Bäumen zum Aberseeblick. Kurz vor der Hacklwurfkapelle erreicht man wieder den eigentlichen Pilgerweg. Um auch den Fels, in den die Hände und der Kopf des heiligen Wolfgangs eingedrückt sind, zu erreichen, braucht es noch 2 Minuten »zurück« in Richtung Falkensteinkirche. Wieder bei der Hacklwurfkapelle angelangt, führt nun der Falkensteinweg genauso steil wie herauf auch wieder runter ins Tal. Hin und wieder gibt der Wald entlang der Forststraße den Blick auf den See frei, und kurz nach dem Wachsstein tritt man am Weg nach St. Wolfgang aus diesem heraus. Hier übrigens wäre es möglich, auch am Riedersteig links abzweigend im Wald über Wurzeln und Steige oberhalb von Ried zur Schafbergbahn und nach St. Wolfgang zu wandern. Wer es sonnig mag, steigt hier aber hinunter nach Ried ab und gelangt vorbei am Gasthaus Leopoldhof entweder auf der Straße entlang des Sees in den Ort oder zweigt kurz nach dem Gasthof wenige Meter hinauf in die Obere Riederstraße ab und wandert so mit wunderbarem Blick dem Ziel St. Wolfgang entgegen.

[TIPP] Auch den Krottensee kann man über einen kurzen Umweg mitnehmen. Im Brunnwinkel bei St. Gilgen zweigt man am Wolfgangweg Nr. 12 zum Europakloster Gut Aich ab und kommt vorbei am Schloss Hüttenstein in nur 35 Minuten zum kleinen Krottensee mit dem gegenüberliegenden Landgasthaus Batzenhäusel. Wieder zurück beim Kloster Gut Aich, gelangt man über die Fürbergstraße nach Fürberg und setzt dort den Weg über den Falkenstein fort.

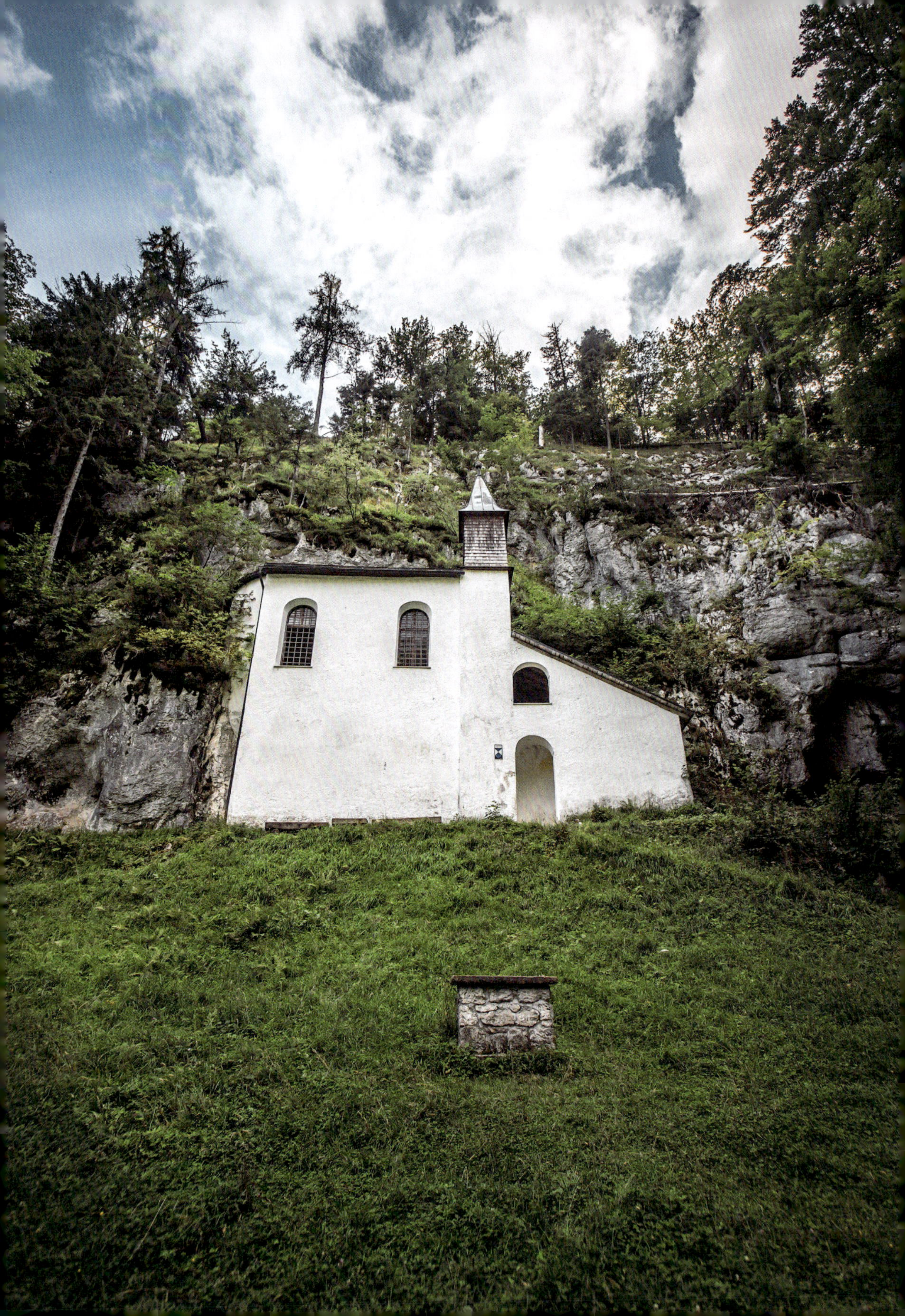

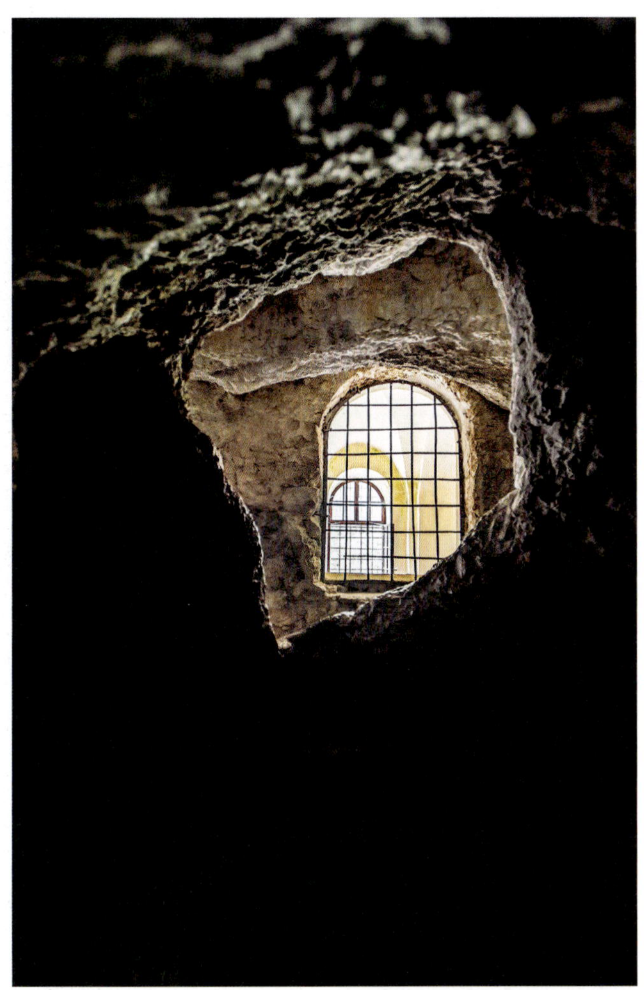

Falkensteinkirche mit Durchschlupfstein, in der Nähe der Kopfwehstein. Hier lauerte dem hl. Wolfgang der Teufel auf.

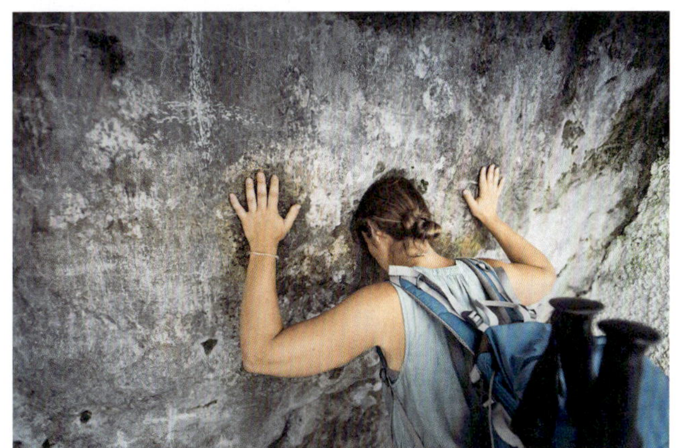

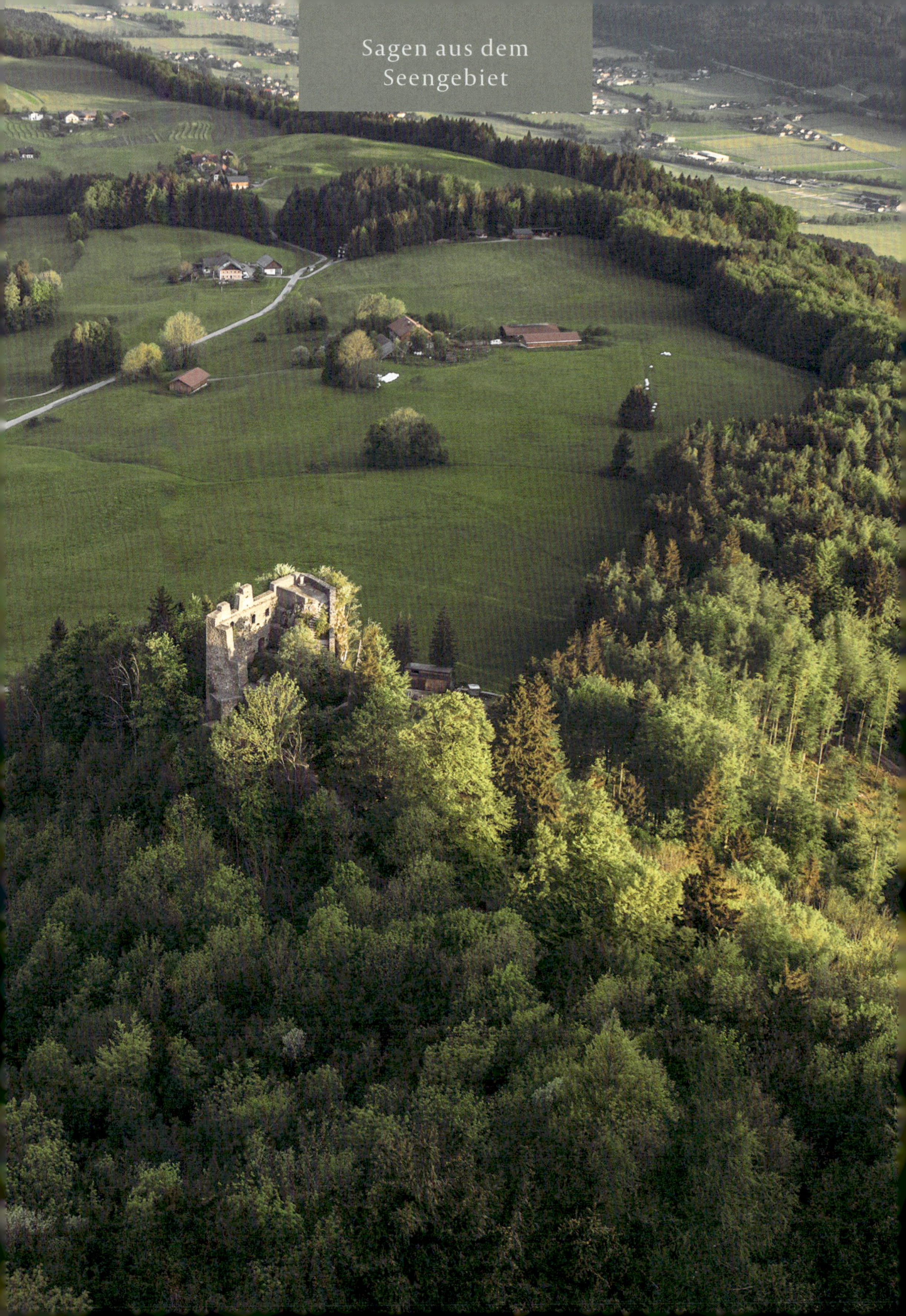

Sagen aus dem Seengebiet

FUSCHLSEE

Von der steinernen Margarete

... zur weißen Frau
mit dem Schlüsselbund

Von der steinernen Margarete

Dass Menschen, die ein gutes Herz haben, durch die Härten des Schicksals versteinern, ist nicht neu. Wohl aber, dass durch einen Vater-Tochter-Konflikt weitum sichtbare Wahrzeichen in der Landschaft entstehen.

Vor Zeiten herrschte auf Burg Wartenfels ein Vogt. Dem gingen Geld und Macht über alles. Nur das war es, was für ihn zählte. Deshalb wollte er seine Tochter mit einem reichen Ritter, der in der Gegend lebte, verheiraten. Der Ritter sah gut aus und hatte ein gewaltiges Vermögen. Das zeigte er auch – so wie er auftrat und so wie er sich gab.

Auf Margarete, die Tochter des Burgvogts, machte das freilich keinen Eindruck. Sie schaute sich die Männer, die ihr den Hof machten, genau an: Wie verhielt er sich den Dienstboten gegenüber? Wie ging er mit den Tieren um? So kam sein wahres Wesen schnell zum Vorschein.

Einen gab es, der ihr wirklich gefiel: Er war der Sohn des Pflegers von Wildenstein. Mit seiner sanften, ruhigen Art hatte er ihr Herz gewonnen – nicht aber ihren Vater. Der wollte einen Schwiegersohn, der mehr hermachte und mehr hatte. »Der Sohn des Pflegers von Wildenstein«, höhnte der Vater, »schlag dir den aus dem Sinn, Töchterlein! Weitum reden alle von deiner Schönheit und deinem Liebreiz. Du hast einen ganz anderen Mann verdient – einen, der dir etwas bieten kann und dich wie eine Fürstin behandelt!«

Margarete konnte nicht verstehen, warum für ihren Vater Reichtum und Macht so viel mehr bedeuteten als ein gutes Herz und eine große Liebe. Immer wieder versuchte sie ihm klarzumachen, dass sie keinen großspurigen Angeber heiraten wollte. Obendrein war der reiche Ritter für seine Gewalttätigkeit bekannt. Nein, das war kein Mann für sie.

Was sie aber auch sagte, beim Vater stieß sie auf taube Ohren. Der drängte sie nur umso mehr, den Ritter zu heiraten. »Seid ihr endlich Mann und Frau, dann wird sich schon alles fügen!«, lachte er roh.

In ihrer Not sah Margarete schließlich ihr Heil in der Flucht. Geschwind raffte sie ihre paar Habseligkeiten zusammen und floh auf und davon. Als der Vater feststellen musste, dass das Vögelein – die Tochter – ausgeflogen war, stieg in ihm ein gewaltiger Zorn auf. Gleich rief er eine Jagdgesellschaft zusammen. Mit Spürhunden setzten sie der Margarete nach. Unterhalb der Drachenwand stellten sie die Flüchtige mitten im Dickicht.

Margarete hörte, dass die Meute näherkam. Im Mondschein waren erste Gestalten auszumachen. In ihrer Verzweiflung flehte sie zu Gott um Hilfe. »Gleich haben wir sie!«, rief einer der Jagdgesellen. Aber was mussten sie sehen, als sie vor ihr standen? Margarete war zu Stein geworden.

So hart und so uneinsichtig er gerade noch gewesen war, so sehr bereute der Vater jetzt, dass er die Tochter mit aller Gewalt zur Hochzeit mit dem reichen Ritter zwingen wollte. Was half es? Nichts. Vereinsamt und als der Letzte seines Geschlechtes starb schließlich auch er.

Heute noch sieht man von Mondsee aus auf der Breitseite der Drachenwand die Umrisse der betenden Margarete. Der Schober-Gipfel wiederum zeigt deutlich einen Mann. Er schaut hinüber zur betenden Frau.

Mag aber gut sein, dass die Margarete auch als weiße Frau in Erscheinung tritt. Manche sagen, sie ist einmal im Jahr in der Ruine Wartenfels zu sehen.

Einmal winkte sie zwei Schulkindern zu – sie möchten doch näherkommen. Das taten die Kinder auch. Sie waren neugierig, was es denn da zu sehen geben würde. Da lag etwas. Das leuchtete wie glühende Kohlen. Das war den Kindern aber dann doch zu unheimlich und sie liefen davon.

Ein anderes Mal sah ein Knabe die weiße Frau. Sie winkte ihm mit einem Schlüsselbund. Als er genauer schaute, gab sie ihm ein Zeichen: Er sollte ihr folgen. Aber auch der Bub bekam es mit der Angst zu tun und lief davon. Als er sich umdrehte, um zu sehen, was geschah, sah er die weiße Frau, wie sie weinend verschwand.

Hätten die Kinder zugegriffen und der Bub den Schlüsselbund genommen, dann wären sie wohl zu Schätzen gekommen, und wer weiß: Vielleicht hätten sie die weiße Frau sogar erlöst.

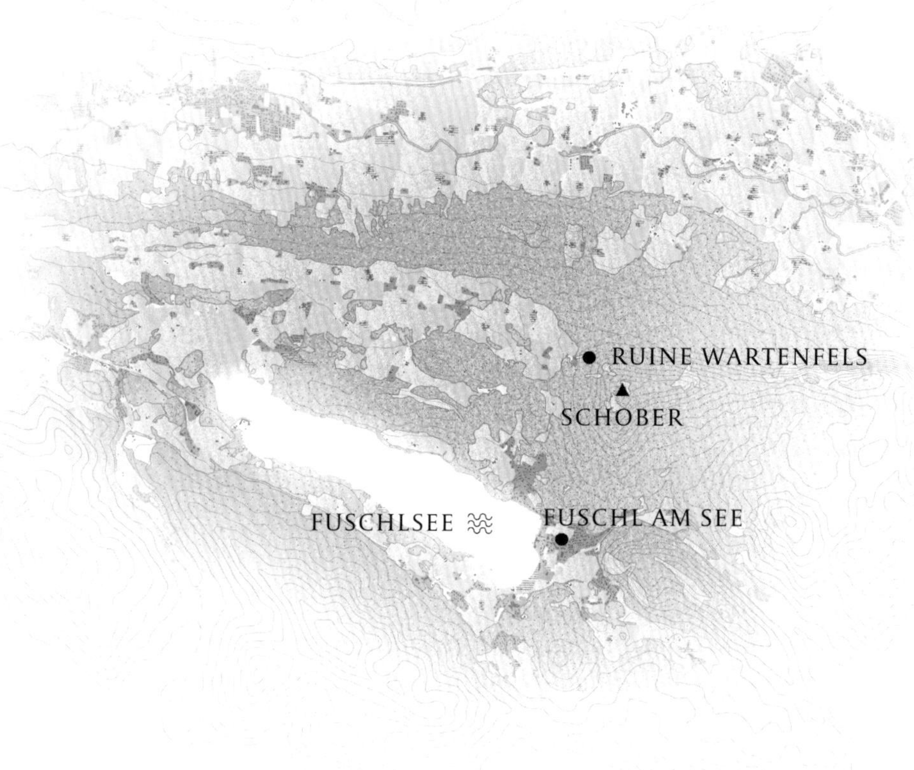

Wo hoch über dem Fuschlsee, auf Wartenfels, die Erlösung erwartet wird

Nicht einmal 20 Kilometer trennen den strahlend blauen Fuschlsee von der Landeshauptstadt Salzburg. Er ist der westlichste See der großen Salzkammergutseen und von Salzburg aus somit das Tor zur Salzkammergut-Region. Obwohl die Berge, die ihn umschließen, nicht sehr hoch sind, die höchsten Gipfel liegen nur knapp über 1300 Meter, benötigt man für zumindest einen davon, den Schober, jedenfalls Bergerfahrung. Ansonsten aber zeigt sich die Gegend sanft, der malerische See und auch die oberhalb von Fuschl thronende Ruine Wartenfels lassen sich einfach und gemütlich erwandern.

Besonders reizvoll sind im Sommer die manchmal versteckt gelegenen Seezugänge entlang des Fuschlsee-Wanderweges. Unter dem dichten grünen Blätterdach kann man die Ruhe am See genießen und in die wogenden Wellen dieser Perle des Salzkammergutes eintauchen.

Mystisch hingegen zeigt sich die Region im späten Herbst, wenn Nebelschleier über dem Wasser liegen, der Wind die letzten Blätter tanzen lässt und der erste Frost glitzernd die ganze Landschaft überzieht. Und da, war da nicht in den alten Mauern der Ruine Wartenfels eine Frauengestalt zu erkennen?

So wie vor ein paar hundert Jahren ...

Wie das Leben zur Zeit, als die Burg Wartenfels noch bewohnt wurde, ausgesehen hat, kann man sich um den Fuschlsee gleich an drei Plätzen genauer ansehen. In Fuschl am See wird an bestimmten Tagen in der alten Rumingmühle noch mit dem Wasserrad-Antrieb Getreide zu Mehl vermahlen und im Holzofen zu schmackhaftem Brot verbacken. Ebenfalls interessant ist der große Kräutergarten. Die hier versammelten Pflanzen waren in früherer Zeit ja die einzigen zur Verfügung stehenden Heilmittel. Im Rauchhaus Mühlgrub ist das bäuerliche Leben in dem um 1560 erbauten Einhof lebendig spürbar, und im #ploetzhof in Hof bei Salzburg lässt sich hautnah erleben, wie im 16. Jahrhundert und danach Gericht gehalten wurde und wie die Verurteilten behandelt wurden.

Wo Ritter, Burgfräulein, Bergsteiger und Gourmets einkehren

Das idyllisch am Waldrand gelegene Forsthaus Wartenfels schafft diesen Spagat. Die Mittagskarte für Bergsteiger und Familien mit Rittern und Burgfräulein bietet Schnitzel, Pommes, Kasnocken und andere klassische Gerichte, während am Abend mit Reservierung fürstlich mehrgängige Hauben-Menüs im Forsthaus genossen werden können. Möchte man auch das Frühstück im Forsthaus probieren, sollte man in einem der vier Zimmer (Dachsbau, Fuchsbau, Hasenhöhle oder Kuckucksnest) einchecken. Dann lassen sich das Haus und die Kulinarik dort zu Füßen der Ruine allumfassend erleben.

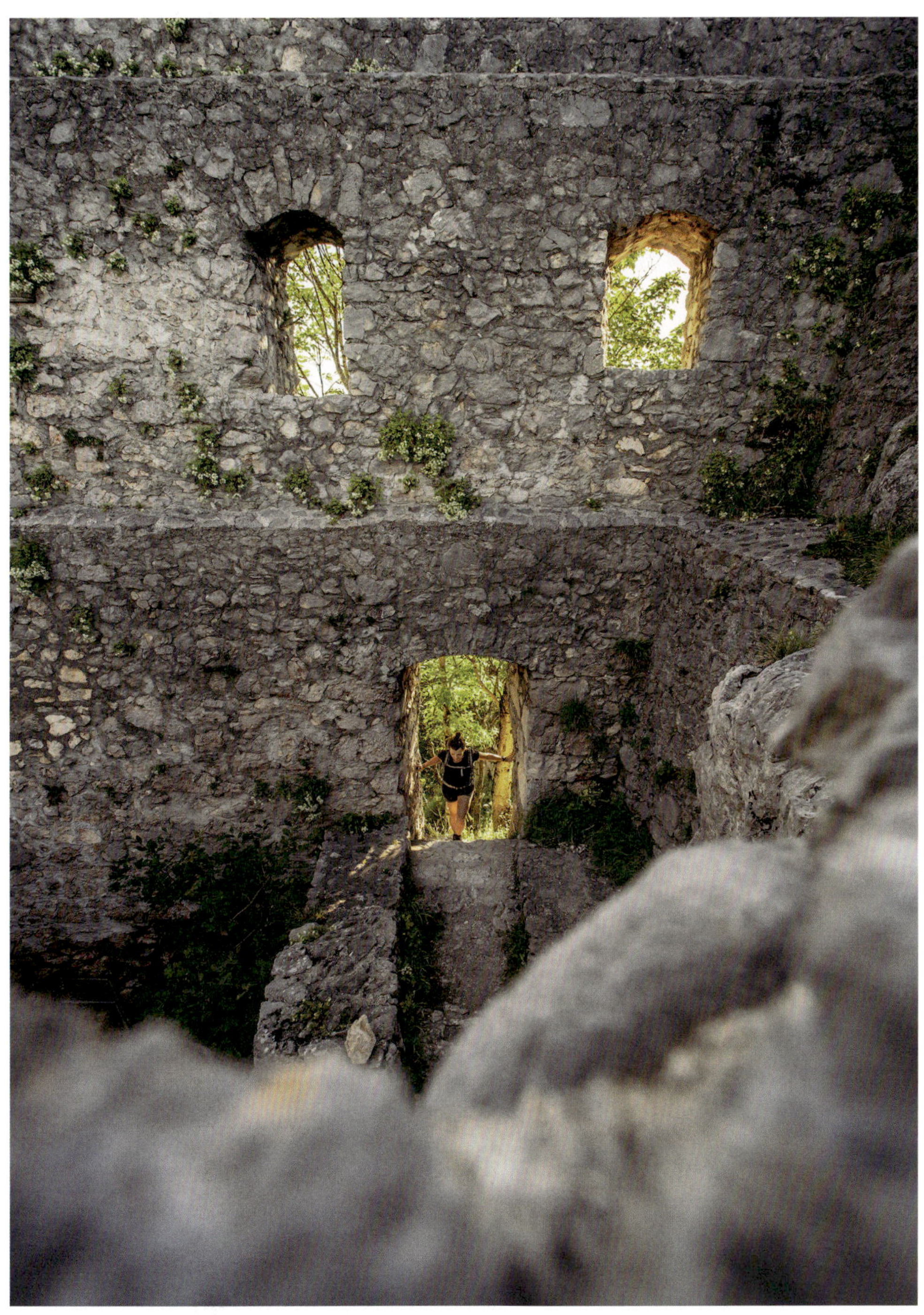

Hier wartete der Drachentöter. Und hier zeigte sich die weiße Frau. Die Mauern der Ruine von Wartenfels können viele Geschichten erzählen … aber auch die Nebel am Fuschlsee.

Spaziergang zur Burg Wartenfels

leicht

100 Höhenmeter

1 km

ca. 30 Minuten

Forsthaus Wartenfels

[AUSGANGSPUNKT] Wanderparkplatz Wartenfels

[ANFAHRT] Von Thalgau über die L227 Richtung Fuschl und links über die Vordereggstraße zum Wanderparkplatz. Von Fuschl am See Richtung Thalgau und rechts zum Ausgangspunkt.
Öffi-Anbindung: Bushaltestelle Egg bei Thalgau-Bauhof

[AUFSTIEG] Vom Wanderparkplatz unterhalb des Forsthauses Wartenfels ist die Ruine Wartenfels in nur 15 Minuten über den steinigen Wanderweg zu erreichen. Nach dem Überwinden von ein paar Stein- und Eisentreppen kann man am höchsten Punkt der Ruine den wunderbaren Rundblick genießen: die Felswände des Schobers, den Mondsee, die weiten Flächen nach Thalgau hinaus – und hinter dem Feldberg grüßt der Fuschlsee herauf.

[ABSTIEG] In wenigen Minuten auf dem Anstiegsweg oder über den Forstweg.

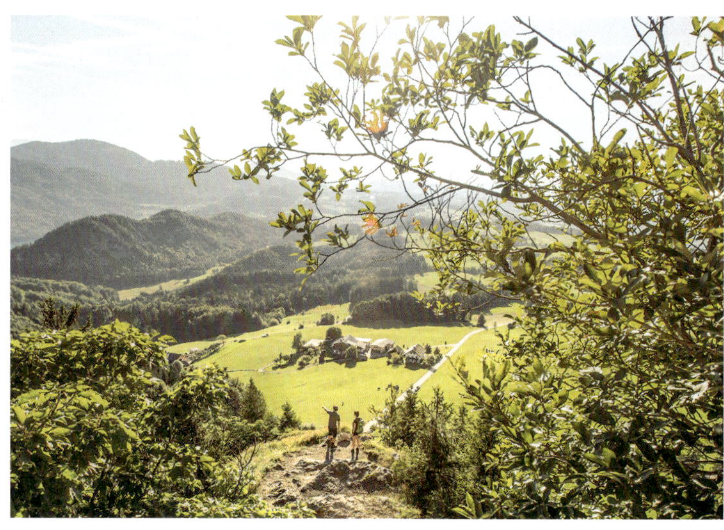

Es heißt, dass ein geheimer Gang von Wartenfels zu einer Wiese bei Mondsee hinunterführt.

Bergtour auf den Schober und den Frauenkopf

schwer

415 Höhenmeter

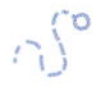

3 Kilometer

ca. 1,5 Stunden

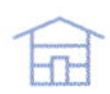

Forsthaus Wartenfels

[AUSGANGSPUNKT] Wanderparkplatz Wartenfels

[ANFAHRT] Von Thalgau über die L227 Richtung Fuschl und links über die Vordereggstraße zum Wanderparkplatz. Von Fuschl am See Richtung Thalgau und rechts zum Ausgangspunkt.
Öffi-Anbindung: Bushaltestelle Egg bei Thalgau-Bauhof

[AUFSTIEG] Die kurze Wegstrecke und die wenigen zu überwindenden Höhenmeter dürfen bei diesem Berg nicht darüber hinwegtäuschen, dass die Wanderung trotzdem als schwer einzustufen, also nur für Geübte geeignet ist.
Zu Beginn führt der breite, aber steinige Wanderweg Nr. 10 vorbei an der Ruine Wartenfels. Über viele Serpentinen steigt man nun im Hochwald auf und erhascht bei mancher baumfreien Stelle wunderbare Blicke zur Ruine Wartenfels oder zum nahen Fuschlsee. Im letzten Drittel des Steiges sind nun einige sehr ausgesetzte, mit Stahlseilen und Tritthilfen versicherte Stellen zu überwinden, ehe man das Gipfelkreuz des Schobers nach etwa einer Stunde erreicht. Die Mühen werden aber mit einem absolut prächtigen Panorama über die Seenlandschaft des Salzkammergutes belohnt!

[ABSTIEG] Vorbei an der kleinen und nicht bewirtschafteten Schoberhütte steigt man etwas ausgesetzt nun in gut 10 Minuten zum ebenfalls sehr aussichtsreichen Frauenkopf-Gipfel nur wenige Höhenmeter ab. Der Blick von hier auf den Fuschlsee ist einzigartig.
In schottrigen Serpentinen und über Holzleitern bzw. -stufen gelangt man nach dieser aussichtsreichen Bergtour zurück zum Ausgangspunkt.

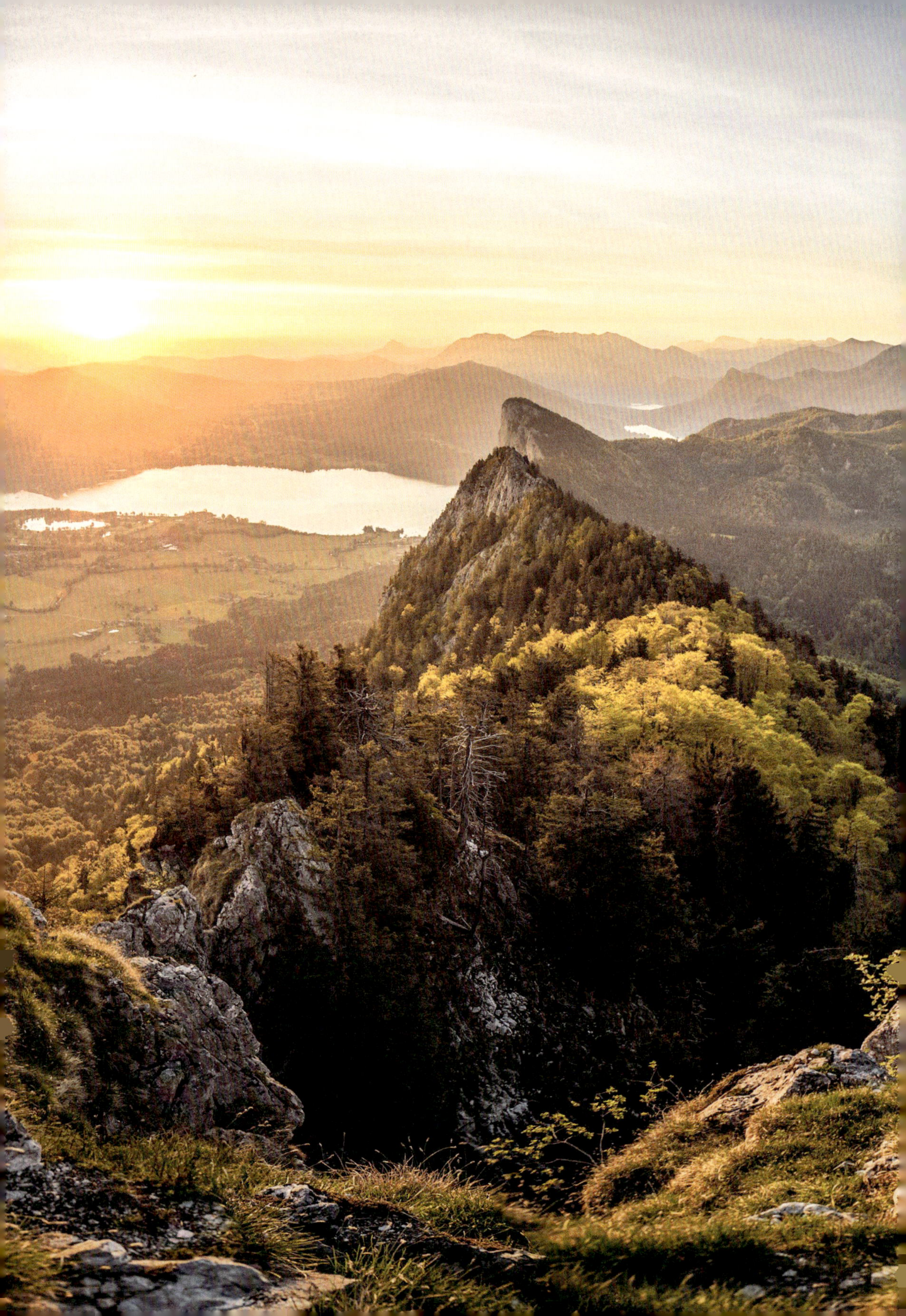

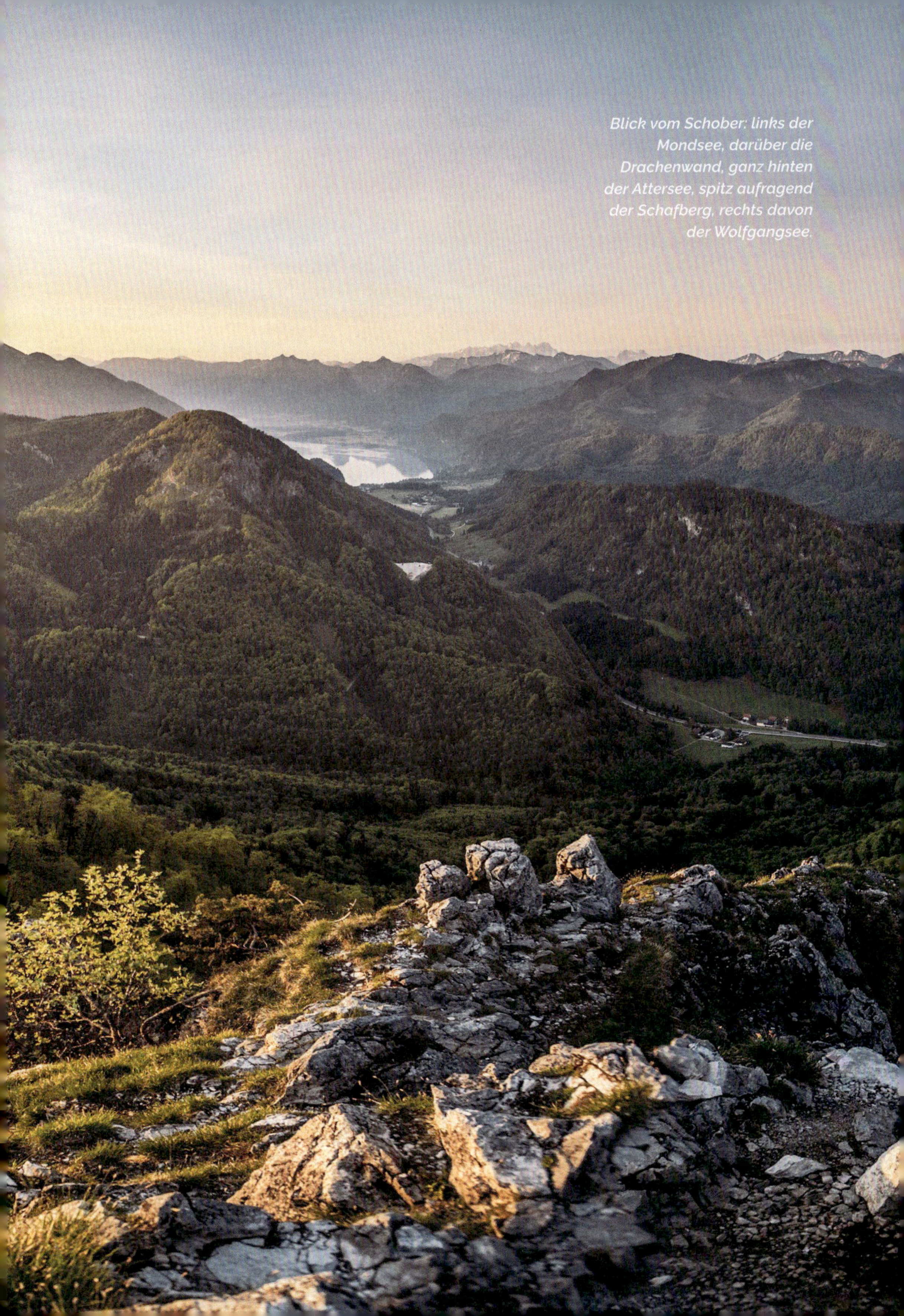

Blick vom Schober: links der Mondsee, darüber die Drachenwand, ganz hinten der Attersee, spitz aufragend der Schafberg, rechts davon der Wolfgangsee.

Sagen aus dem Almtal

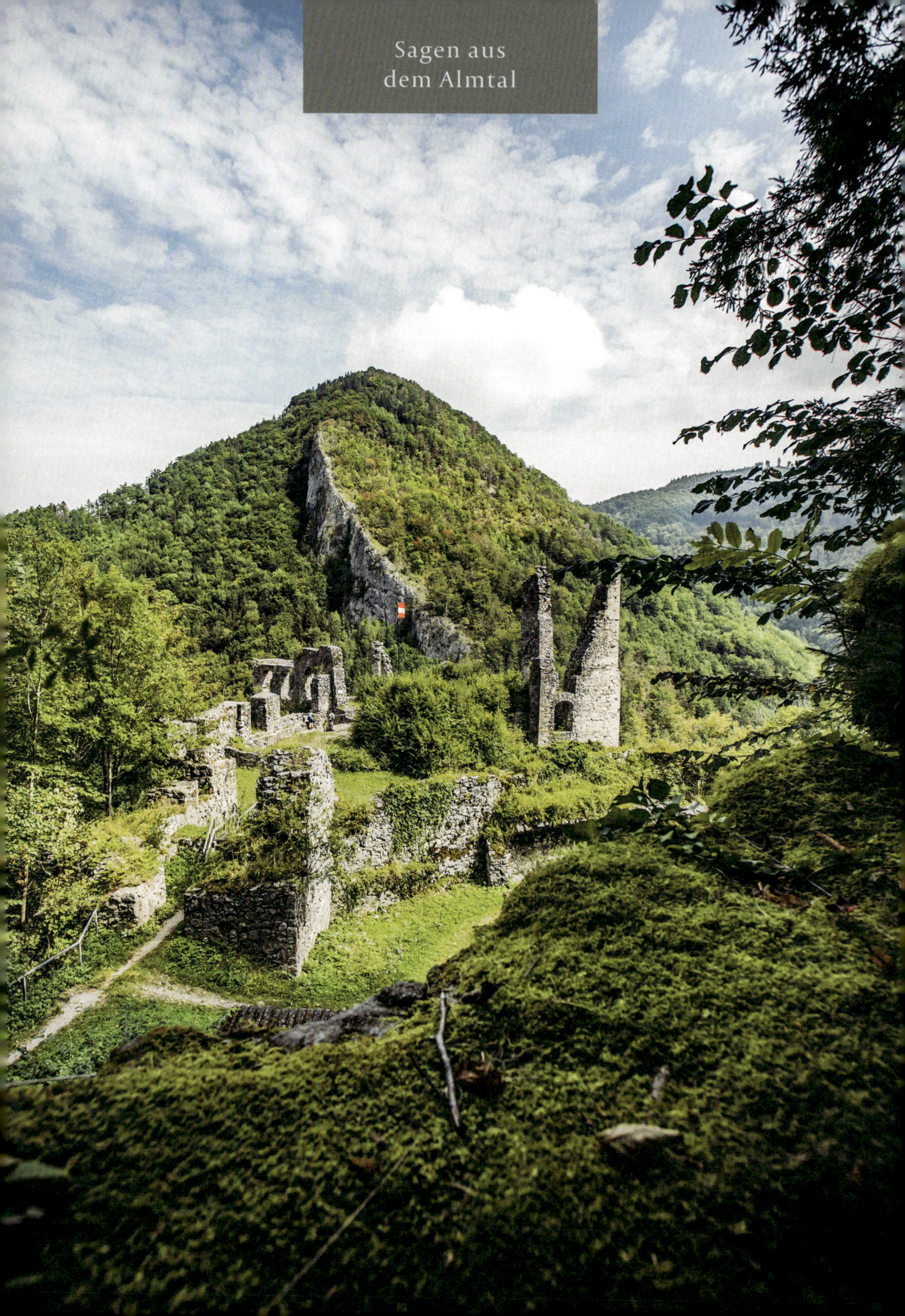

SCHARNSTEIN

Nicht nur um die Burg!

Von einem Streit unter Brüdern auf Mord und Brand bis zum Heulen im Sturm

Nicht nur um die Burg!

Wer ins hintere Almtal fährt, sieht die Burg Scharnstein von Weitem: Imposant liegt sie auf einem überragenden Felsen. Wie die einst stolze Burg zur Ruine wurde, erzählt die Sage.

Vor Zeiten herrschte im Almtal auf Burg Scharnstein der Graf Pollheim. Der war ein mächtiger Mann. Vielleicht gerade deshalb regierte er mit großer Umsicht. Eines schätzten seine Untertanen aber ganz besonders: Beim Grafen Pollheim gesellte sich zur Macht die Gerechtigkeit. Das war schon damals recht selten.

So klug der Graf seinen Besitz aber auch führte, so verrückt gebärdeten sich seine Söhne. Sie waren ins gemachte Nest geboren worden. Jetzt führten sie ein Leben in Saus und Braus. Und das kostete natürlich ein Vermögen. Deshalb forderten sie mehr und noch mehr – von ihrem Vater und damit von den Leuten, die für die Herrschaft als Leibeigene arbeiteten. Noch schlimmer aber war: Die beiden Brüder stritten sich, wann immer sie sich trafen. Von klein auf ging das so. Wehe, wenn der eine meinte, dass der andere mehr bekommen hätte. Gnade Gott, wenn der eine etwas hatte, was dem anderen auch gefiel. Ein Wort gab das andere – und schon flogen die Fetzen. Wen wundert's, dass den Leuten im Tal graute bei dem Gedanken, dass die zwei Streithansln einmal ihre Herren sein würden.

Auch der Graf sah mit Sorge, wie seine Söhne lebten und mit wie viel Hader, Zank, Streit und Missgunst sie Tag für Tag aneinandergerieten. Ändern konnte er sie nicht mehr, das war ihm klar. Aber wenigstens wollte er das Seine dazu beitragen, dass die Herrschaft Scharnstein auch nach seinem Tod gedeihen würde.

Deshalb teilte er den Besitz zu Lebzeiten unter den Brüdern auf. Jeder sollte einen gerechten Anteil bekommen. Das würde dem Streit um die Erbschaft vorbeugen. Der ältere Bruder bekam die Burg Scharnstein, der jüngere eine andere Burg. Die lag – so erzählt es die Sage – am Berg gegenüber. Auch die Bauernhöfe, die Waldungen, die Wiesen und Felder – alles wurde so gerecht wie nur irgendwie möglich aufgeteilt.

Bald darauf starb der alte Graf. Jetzt übernahmen seine Söhne das Erbe. Damit hatten sie im Tal das Sagen. Wie gut, dass die Aufteilung des Erbes schon geklärt war – möchte man meinen. Denn bald entdeckte der Jüngere ein Haar in der Suppe: Er war scharf auf die Burg Scharnstein. Sie war immerhin der Stammsitz der Familie. Warum sollte die sein Bruder bekommen? Ihm stand sie doch genauso zu!

Der Ältere sah das natürlich ganz anders. Er, der Ältere, hatte das Anrecht auf den ganzen Besitz. Gut, der Vater hatte alles aufgeteilt. Damit konnte er mehr schlecht als recht leben. Aber dass jetzt der Bruder seine Burg wollte, das schlug dem Fass den Boden aus. Nein, diese Dreistigkeit war für ihn unerträglich.

Ein wilder Streit entbrannte. Der ging so weit, dass der jüngere Bruder mit seinen Leuten gegen die Burg des älteren – also gegen die Burg Scharnstein – zog. Wenn alles gesagt war, dann sollten eben die Waffen entscheiden. Den Älteren kümmerte das nur wenig. Er hatte sich mit seinen Getreuen in der Burg Scharnstein verschanzt. Mit ihrer Lage hoch droben am Felsen war sie eine uneinnehmbare Festung. Da würde sich das Bruderherz eine blutige Nase holen.

Und wirklich, so viel der Jüngere mit seinen Leuten auch gegen die Burg Scharnstein anstürmte: Die Verteidiger hatten leichtes Spiel. Sie brauchten nicht einmal zu den Waffen zu greifen. Kessel mit heißem Wasser und Pech genügten. Die leerten sie auf die Angreifer hinunter. Der jüngere Bruder und seine Leute mussten schließlich einsehen, dass alle Versuche, die Burg zu erstürmen, hoffnungslos waren. Im Gegenteil, die Verletzungen und der Blutzoll unter den eigenen Leuten waren hoch. Wutentbrannt gab der Jüngere schließlich den Befehl zum Abzug. Sein Versuch, die Burg Scharnstein im Kampf zu gewinnen, war gescheitert.

Die Zeit verging. Nach und nach kehrte im Tal wieder das alltägliche friedliche Leben ein. Die Leute waren froh, dass sich die zwei Streithansln offenbar beruhigt hatten. Eines Tages aber tauchte in der Burg Scharnstein ein Bote des jüngeren Bruders auf. Er überbrachte dem Burgherrn eine Botschaft. Die lautete: »Mein Herr, Euer Bruder entbietet Euch folgenden Vorschlag: Er hat den ewigen Streit und die Auseinandersetzungen satt. Deshalb reicht er Euch die Hand zum Frieden. Als Zeichen seines guten Willens und um dieses Angebot zu besiegeln, lädt er Euch mit Euren Getreuen zu einem Fest auf seine Burg.«

Auch der Ältere hatte die Nase voll von dem Streit und dem Hader. Also willigte er ein. Es wurde verabredet, wann das Fest stattfinden sollte. An diesem Tag fand sich der ältere mit seinen Leuten in der Burg des jüngeren Bruders ein. Der ließ sich bei dem Fest nicht lumpen. Ochsen wurden gebraten, das Bier und der Wein flossen in Strömen. Immer wieder hieß es: »Schlag ein, Bruder, und stoß an! Schwemmen wir fort, was uns so oft die Galle hochgetrieben hat.« Dann wurde getrunken, umarmt und geküsst, dass es eine Freude war. So ein Fest hatte es im Almtal seit Menschengedenken nicht gegeben.

Mitten in der Nacht aber, als das festliche Treiben so richtig im Gange war, gab der Jüngere dem Älteren einen Wink. »Komm mit, Bruder«, meinte er, »jetzt wirst du Augen machen«, und führte er ihn durch die Burg hinaus auf einen Söller. Das ist, eine Art Balkon in der Burgmauer. Von dort bot sich ein grandioser Ausblick. Die Nacht war mondhell und sternenklar. Und was sah der Ältere da: Am Berg gegenüber schossen aus seiner Burg die Flammen! Während des Festgelages hatten die Spießgesellen des Jüngeren die Burg Scharnstein in Brand gesteckt. Schreckensstarr verfolgte der Ältere das grausige Schauspiel: Seine Burg, die Burg Scharnstein, brannte lichterloh! Der Ältere konnte es einfach nicht fassen. In seinem Entsetzen stand er da wie eine Salzsäule. Der Jüngere aber packte ihn und warf ihn mit einem Stoß in den Abgrund hinunter.

So kam der ältere Bruder ums Leben. Dem jüngeren Bruder gehörte jetzt alles. Schlimm genug, was geschehen war. Aber immerhin hatte er erreicht, was er wollte. Damit hätte er zufrieden sein können – sollte man meinen.

Dem Jüngeren ließ die Untat aber keine Ruhe. Nach und nach wurde ihm bewusst, was er in seinem Machtrausch und im Hass gegen seinen Bruder getan hatte. Das ging ihm immer wieder durch den Kopf. So verfiel er dem Wahnsinn. Und weil er das alles irgendwann nicht mehr ertrug, rannte er eines Tages hinaus aus der Burg. Laut schrie er dabei immer und immer wieder den Namen seines Bruders. Von da an trieb er sich in den Waldungen vom Tießenbachtal herum. Von Weitem hörte man sein Rufen. Antwort bekam er keine.

Von seiner Burg ist heute kein Stein mehr zu finden. Die Burg Scharnstein aber ist zwar eine Ruine, sie thront aber heute noch imposant auf dem mächtigen Felsen über dem Almtal.

Und wenn im Herbst der Wind durch die Waldungen auf der Scharnsteiner Spitze und am Mittagskogel pfeift, dann ist in seinem Heulen mitunter das sehnliche Rufen nach dem Bruder zu hören, sagt man.

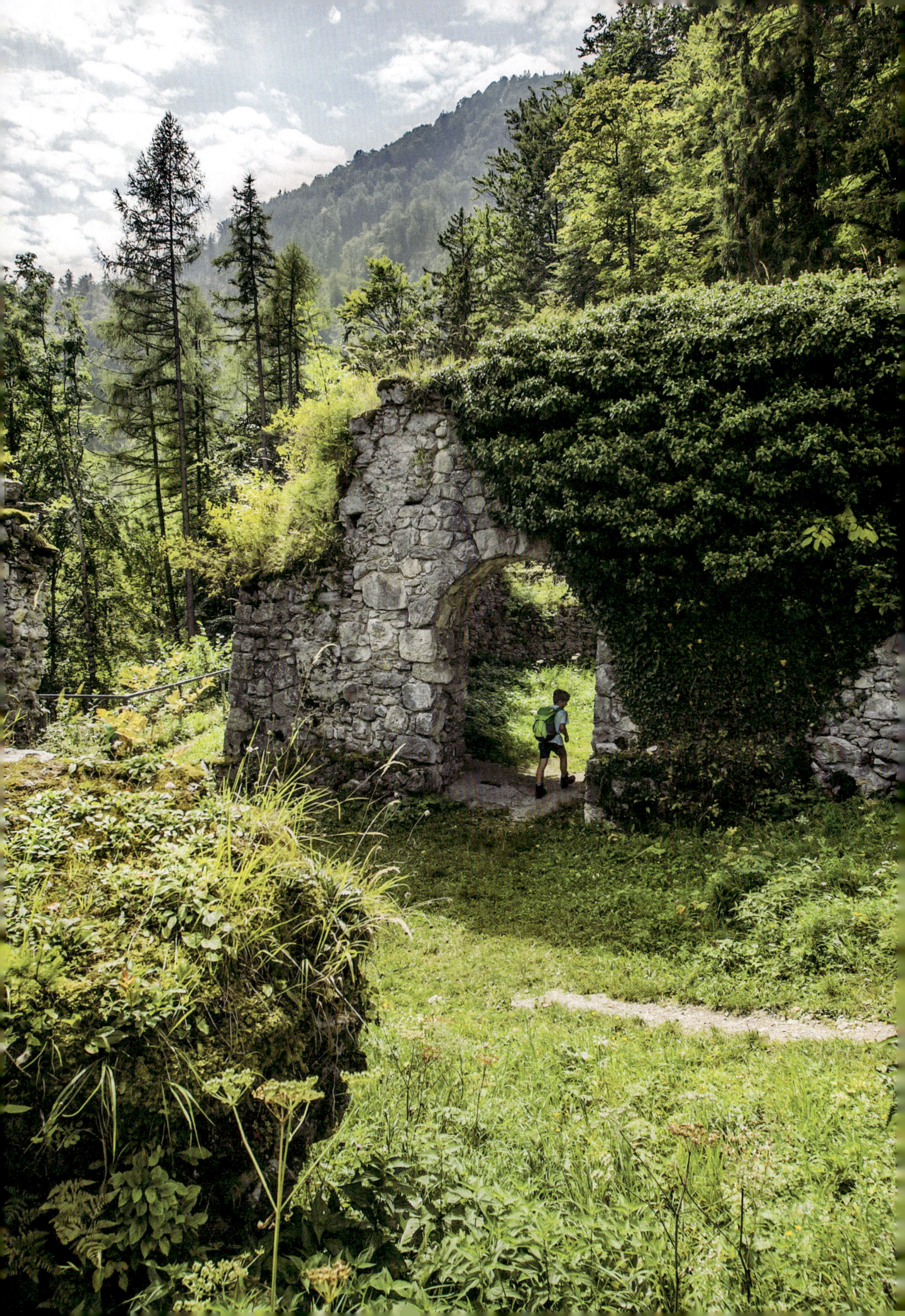

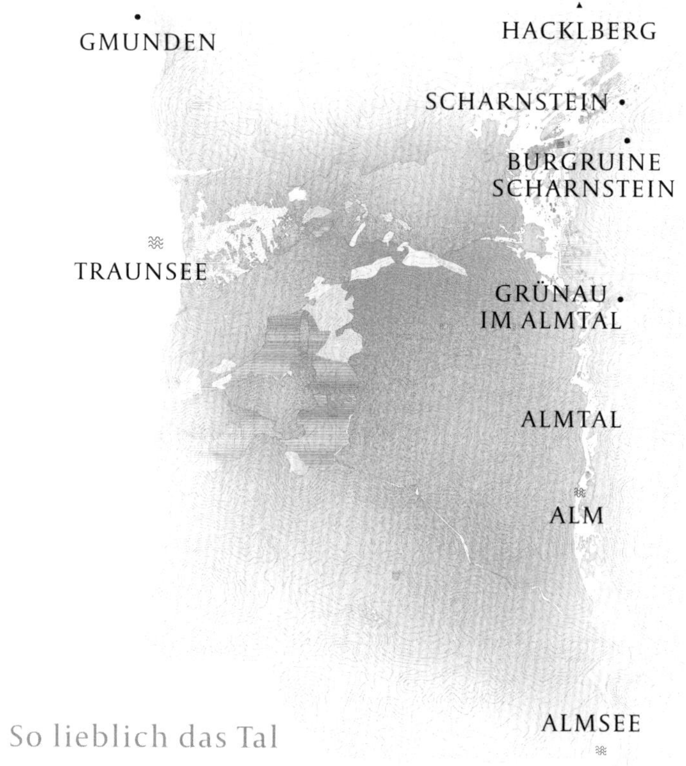

So lieblich das Tal

Sanft zeigt sich das Almtal in Scharnstein, breit der Almfluss, weit die Wiesen und sachte ansteigend die Berge. Kaum zu glauben, dass hier der sagenhafte Bruderzwist so grausam geendet hat … Wenn man aber genau hinblickt, so entdeckt man die kantigen Felsen, die schroffen Abhänge der Berge und die markanten Höhenzüge. Dieses Markante, Kantige und Schroffe der Überlieferung findet sich so durchaus auch in diesem landschaftlich so sanft anmutenden Tal wieder.

Schloss Scharnstein – Einblicke in alte Zeiten

Nachdem im 16. Jahrhundert ein Brand die Burg Scharnstein teilweise verwüstet hatte, wurde ein Pflegerhaus auf einer Anhöhe über dem linken Almufer errichtet, das im 17. Jahrhundert zum Sommer-Renaissanceschloss ausgebaut wurde. Heute kann es während der Sommermonate im Rahmen von Führungen durch die privaten, bewohnten Räumlichkeiten genauso besucht werden wie das darin befindliche Kriminal- und Gendarmerie-Museum. Dabei verstehen es die Schlosseigentümer wirklich sehr gut, die Historie des Hauses

Am Fels gegenüber von Burg Scharnstein soll die Burg des jüngeren Bruders gestanden haben. Von ihr ist heute nichts mehr zu sehen.

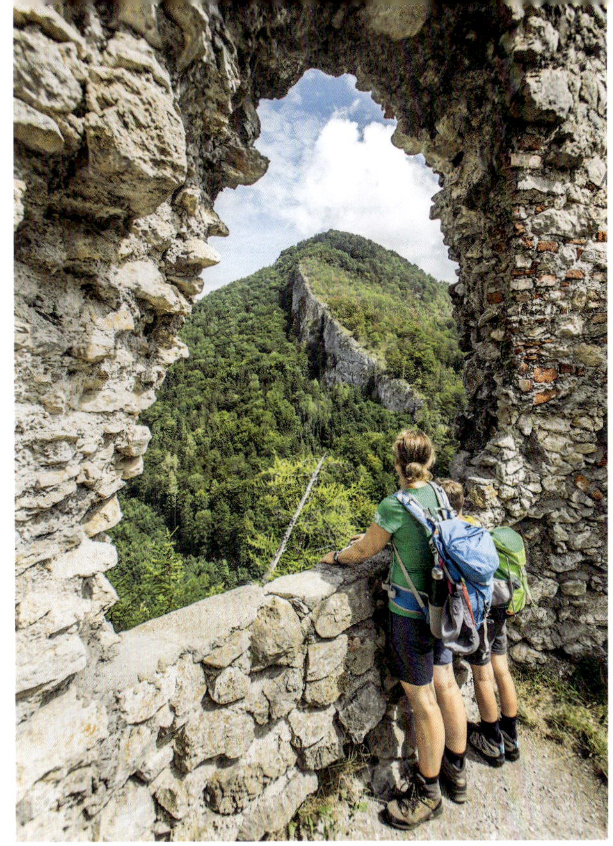

und die Geschichten hinter den verschiedensten Gegenständen und Räumen für Groß und Klein hochinteressant zu erzählen.

Vorsicht, das Kriminal-Museum beherbergt durchaus »gruselige« Exponate der früheren und jüngeren Kriminalgeschichte und ist somit für jüngere Kinder eher nicht zu empfehlen.

Fürstlicher Genuss

Unweit der Ruine Scharnstein, direkt am ehemaligen Werksgelände, gleich neben dem Museum des Geyerhammer-Sensenwerks, am Wanderweg gelegen, wartet abends das Restaurant Das Geyerhammer mit herrschaftlichen Tafelfreuden auf.

Ebenfalls vorzüglich, dafür aber nicht ganz so nobel speist man in den vielen anderen, auch von der einheimischen Bevölkerung gerne besuchten Gasthäusern der Umgebung. Sollte man donnerstags in der Gegend sein, so ist vormittags die Kesselheiße in Viechtwang beim Gasthaus Silmbroth ein Muss, beispielsweise als ideale Grundlage für die Hacklberg-Runde. Frischer kann Würstelessen für die ganze Familie nicht sein!

Wanderung zur Ruine Scharnstein

leicht

ca. 260 Höhenmeter

ca. 5 Kilometer

ca. 1,5 Stunden

Das Geyerhammer

[AUSGANGSPUNKT] Bahnhof Scharnstein-Mühldorf oder Wanderparkplatz 1

[ANFAHRT] Scharnstein liegt an der B120 zwischen Gmunden und Pettenbach. Zum Parkplatz an der Bahnhaltestelle oder dem Wanderparkplatz folgt man im Ort nahe der Almbrücke der Beschilderung zur Bahnhaltestelle bzw. zur Ruine Scharnstein.
Öffi-Anbindung: Bahnhof Scharnstein-Mühldorf, Bushaltestelle Scharnstein B120/Almbrücke

[RUNDWEG] Vom Bahnhof Scharnstein führt rechts der Wanderweg über die Alm und den sogenannten »Bammersteg«. Am Sensenmuseum Geyerhammer, dem Restaurant Das Geyrhammer und am Parkplatz 1 (Wanderparkplatz) vorbei, wandern wir die Tießenbachstraße bergwärts. Zur Rechten ist immer wieder die Ruine zu sehen, bevor nach der Brücke über den Tießenbach (Getränke im Holzbrunnen) der Stufenweg zur Ruine beginnt. Der Weg passiert die Wagnerkapelle, von der die Sage erzählt, dass auf wundersame Weise ein Holzkreuz, welches die alte Wagnerin beim Holzsammeln gefunden hatte, immer wieder an diese Stelle zurückkehrte, sodass dort Mitte des 19. Jahrhunderts eine Kapelle errichtet wurde. Über 260 Stufen sind zu überwinden, ehe die Ruine Scharnstein erreicht ist. Wer diese Stufen umgehen möchte, folgt der Straße ein Stück geradeaus und biegt rechts in den Forstweg ein – markiert ist diese Variante mit einer gelben Laufstrecken-Beschilderung. Wunderbare Ausblicke erlebt man schon hier im unteren Bereich der Ruine, und auch vom etwas höher gelegenen Mitterturm ist die Aussicht prächtig: auf Scharnstein und die gegenüberliegende felsige Bräumauer, welche wohl das Vorbild für die zweite sagenhafte Burg sein muss, oder auch hinüber nach Viechtwang und den Hacklberg. Wieder zurück im unteren, größeren Ruinenbereich, verläuft der Abstieg links hinunter, vorbei an einer teilweise vermauerten Halbhöhle, die von den Burgherren als Keller genutzt wurde, und folgt dem gemütlichen Forstweg bis in die Siedlung der Nagelschmiedstraße. An der Alm angelangt, wenden wir uns nach rechts und kommen so wieder auf bekanntem Weg zum Ausgangspunkt zurück (Rundweg Nr. 9).

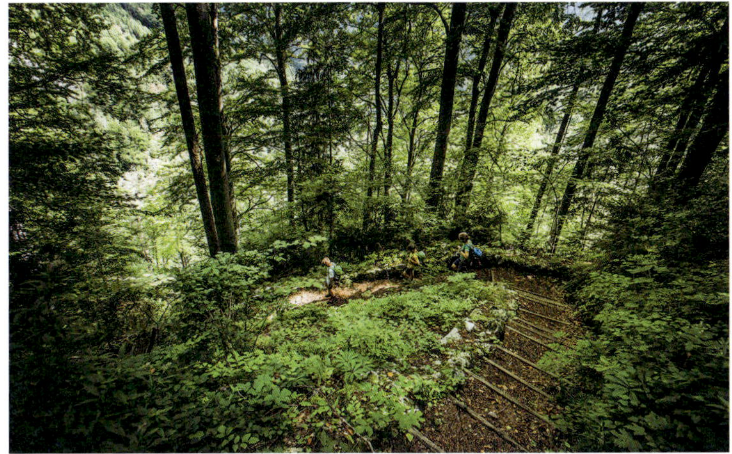

Über Stufen führt der Waldweg hinauf zum sogenannten »Hungerturm« – und wieder hinunter.

Die Hacklberg-Rundwanderung

leicht

ca. 270 Höhenmeter

ca. 9 Kilometer

ca. 2 Stunden 40 Minuten

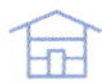

Gasthaus Silmbroth in Viechtwang

[AUSGANGSPUNKT] Parkplätze bei der Kirche in Viechtwang

[ANFAHRT] Über die B120 nach Scharnstein, dort der Beschilderung nach Viechtwang folgen. Öffi-Anbindung: Bahnhaltestelle Viechtwang

[RUNDWEG] Ausgehend vom Kirchenplatz in Viechtwang führt der Rundwanderweg mit der Nr. 6 über den Hacklberg zuerst in Richtung Westen über eine Wiese hinauf zum Naturdenkmal einer 500-jährigen Linde. Hier weiter an Obstbäumen vorbei bis zum Güterweg, welchem man rechts ca. einen halben Kilometer folgt, bevor der Weg rechts über einen Wanderweg bzw. über Forstwege weiter hinauf zum Hacklberg führt. Nach der schönen und schattigen Wanderung durch den Hochwald erreicht man nach ca. 1 Stunde 20 Minuten die aussichtsreichen Höhen des Hacklberges und kann dort den Blick schweifen lassen: nach Scharnstein, hinüber zur Burgruine sowie in Richtung Totes Gebirge und Traunstein. Dabei lässt sich nachsinnen, ob die sagenhafte, nie aufgefundene zweite Burg nicht vielleicht auch einmal hier gestanden haben mag. Der Überblick wäre hier ideal gewesen. Gemütliche 10 Minuten spaziert man nun sanft abwärts, ehe der Weg links vor einem Waldstück hinunter ins Tal führt. Zuerst auf einem Wander-, dann auf Güterwegen erreicht man im Tal den Güterweg »Birihuber-Höhe«, in den man links einbiegt und in ca. 30 Minuten bis nach Viechtwang zurückwandert.

Sagen aus dem Almtal

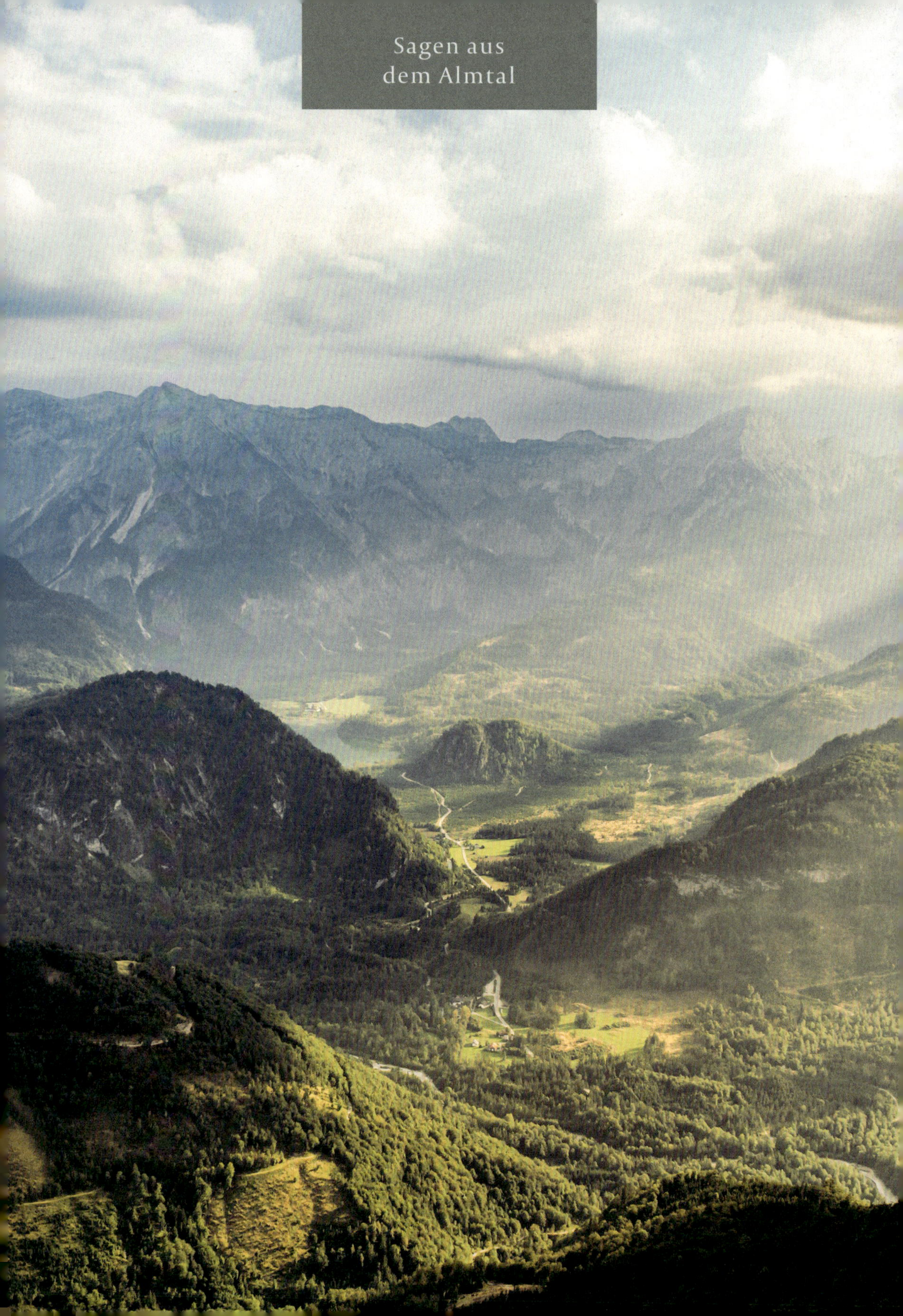

GRÜNAU

Von der Kimmhäferl-Miazl

... und dem Teufel,
der kein Sch...er war

Von der Kimmhäferl-Miazl

Manche Sagen werden seit Jahrhunderten überliefert. Andere sind gerade erst etliche Jahrzehnte alt. Am Kasberg werden solche und solche erzählt.

Vor Zeiten lebte im Almtal droben auf der Kasbergalm eine junge Frau. Die hatte gerade erst angefangen, als Schwaigerin zu arbeiten. Ihr Glück war, dass auf der Alm immer wieder mal ein Berifräuerl auftauchte. Berifräuerl, also Bergfräulein, nennt man im Almtal die Zwergenfrauen. Berimandln, also Bergmanderl, werden die Zwerge genannt.

Dass Zwergenfrauen und Zwerge ein großes Wissen haben und zauberkundig sind, ist bekannt. Und so war dieses Berifräuerl für die unerfahrene Schwaigerin durch seine Ratschläge auch eine große Hilfe.

Einmal warf die Schwaigerin einen Stein nach einer Kuh, um diese von der gefährlichen Stelle zu vertreiben. Da meinte das Berifräuerl: »Schwaigerin, der Stein, den du nach der Kuh wirfst, ist mehr wert als die ganze Kuh!« Und weiter erklärte sie der jungen Frau: »Im Kasberg ist eine Fülle an Schätzen verborgen. Ja, der ganze Berg ist so kostbar, dass er es wert ist, mit Kupfer überdacht zu werden.«

Im Tal half ein Berimandl am Steinwänder-Gut in Grünau bei der Arbeit mit. Dafür verlangte es nicht mehr als ein Pfannenkoch. Das war ein billiger Lohn und selbst für die Bauern, die selber nicht viel hatten, leicht zu zahlen. Vor allem war mit dem Zwerg ein Segen am Haus. Das Vieh gedieh. Die Ernte war besser als sonst. Die Bauersleute wussten nur zu gut, wem sie das alles zu verdanken hatten. Obendrein war der kleine Mann fleißiger als alle anderen.

Vor einem Festtag meinte der Steinwänder zu seiner Frau: »Was meinst du, Frau, sollen wir dem Berimandl als Anerkennung einen Taler ins Koch stecken? Da freut es sich bestimmt.« Ja, da stimmte ihm auch die Frau zu. Auch wenn sie selber jeden Groschen dreimal umdrehen mussten: Das Berimandl hatte sich diese Anerkennung wirklich verdient. Am Festtag steckte sie ihm also einen Silbertaler ins Koch. Andächtig löffelte der Zwerg sein Essen. Da stieß er am Boden vom Koch auf den Taler. Auf diesen Moment hatten die Steinwänderin und ihr Mann gewartet. Aber was machte das Berimandl? Er holte den Taler aus dem Brei und putzte ihn ab. Dann begann es zu klagen. »Jetzt bin ich ein reicher Mann. Ich nimmer arbeiten kann«, sprach's – und war auf und davon. Es verschwand mit viel Ach und Weh auf Nimmerwiedersehen im Wald am Kasberg.

Ein Mittel gegen die Einsamkeit

Ein Leben auf der Alm hat seine Vorzüge und Freiheiten. Es kann aber auch ganz schön einsam sein. Eine Schwaigerin am Kasberg litt furchtbar darunter. Das viele Alleinsein setzte der Miazl, so nannten sie die Maria, gewaltig zu. Oft seufzte sie: »Ach, wenn ich doch nur irgendjemanden zum Reden hätte. Das Leben hier heroben wäre geselliger, und die schwere Arbeit würde mir leichter von der Hand gehen!«

Einmal litt sie wieder ganz besonders unter dem Alleinsein. Da tauchte wie aus dem Nichts ein schmucker Jägersbursch auf. Er redete sie freundlich an: »Ich habe gehört, dass dir die Einsamkeit zu viel wird, Miazl? Da habe ich ein gutes Mittel dagegen!« – »Du hast ein Mittel gegen meine Einsamkeit?«, fragte die Miazl ungläubig. »Ja«, lachte der Jägersbursch, »und obendrein ein ganz einfaches!« – »Dann sprich!«, meinte die Miazl. »Jetzt kann ich es dringender brauchen denn je!« – »Nimm dieses Häferl«, sagte der Bursche und drückte ihr ein unscheinbares Häferl in die Hand. »Wenn du willst, dass jemand zu dir kommt, musst du nur in diesem Häferl Wasser zum Sieden bringen. Wenn es dann so weit ist, rührst du mit dem Kochlöffel in dem siedenden Wasser um und murmelst den Namen von dem Menschen, der zu dir kommen soll. Dem schießt es drauf in die Haxen. Ohne so recht zu wissen, wie es ihm geschieht, muss er sich auf den Weg zu dir machen. Er kann gar nicht anders!«

Das gefiel der Miazl. »Was willst du denn für das Häferl?«, fragte sie neugierig. »Nichts, was dich groß kümmern sollte«, erwiderte der Jäger, »gib mir einfach deine Seele!« – »Meine Seele?«, entgegnete die Miazl. »Das ist leicht gesagt, ich weiß ja nicht einmal, wo die denn genau ist.« – »Umso besser«, lachte der Jäger, »wenn du nicht weißt, wo deine Seele ist, dann geht sie dir auch gewiss nicht ab!« Das leuchtete der Miazl ein. Ein Handschlag – und das Ganze war besiegelt.

Mit dem Häferl konnte die Miazl zu sich rufen, wen immer sie wollte. Meist waren es Männer, denen es unten im Tal plötzlich in die Haxen schoss. Auf der Stelle hatten sie ein tiefes Bedürfnis, zur Miazl aufzusteigen. Und wenn sie dann schon einmal oben waren am Kasberg, na dann verbrachten sie eine vergnügte Zeit mit ihr. Das sprach sich herum. Bald war die Schwaigerin am Kasberg weitum im Tal als Kimmhäferl-Miazl bekannt.

Eines Tages geriet sie aber an den Falschen. Sie hatte sich mit ihrem Kimmhäferl einen Mann gewünscht, der so gar keine Lust hatte, dem Zauber zu folgen. Er spürte, wie es ihm in die Haxen schoss und in ihm der Drang hochstieg, auf den Kasberg zu gehen. Genau das wollte er aber nicht. Zum Unglück der Miazl konnte er mehr als nur Brot essen. Kurz: Er war zauberkundig. Und so sprach er eine Beschwörung. Die zwang den Leibhaftigen selbst dazu, statt ihm zu Fuß auf den Kasberg zu steigen. Was dann passierte, ist nicht überliefert. Von der Miazl aber hat nie wieder jemand etwas gehört.

Und jetzt zum Teufel

Die Unterkunft der Schwaigerinnen und Schwaiger war auf der Kasbergalm seit jeher die Sepp-Huber-Hütte. Dort lebte vor rund 70 Jahren der Gust. Der war das, was man »einen wilden Hund« nennt. Schrecken konnte ihn so leicht nichts. Das Leben in den Bergen hatte ihn hart gemacht. Frau und Kinder wussten schon, wie sie mit ihm umgehen mussten – und das war gut so.

In den späten Fünfzigerjahren gab es in der Sepp-Huber-Hütte einiges zu sanieren. Zimmerleute waren dazu aus dem Tal gekommen. Gemeinsam mit dem Gust werkten sie den lieben langen Tag, um noch vor dem Winter die Arbeiten abzuschließen. Zu ihrem Glück war der Oktober strahlend schön. Im klaren Herbstlicht ging die Arbeit flott voran.

Nach der abendlichen Jause meinte der Gust zum Franz, einem Zimmermann aus St. Konrad: »Wås is? Genga ma nu a wen'g

Hirschlosn?« Die Hirschbrunft ist nicht nur im Almtal ein beeindruckendes Erlebnis. Weitum ist das Röhren der Hirsche zu hören. Der Franz war dabei. Die Hirschbrunft am Kasberg: Wer möchte sich diese Gelegenheit entgehen lassen? Im Regenkar, beim Herzogstand und am Spitzplaneck würden sicher einige Hirsche zu hören sein.

So gingen die zwei gegen elf Uhr nachts hinauf zur Bergkante. Mondhell war's und für den Oktober ein erstaunlich lauer Abend. Bald waren die urtümlichen Brunftschreie der Hirsche zu hören. Meist wie aus heiserer Kehle, dann wie ein wildes Grunzen. Oberhalb vom Regenkar hörten die Männer plötzlich einen durchdringenden Schrei. Das klang so, als ob jemand aus den Felswänden unterhalb vom Herzogstand hinuntergestürzt wäre. Gebannt blieben die beiden stehen. Was war das? Das Schreien hörte nicht auf. Nein, es entfernte sich nur, als ob es durch die Luft in Richtung Totes Gebirge auf und davon fliegen würde. Der Gust hatte seine Fassung schnell wieder gefunden. Was für ein sonderbarer Lärm! Aber um ihm, dem Gust, einen Schrecken einzujagen, brauchte es schon etwas mehr. Entschlossen stellte er sich an die Bergkante. Von da aus sah er weit hinunter in die Talschaften und hinüber zu den Nordabhängen des Toten Gebirges. Das imposante Panorama war auch im Mondschein deutlich zu sehen, nicht aber die Quelle des Lärms.. Jetzt wollte es der Gust aber genau wissen: »Also waunn's d'a Teufl bist und koa Scheißer, dånn kumm's d'wieda z'ruck!«, rief er laut in die Nacht. Kurz übersetzt: Wenn du ein Teufel bist und kein Sch...er, dann kommst du wieder zurück.

Da kamen der Lärm, das Schreien und das Toben tatsächlich wieder zurück – und wie: Ein Sturm zog auf, dass sich die zwei Männer mit aller Kraft an den Latschen, den Bergkiefern, festhalten mussten, um in seinem Sog nicht mitgerissen zu werden.

Unter Aufbietung aller Kräfte schafften sie mit Müh und Not den Weg zurück zur Hütte. Dort war wieder der ruhige, klare Herbstabend. Ganz so, als ob es nie anders gewesen wäre.

Natürlich wunderten sich die anderen in der Hütte, als der Gust und der Franz erschöpft, außer Atem und am Ende ihrer Kräfte zurückkamen. Nach ein paar Gläsern Most mussten sie erzählen, was geschehen war. Und weil diese unheimliche Geschichte so gar nicht zu einem Mann wie dem Gust passte, zu einem, der mit beiden Beinen fest auf der Erde stand, wunderten sich die anderen umso mehr.

»Ålso: Wåunn der Vater de Gschicht vazölt håt, dånn is ma a niads mål de Gansalhaut aufgstiegn«, sagt sein Sohn heute noch im Rückblick auf das, was da vor über 60 Jahren passiert war. Der Verständlichkeit halber übersetzt: Jedes Mal, wenn der Vater die Geschichte erzählte, bekam er, der Sohn, die Gänsehaut. Kurze Zeit darauf schrieb der Sohn sogar in der Schule einen Aufsatz über das Erlebnis seines Vaters. »Was ist dir denn da für eine Schauergeschichte eingefallen?«, lachte ihn die Lehrerin aus. »Bitt', Frau Lehrerin, die Geschichte, die stimmt!«, meinte ein anderer Schüler. »Woher willst du denn das wissen?«, fragte die Lehrerin. »Mein Vater war dabei«, meinte der andere Schüler, »und er hat die Geschichte genauso erzählt.« Der andere Schüler, das war der Sohn vom Franz.

Von der Kimmhäferl-Miazl

Im Sonnenuntergang leuchtet die mächtige Felswand in der Röll über dem Almsee rot auf. Deshalb heißt sie Rotgschirr.

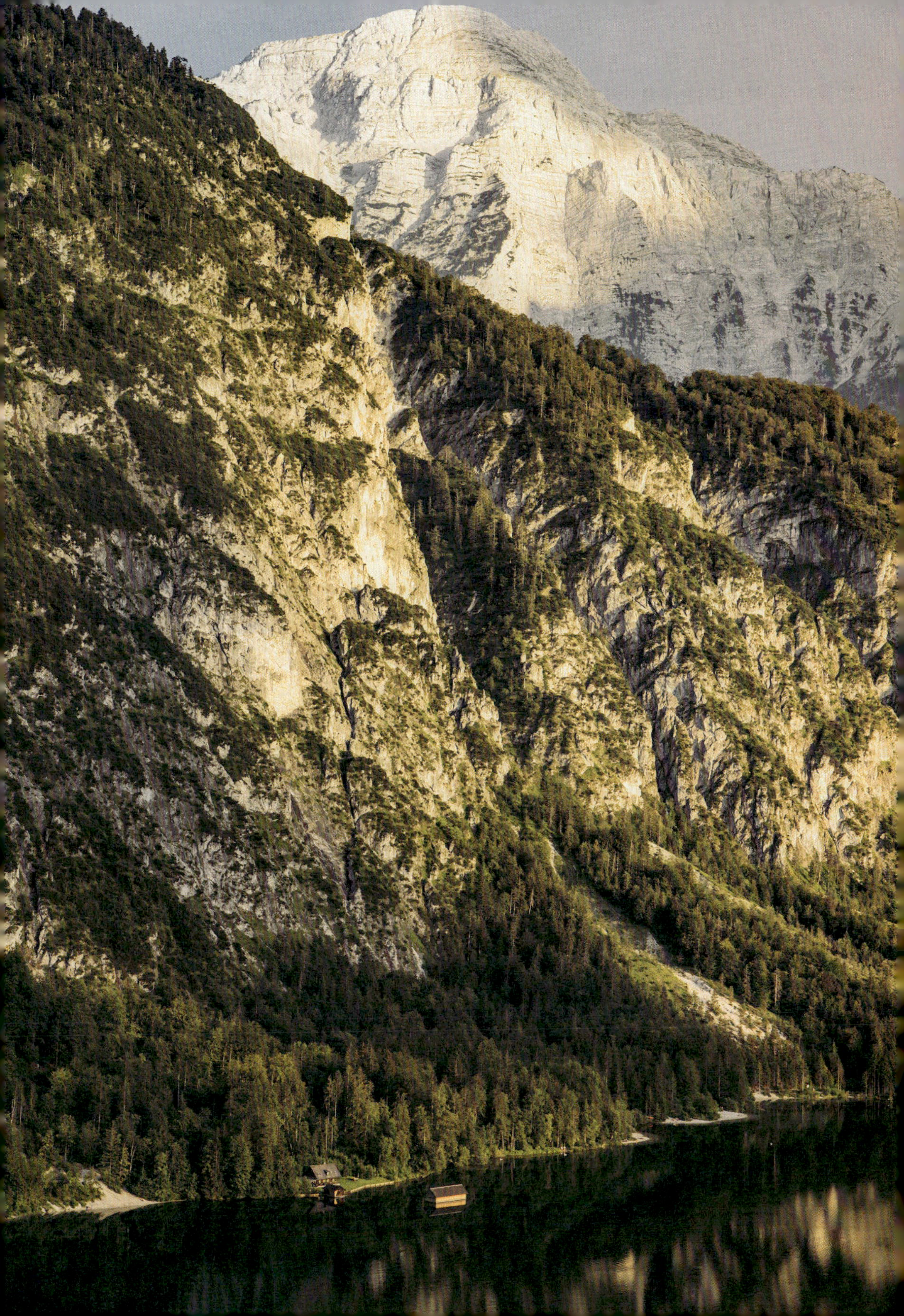

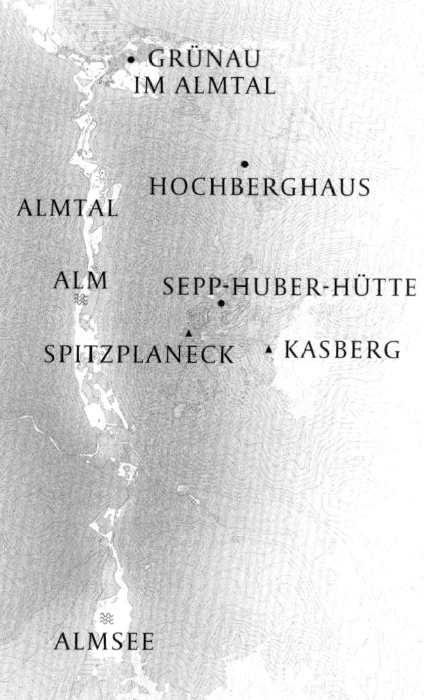

Wo im Almtal nicht nur vor langer, langer Zeit Sagenstoff entstanden ist

Nicht von der Almwirtschaft im Tal, sondern vom Fluss, der mal wilder und mal gemächlich vom Ursprung am Almsee bis zur Mündung in die Traun fließt, hat diese wunderschöne Gegend ihren Namen bekommen. Während sich im Norden das Almtal breit, relativ flach und agrarisch geprägt zeigt, nimmt der alpine Charakter zu, je weiter südlich man kommt.

In Grünau gibt sich das Almtal im Vergleich bereits recht schmal, denn der 1402 Meter hohe Zwillingskogel im Westen sowie die bewaldeten Ausläufer des 1747 Meter hohen Kasberges im Osten gewähren dem Fluss nicht mehr viel Fläche. Den Ursprung der Alm schließlich bildet der Almsee mit seiner über 2000 Meter hohen Bergkulisse des Toten Gebirges im Talschluss.

Genauso wenig wie die Alm mit der Almwirtschaft zu tun hat, verhält es sich mit dem Kasberg, der nicht auf den Käse verweist, sondern sich von Kar oder Karst ableitet, also vom Erscheinungsbild seiner felsigen Hänge. Doch nicht nur felsig und schroff zeigt

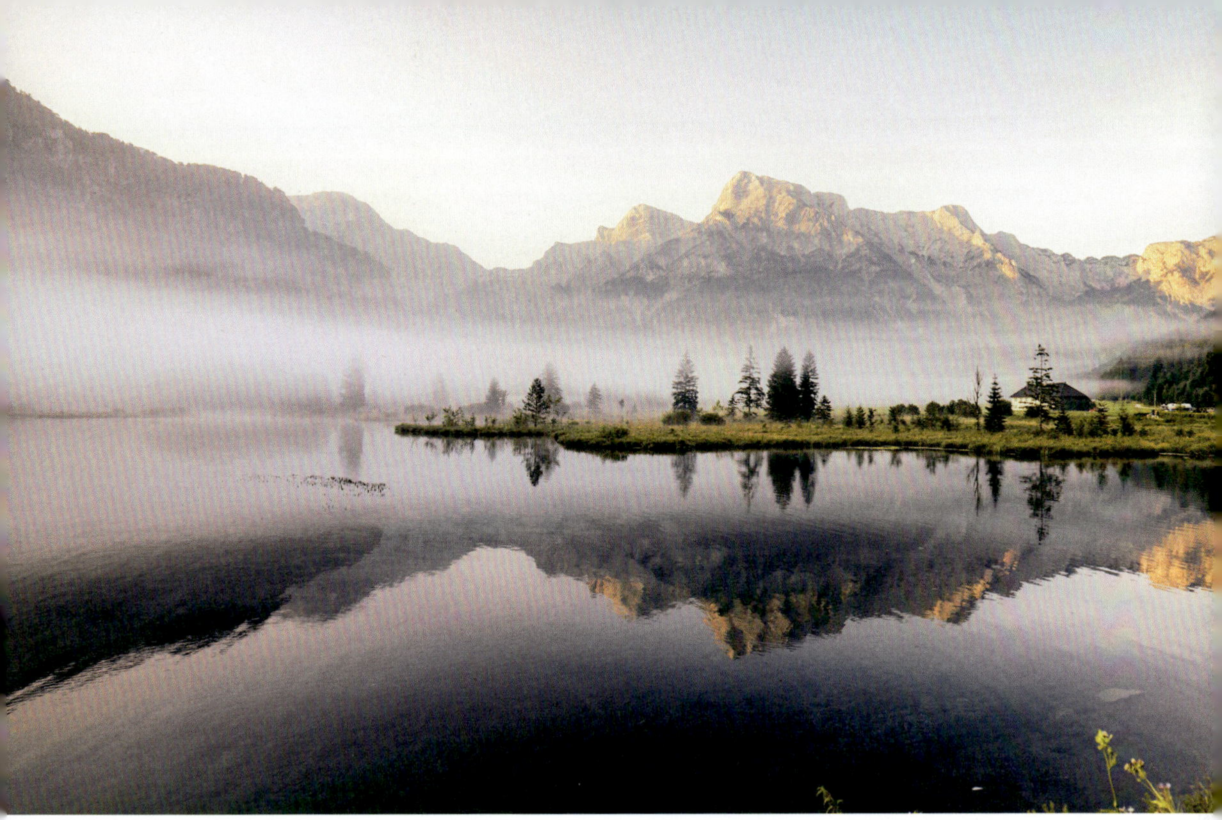

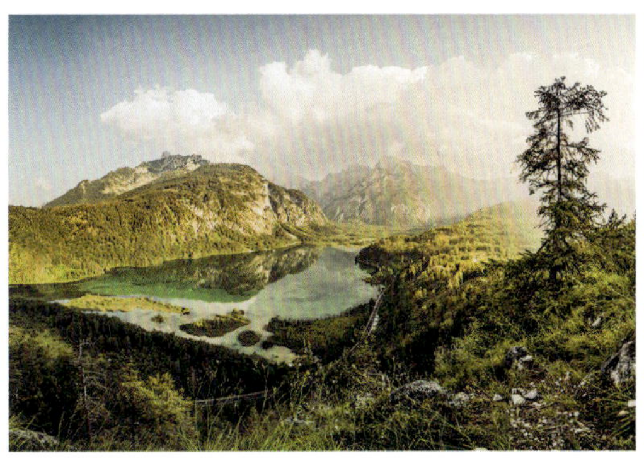

Das Almtal hat seinen Namen von den »Alben«. Das sind weiße Naturgeister, Elben. So heißen richtig übersetzt die Elfen.

sich dieser markante Berg im Almtal: Er hat auch sanfte Seiten mit saftigen Almwiesen und dichten Wäldern und eine sportliche mit Skipisten im Winter.

Vielleicht sind es genau jene Bergwälder, die in früheren Zeiten undurchdringlich schienen, die die Heimat der sagenhaften Berimandln und Berifräuerl im Almtal darstellen, und vielleicht ist der Schleier zur mystischen Anderswelt am Kasberg ein bisschen dünner als anderswo, sodass sich sagenhafte Begebenheiten dort auch noch in jüngerer Zeit abspielen konnten.

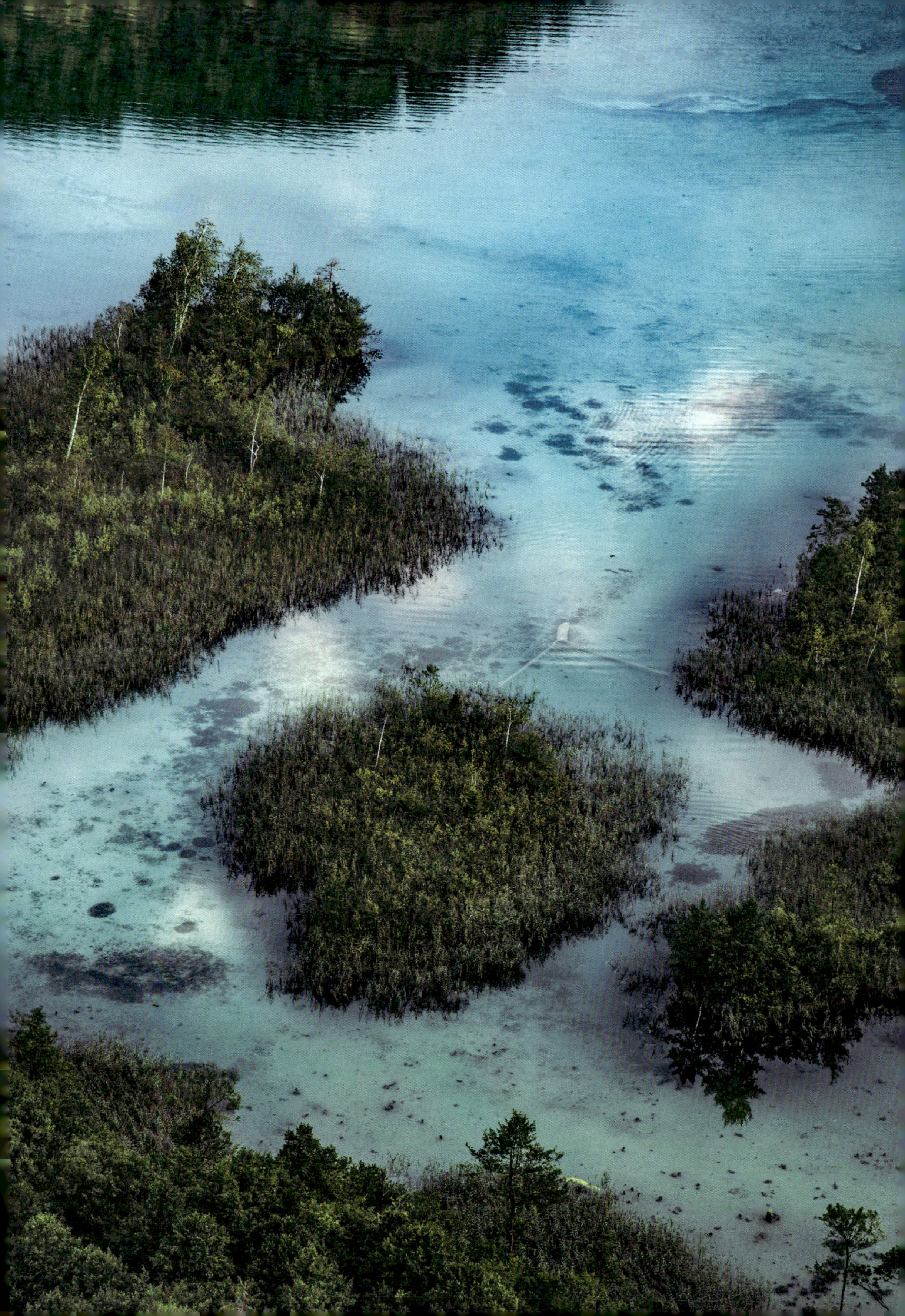

Ausflug zum Almsee und zum Wildpark

Der Ausflug zum malerisch gelegenen Almsee und zum Wildpark in Grünau darf beim Besuch des Almtals natürlich nicht fehlen! Während sich Marder, Fischotter, Hirsche, Eulen oder Wildschweine in freier Natur kaum oder nur mit außerordentlichem Glück beobachten lassen, ist dies im Wildpark Grünau ein Leichtes. Der Rundgang durch den landschaftlich einzigartigen Naturwildpark gewährt das ganze Jahr über Einblicke in die Lebensweisen der bei uns und in Europa heimischen Wildtierarten. Bär und Wolf, Steinböcke und Urwildpferde können in großen, den natürlichen Lebensräumen angepassten Gehegen beobachtet werden, während Waldrappen, Raben und Graugänse hier sogar ganz frei leben dürfen. Letztere besuchen übrigens auch immer wieder die Wiesen am Almsee auf ihren Streifzügen, und so sollten auch wir es ihnen gleichtun und dem beeindruckenden Talschluss ebenfalls einen Besuch abstatten.

Am Almsee fallen einem im Süden sofort die mächtigen Berggipfel auf, die hier die »Almtaler Sonnenuhr« mit Neuner-, Zehner-, Elfer-, Zwölfer- und Einserkogel bilden. Ist man zur rechten Zeit vor Ort, kann man ja überprüfen, ob die Uhr stimmt, oder mit ihr die Zeit stoppen, die man für eine genüssliche Runde rund um den See benötigt. Der Weg beansprucht etwa 2 Stunden Gehzeit.

Einkehren an der Alm oder auf der Alm?

Beides ist in Grünau problemlos möglich! Während am Berg die Wirtsleute der sagenhaften Sepp-Huber-Hütte ihren Gästen große Teller mit kräftiger Gemüsesuppe und anderen typischen Schutzhütten-Gerichten servieren, interpretieren »die Almwirtinnen« im Dorfwirtshaus direkt an der Alm traditionelle Küche neu. Passend zur Saison kreieren die beiden Chefinnen immer wieder abwechslungsreiche und spannende Gerichte für besondere Gaumenfreuden.

Darüber hinaus kann man im Almtal in einigen weiteren Gaststätten vorzüglich einkehren und nach ausgedehnten Wanderungen heimische Fischspezialitäten, Wildgerichte oder auch bodenständige Küche genießen.

Wanderung vom Hochberghaus hinauf auf die Kasbergalm

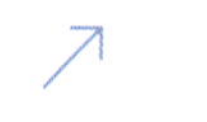
mittel

530 Höhenmeter

12 Kilometer

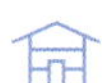
ca. 3,5 Stunden

Hochberghaus, Sepp-Huber-Hütte

[AUSGANGSPUNKT] Hochberghaus, Wanderparkplatz am Ende der Mautstraße

[ANFAHRT] Über B120 nach Scharnstein, weiter auf L549, der Almseestraße, nach Grünau im Almtal und hier über die Hochberghaus-Mautstraße zum Wanderparkplatz
Öffi-Anbindung: Bahnhof Grünau im Almtal, Bushaltestelle Grünau im Almtal-Bahnhof (Vorplatz), Rufbus Traunstein-Taxi, Route 60, Haltestelle Hochberghaus

[AUFSTIEG] Zu Beginn führt der markierte Weg die Schotterstraße bergauf in den Bereich der Farrenau, wo sich hinter dem für das Skigebiet angelegten Speicherteich ein wunderschöner, aber auch schwindelerregender Aussichtsplatz befindet. So empfiehlt es sich, hier nicht auf der Straße zu bleiben, sondern dem Steig rechts in den Wald hinein zu folgen und sich dort an der Ruhe und Aussicht auf die Rückseite des Traunsteins zu erfreuen. Am weiteren Weg über die Kasbergalmrunde kann man sich bis zur Sepp-Huber-Hütte zweimal entscheiden, ob man über die gemütlicheren, geschotterten Bergstraßen wandern möchte oder lieber die Alternativen über schmale Steige wählt. Über die Schotterstraßen ist der Weg etwas länger, breit und weniger steil, während man über den Steig zusätzliche Höhenmeter für den Benn-Nock sowie schmale und abschüssige Passagen im schottrig-felsigen Gelände meistern muss.
Nach der Sepp-Huber-Hütte weist die gelbe Wanderwegtafel zum Spitzplaneck vorerst weglos über die Almwiesen (im Winter Skipisten) in Richtung Ochsenbodenlift hinauf. Rasch aber trifft man auf den Almweg und die Markierungen und folgt diesen noch weiter bis zur oberen Lifthütte des Spitzplaneckliftes. Dort steigt man wenige Meter zum Aussichtspunkt Herzogstand auf 1600 Meter auf und kann hier bei einem prächtigen Panoramablick der Sage nachfühlen, die sich genau an jenem Ort zugetragen haben soll. Wieder zurück bei der Lifthütte, steigt man zum Spitzplaneckgipfel zunächst links in eine Senke ab, bevor man den steilen, stellen-

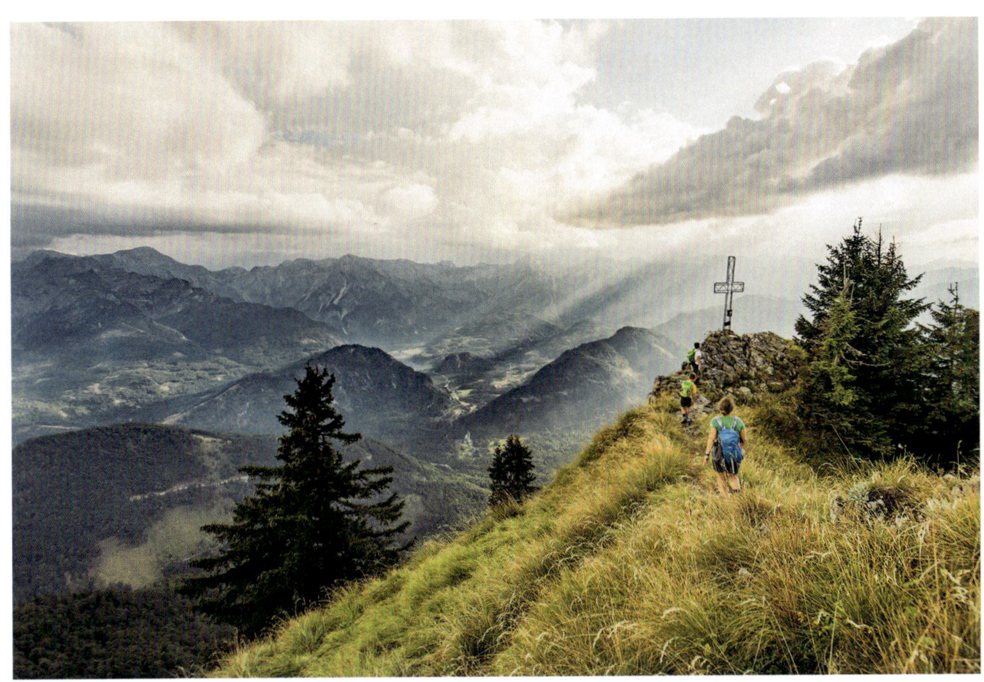

Der Weg zum Spitzplaneck ist gut zu gehen und bietet einen grandiosen Ausblick.

weise rutschigen Aufschwung zum Gipfel nimmt. Im Bereich des Gipfelkreuzes ist besondere Vorsicht geboten, da es nur für trittsichere und schwindelfreie Wanderer erreichbar ist. Der Blick auf den Almsee im Tal und die Weite des Toten Gebirges ist hier, wie auch beim Herzogstand, einfach unglaublich schön.

[ABSTIEG] Nochmals führt der Weg zurück zur Lifthütte und dort rechts die bereits etwas verwachsene Almstraße zum Sender und im weiteren Verlauf hinunter zur nicht bewirtschafteten Kasbergalm am Fuße des Spitzplaneck-Schleppliftes. Dort wandert man rechts über die breite, asphaltierte Fläche zum Aussichtspunkt »Blick ins Tal«, wo man das Almtal sowie Grünau von oben betrachten kann, und steigt zum Speicherteich ab. Um diesen herum gelangt man schnell wieder in den Bereich der Sepp-Huber-Hütte und wandert auf dem Anstiegsweg zum Ausgangspunkt zurück.

Bergtour vom Tal zum Gipfel des Kasbergs

schwer

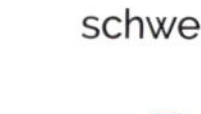

1220 Höhenmeter

20 Kilometer

ca. 7,5 Stunden

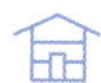

Sepp-Huber-Hütte, Hochberghaus, Almwirtinnen, Happy Hauer's Cocktailbar

[AUSGANGSPUNKT] Bahnhof Grünau

[ANFAHRT] Über B120 nach Scharnstein, weiter auf L549, der Almseestraße, nach Grünau im Almtal und hier zu den Parkmöglichkeiten am Bahnhof
Öffi-Anbindung: Bahnhof Grünau im Almtal, Bushaltestelle Grünau im Almtal-Bahnhof (Vorplatz)

[AUFSTIEG] Auf dem Wanderweg Nr. 431 führt die Route ab dem Bahnhof Grünau über den Almfluss, an der Pfarrkirche vorbei und über die Waldwegstraße hinauf. Schon bald beginnt eine steile Forststraße, über die man zu den im Frühling mit unzähligen Narzissen, im Spätsommer aber mit Herbstzeitlosen übersäten Wiesen der Irreralm gelangt. Hier zweigt der Steig, den die Einheimischen auch »Häfenbrecher« nennen, auf den Kasberg ab und führt vorbei am Du-Stein auf 1000 Meter zunächst zum Hochberghaus auf etwa 1120 Meter, das nach ca. 1 Stunde 45 Minuten erreicht ist. Im Aufstieg empfiehlt es sich, den steinigen Steig über den Benn-Nock zur Sepp-Huber-Hütte zu wählen. Dazu wandert man wenige Minuten die Forststraße bergan und zweigt nach einer kleinen Wasserstelle für das Vieh rechts in einen Steig ein. Vorbei an einem einmaligen Aussichtsplatz hinter dem Farrenau-Speicherteich verläuft dieser wieder zur Forststraße, über die im Winter die Familienabfahrt ins Tal führt. Nach 400 Metern kürzt ein Steig links den Weg über die Forststraße ab. An der Stelle, wo der Steig wieder auf die Schotterstraße trifft, leitet nun gegenüber der Pfad steil und im oberen Bereich auch felsig den Bergrücken hinauf. Nach dem Queren der Seilbahntrasse und der Liftstütze erreicht man den nicht gekennzeichneten Gipfelbereich des Benn-Nock und steigt über diesen sanft abfallend der Sepp-Huber-Hütte entgegen, wo eine Rast nach gut 3 Stunden Gehzeit sicherlich wohltun wird.
Hinter der Sonnenterrasse führt der Steig nun weiter ca. 1,5 Stunden bergwärts zum Gipfel des Kasbergs. Dazu quert man unterhalb der Ochsenboden-Bergstation den Hang und wandert in einem Linksbogen in Richtung Gipfel. Einige Steilstufen sind hier

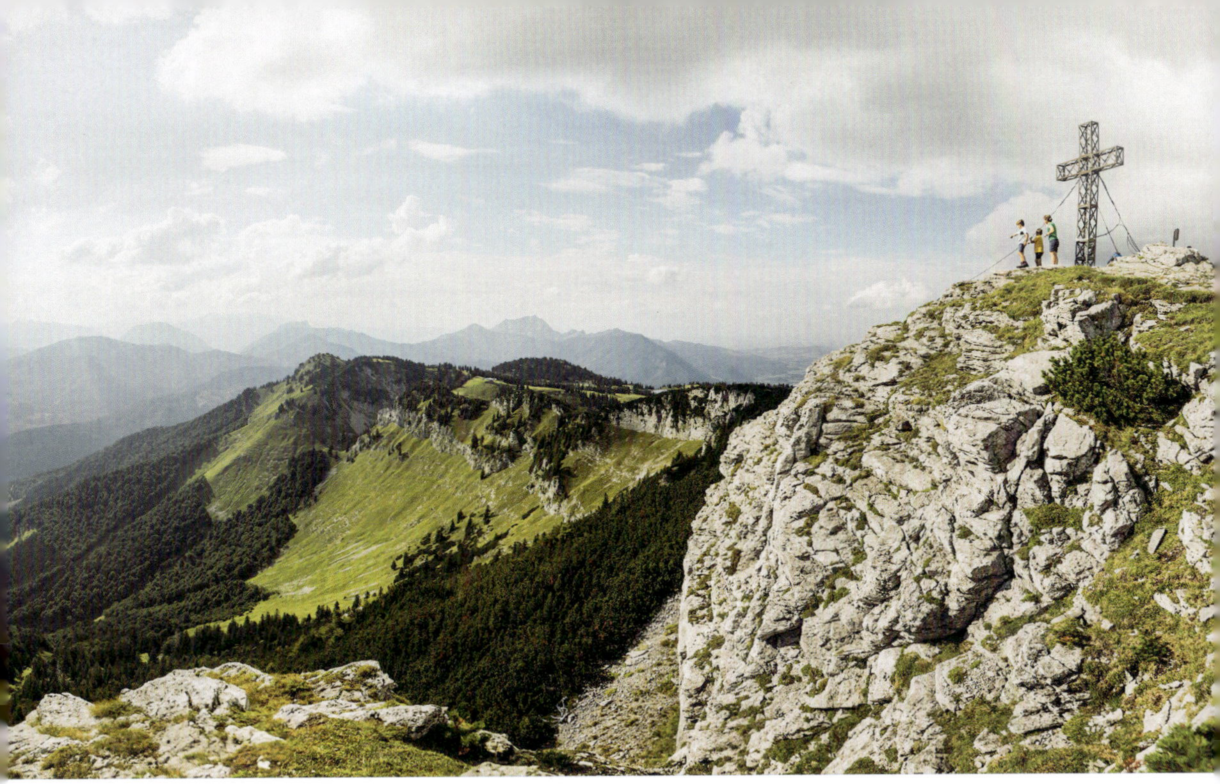

»Der Kasberg ist wert, mit Kupfer eingedeckt zu werden, so viele Schätze sind darin verborgen«, stellte eine Zwergenfrau fest. Bergerfahrenen Kindern und Jugendlichen machen die versicherten Passagen meist großen Spaß.

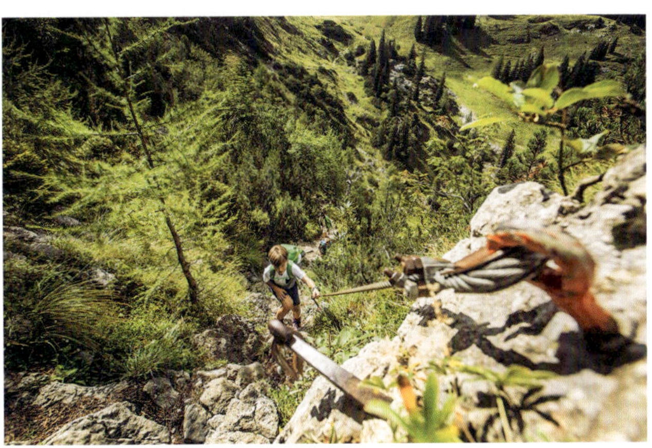

auch mit Stahlseilen gesichert, für welche Trittsicherheit und Schwindelfreiheit vonnöten sind. Oben nun kann man die herrliche Sicht auf das Tote Gebirge genießen und hat dabei vielleicht auch das Glück, ganz in der Nähe Gämsen zu beobachten.

[ABSTIEG] Auf gleicher Route oder im Bereich des Skigebiets zwischen Sepp-Huber-Hütte und Hochberghaus über Skipisten bzw. die geschotterten Bergstraßen.

Über die Autoren

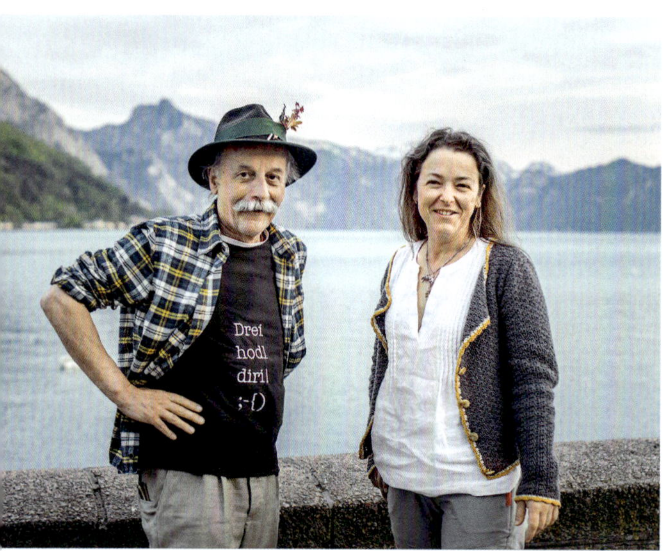

Helmut Wittmann

lebt in Grünau im Almtal und ist seit mehr als 30 Jahren als Märchenerzähler tätig. Er ist Autor zahlreicher Publikationen zu alpenländischen Märchen und Sagen.

Sabina Haslinger

ist seit 2008 als Wander- und Schneeschuhführerin in Oberösterreich tätig. Neben dem Entdecken der Natur legt die ausgebildete Kräuterpädagogin und Märchenerzählerin auf ihren Wanderungen besonderen Wert auf heimische Geschichten und traditionelles Jodeln.

Impressum

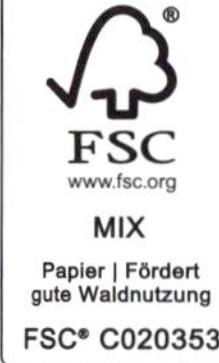

Gesetzt aus der Capitolium2 und der Raleway • Cover-, Innenteilgestaltung und Satz: Lisa Haunschmid • Bilder Cover und Innenteil: Georg Kukuvec • Illustration: nema/Lisa Mattanovich & Marius Nechvile • Konzept und Redaktion: Benevento Publishing/Anna Friedl • Lektorat: Arnold Klaffenböck • Zitat auf S. 69 aus: Alfred Komarek, „Salzkammergut. Reise durch ein unbekanntes Land", Wien: Kremayr & Scheriau 1994

Medieninhaber, Verleger und Herausgeber:
Red Bull Media House GmbH, Oberst-Lepperdinger-Straße 11–15, 5071 Wals bei Salzburg, Österreich
Printed by Neografia in Slovakia
ISBN 978-3-7104-0354-5

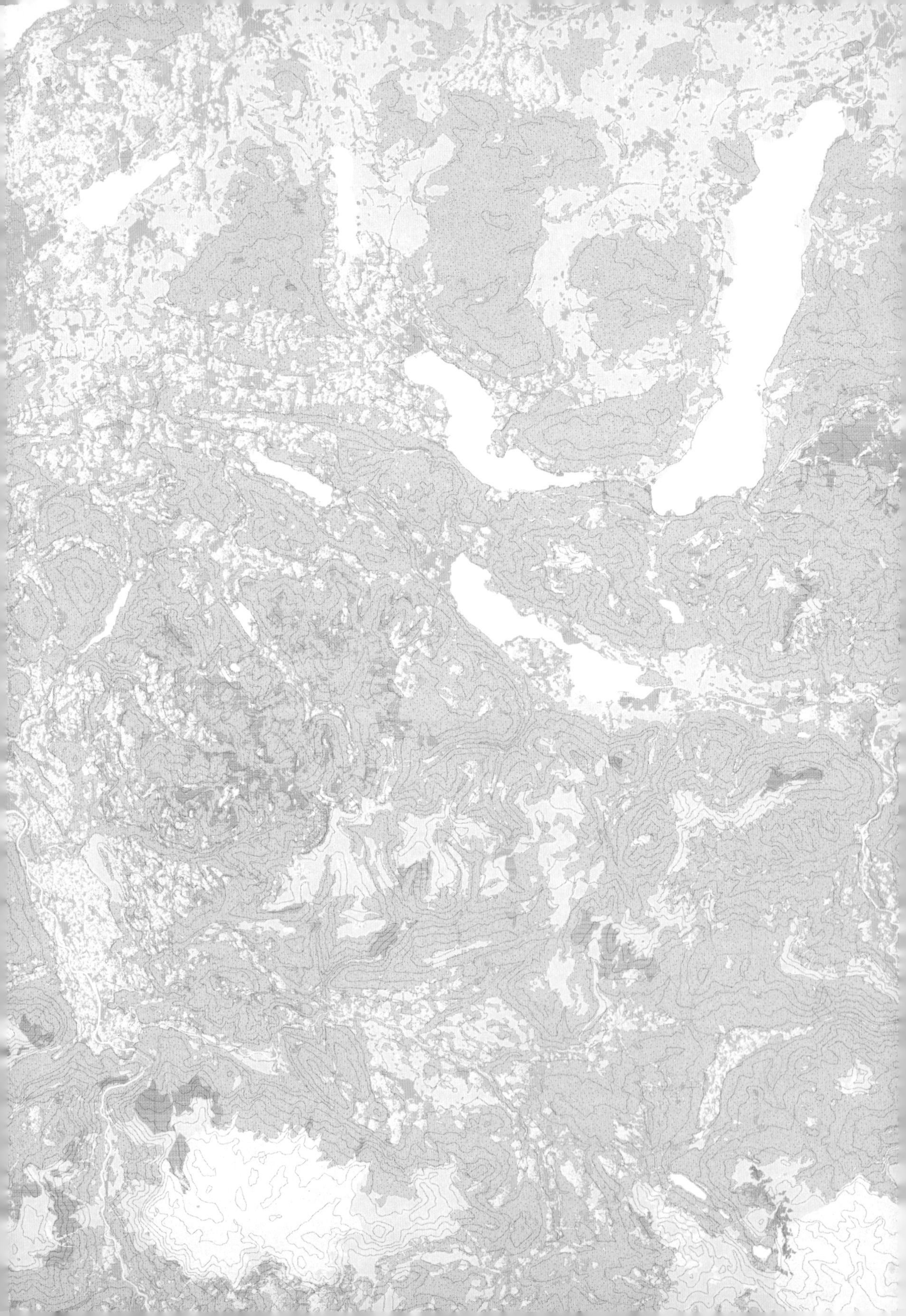